U0770745

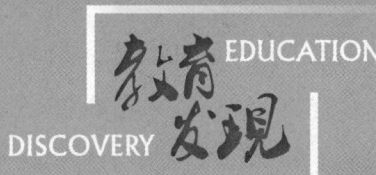

做 新 教 师 ， 从 教 育 发 现 开 始

教育发现

EDUCATION DISCOVERY · EDUCATION DISCOVERY · EDUCATION DISCOVERY · EDUCATION DISCOVERY

教育 EDUCATION
DISCOVERY 发现

做新教师，从教育发现开始

問道行

如是我教

一个语文教师的行动研究

杨富志 著

山东文艺出版社

论道：教育思辨与思辨教育

（绪论）

道

每一个从事教育教学工作的人都可能思索过这样一个问题：我每天忙忙碌碌，到底在干什么？对于这个问题，我赞成韩愈的"传道"说，教师的本职工作就是"传道"。不过，很少有人能够给"道"做出完美的界定，很多人的界定无非是用作诠释的方式来演绎"道"的玄奥与精妙。这就造成了"道"在不同哲学体系中不同的含义。老子说："道可道，非常道。"我对这句话的理解是："'道'是可以'思维'、可以'议论'、可以'阐明'的……但'思维'、'议论'、'阐明'的结果不是永恒不变的。"

尽管"道"是亘古不变的，但人们对"道"的认识不是一蹴而就的，而是有一个长期的渐进的累积过程。所以在不同的历史时期，人们对"道"的阐释是不一样的。因此，韩愈所说的"道"难免有其局限性。我们所主张的"道"是建筑在"一切皆有道"的理论基础上的兼容并包，不持"一孔之论"，不守"一家之言"。我认为"道"最基本的含义是，

"本原、规律、真理……"至于"道"是规范，"道"是法度，"道"是道理，"道"是思想，"道"是方法，"道"是过程，"道"是变化等等阐释都是"道"的基本含义的衍生。

不管"道"有多么复杂，其外延是很清晰的，不外乎"天道、地道、人道"这三"道"。教师的本职就是传道，就是向求"道"者传授天之"道"、地之"道"、人之"道"。

教·学·习

我们不禁要问的是通过怎样的途径才能更有效地"传道"？这也是一个见仁见智的问题。其实，当一个教师走进校园的时候，他心里想的主要是"教学"；当一个学生走进校园的时候，他心里想的主要是"学习"。或许有人说，教师心里想的和学生心里想的没有什么本质区别啊！但只要仔细想一想，就会发现：教师和学生的目光共同聚焦在一个"学"字上，但教师是否关注学生的"习"以及学生是否关注教师的"教"都很有必要打个问号。不应否认，一次成功的课堂教学既要求教师善于"教"又要求学生学会"学"，更不否认有一部分优秀的师生相互关注着彼此的"教"和"习"，但是绝大部分师生未能有机地把"教·学·习"三者很好地融为一体。教师不仅要关注自己的"教"，也要关注学生的"学"，更要关注学生的"习"；学生不仅要重视教师的"教"，也要重视自己的"学"，更要重视自己的"习"。这样就实现了"教·学·习"三位一体的"化合"效应。

我们须研究"教·学·习"这三个字。

𢽎 这是《说文解字》里"教"的一个字形。在"百度词典"里搜索，这个字读𢽎（xiào），基本字义见"敩"。再搜索"敩"字，有两个读音，一读"xiào"，一读"xué"。读"xiào"时的基本含义有二：一是"教导"；二是"效法"。读"xué"时，同古代的"学"。对于这个字，《说文解字》的注文是这样解释的："学所以自觉，下之效也。教人所以觉人，上之施也。"

这是甲骨文中"学"的一个字形。"学"字在《说文解字》里查不到它的直接解释，但它的异体字"孝"（xiáo）却查得到。"孝"字的本初意义是"效仿"。在查"孝"字的过程中，我们发现"孝"是"教"和"学"两字的共有源头，"教字、学字皆以孝会意"。在《说文解字》对"孝"字的注文里，我们还发现了一句非常关键的话，"教者，与人以可放（仿）也。学者，放（仿）而像之也"。

这是甲骨文中的"习"字，从"羽"从"日"，"羽"即羽毛，代表鸟的翅膀，表示鸟儿在日光下练习飞翔的意思。《说文解字》解释说："数飞也"，就是鸟不住地扑棱棱拍打翅膀飞的动作。《礼记·月令》中有"鹰乃学习"，既印证了"学"和"习"是两个词，又显示了"学"和"习"是相关联的动词。鹰学飞就是"学"和"习"的过程。后来，"习"的含义已经从鸟"数飞"衍生为"习练"、"练习"、"训练"、"演练"、"操作"等具有实践意义的词语，是"学习"内容在实践中运用与转化的必要程序。

我认为，绝不能忽视"习"的重要性，"学"不能离开"习"。有"学"无"习"，"学"就是纸上谈兵。只有在"练习、习练、训练、演练、操作、应用"等实践过程中才能不断深入理解，准确掌握，使知识从脑中过渡到手上、从虚有转化为实在、从良知体现为善行。这样的学习才能达到学以致用的教育目的，并且在"学"与"习"的结合中获得无限乐趣。

这样，就可以得出一个基本的结论："教"是"施"，学是"效"，"习"是"练"，"'教·学·习'三位一体"，不可重此轻彼。也就是说，"教"是"示范"，"学"是"顿悟"，"习"是"操练"，"'教·学·习'三位一体"，不可偏废。举个例子来说，一位武术大师边比画边讲解是为"教"，众学徒边模仿边记要领是为"学"，但众学徒要出师就必须反复地练，是为"习"。因此提出，教学是一种"教·学·习"三者"沟通"与"合作"的活动，教学是否高效，取决于"教·学·习"三者能否有效地"沟通"与"合作"。我认为，在"教·学·习"三个维度中，不管是哪一门学科，必须立足"学"、抓住"教"、夯实"习"。也就是说，教师在"传道"的过程中，要在"习"字上做足文章，不断地"预习、导习、自习、习教、学习、讲习、练习、研习、演习、习得、实习、温习、习练、通习、习用"，这样不但更好地传承文明，而且为将来创造文明夯实了基础。

学·问·思·辨·行

《礼记·中庸》中有这样一句话，"博学之，审问之，慎思之，明辨之，笃行之……"简而言之，就是"学·问·思·辨·行"。我认为，"学·问·思·辨·行"这五个字是有效落实"教·学·习"的最佳途径。

学："觉悟也。从'教'，从'冂'。'冂'，尚蒙也，'臼'声。胡觉切。"

问：对疑的一种集中与概括，即由疑而引发的一种求知、求解的愿望与要求。其价值在于促使完满释疑，彻底破疑。

思：异体字"恖"。从心，从囟（xìn），囟亦声。囟，脑门子。古人认为心脑合作产生思想。

辨：从刀，辡（biǎn）声。本义为判别、区分、辨别。辨，判也，通"辩"，口头上争论。

行：会意。从彳，从亍。本义为走路、行走。行，人之步趋也。这里取"做，从事某种活动"的含义。

我认为任何教育教学的形式都离不开"学·问·思·辨·行"这五个字，我甚至认为这五个字是教育教学的至上法宝。

从教学这个角度讲，任何一堂课，倘若落实了这五个字都应该是一堂好课。我们可以演绎这样一个情景："课堂离开了学生的'学'行不行？不行！没有学生的'问'好不好？不好！没有'思'的课堂还能叫课堂吗？不能！教育过程没有'辨'，或者说教育的结果是非不明，这还是教育吗？不是！'知'而不'行'，教育的目的实现了吗？没有！"这些问题的答案都是不言而喻的，因为这是"规律"。其实，一次次的课堂教学改革都没有逾越这五个字。可现实课堂上有几位教师对这五个字的内涵奉行不悖？我们不能对这"既简单通俗而又永放光芒"的五个字熟视无睹。于是，我提倡"思辨式教学"，在理论上构建起了以"学·问·思·辨·行"为核心要素的课堂教学模型：学——目标导学；问——质疑问难；思——寻思探究；辨——讨论辨别；行——学以致用。据此，各学科根据自身的特点在实践中创设自己的教学模式。

从教育这个角度讲，用说教的方式企图达到教育的目的已经行不通了，真正起效果的教育无不是受教育者在行为事件中的自主教育。自我教育的过程就是受教育者经过一系列灵魂的自我审问、慎思，在教育者的帮助下明辨了"真与假、善与恶、美与丑"，然后去笃行"真善美"的过程。于是，我提倡"思辨式教育"，认为，教育必须建筑在以思辨为核心的自主教育上，教育者从正反两个方面引导受教育者从心灵深处思辨自己的行为——我为什么这样做？当时内心在想什么？这种做法对我的成长有什么影响？换一种方式来处理这件事会不会更好？用怎样的方式来处理这件事效果会更好？下次碰见相似的情形我会怎么处理？这样，经过受教育者的一番心灵的自我思辨，不良行为将会得到有效矫正。需要注意的是，这种教育的核心在于促使受教育者进行心灵重塑的自我思辨。

文

对于教育的目的，每一个从事教育工作的人都有自己的答案，只不过由于所处的位置不同，思索问题的立场、角度、深度、广度就不同，答案肯定是丰富多彩的。我无法从自然、社会、心理、政治、经济、历史、文化等角度全面地进行学理上的考究、推理和演绎，我只能从教师或学校这个教育的最基本的角度来思索教育的目的，当然，也环顾甚至仰望着各个层面对教育内涵和外延的见解。

我认为，我们中华民族乃至整个人类社会所创造的一切文明都在书籍里。我们要想传承文明进而创造文明，就需从书籍里淘宝，这就需要教育。教育的根本目的就是一个"文"字，一句话，教育就是"以文化人"。"文"是立人之道，是强国之本。人与动物的根本区别就在于我们有"文字"而动物则没有，我们有"文化"而动物没有，我们有"文明"而动物没有，我们能创造文明而动物不能。有没有"文"则是动物和人的分水岭。教育，首要的一个目的就是"传承文明"，最终目的是在传承文明的过程中创造文明。

思辨教育

从"道"到"教·学·习"再到"学·问·思·辨·行"最后到一个"文"字，共有十个字。但这十个字包含着的教育教学的要义却足以引起我们重视。虽然我不能够将其演绎得尽善尽美，它自身的体系让我们也清晰地看到它内在的逻辑性和思辨性。"文"是教育教学的根本目的；"道"是实现教育教学目的的本质内容；"教·学·习"是实现教育教学目的的极佳途径；"学·问·思·辨·行"则是贯通教育途径的一种高效方式，也可以说是教育模式。这个体系的核心理念是"思辨"，所以我把它概括为"思辨教育"。

"思辨教育"这一提法，是源于对当前教育乱象的思辨。当前教育的乱象很像《红楼梦》中甄士隐注解《好了歌》中的一句话："乱烘烘你方唱罢我登场，反认他乡是故乡。"从大的方面看，对于中国教育导向的问题，有人说应该服中药，有人说应该服西药，当然也有人说中西结合。

我们再看一个教育界津津乐道的话题——"雪化了是什么"。案例很简单，就是一个填空题：雪融化了是什么？标准答案是"雪融化了是水"，而一考生的答案是"雪融化了是春天"，结果被老师判错。针对这个现象，有人撰文反思中国的教育，说中国的教育太机械，太死板，扼杀了学生的想象力、创造力。我不否认这种说法的合理性，但我也不得不指出，这种说法是缺乏思辨的。"雪化了是水"，这是科学的界定；"雪化了是春天"，这是诗意的阐释。以第一种答案为标准否认第二种答案自然是不合适的，反过来以第二种答案为标准否认第一种答案也并不可取。然而，这个话题却成了众多专家、教授布道的经典案例，用它来大肆批判"雪化了是水"的科学界定，似乎这样做才是打开中国教育希望的钥匙。显然，这种一味地厚此薄彼、五十步笑百步的做法是缺乏思辨的。我们以反诘的形式进行思辨——雪在冬天不化吗？毕竟，只要是雪，不管是冬天、春天、夏天，不管天南还是地北，只要化了就是水，这是科学。不能因为教育需要诗意就否认科学，这是需要思辨的。

思辨教育是一种教育教学的思想。大凡违背了教育规律的教育现象都是源于抛弃了思辨的思想。崇洋媚外，厚古薄今是抛弃了思辨；邯郸学步，东施效颦是抛弃了思辨；鹦鹉学舌，人云亦云是抛弃了思辨；朝令夕改，朝三暮四是抛弃了思辨；守株待兔，刻舟求剑是抛弃了思辨；叶公好龙，指鹿为马是抛弃了思辨；画蛇添足，买椟还珠是抛弃了思辨……思辨教育却与之不同，它不浮躁，不折腾，不急功近利，不因循守旧，不夜郎自大。始终保持清新的头脑，不唯上，不为虚，不做假，不藏私，只为教育规律，时时刻刻正本清源，少走弯路，不走邪路。

思辨教育是一种教育教学的目的。社会需要创新，"苟日新，日日新"是社会的特征。其实，从某种意义上讲，没有一种创新是凭空而生的，所谓的创新不是"整合"就是"融合"，都是在传统文明的基础上渐变出的新文明，然而，能够"整合"或"融合"并不是一件容易的事。因此，能这样做的便是创新人才。遗憾的是，这样的人才少之又少。究其原因，不是缺少创新的意识，而是思辨教育的缺位。没有思辨教育，即使有创新意识，由于不思辨——只唯书不求实，只唯上不虑下，只唯旧不思新，亦会导致创新思想的泯灭。

思辨教育是一种教育教学的方法。"学·问·思·辨·行"这五个字构成了一个线形的层递式结构。说它是线形的层递式结构是指一切教育教学行为无不始于学而终于行，文明的继承与创造离不开"学"字；学者先要会疑，没有发"问"精神的学是鹦鹉学舌；没有"思"的发问是痴人呓语；明"辨"是建筑在"学、问、思"这三个环节上的，只要"学、问、思"就会形成"思想"，而"思想，只有思想，才能辨别是非"；是非明辨是"行"的前提。走进"是"，远离"非"，教育教学的目的就实现了。简言之，做学问要不断地学习、探究、思考、分辨、实践，不管是教育还是教学只要注重"学"，注重"问"，注重"思"，注重"辨"，注重"行"，不论它以什么模式呈现，这都是最基本的东西。

思辨教育是一种教育教学的模式。思辨教育，不管是作为一种教学方法还是作为一种教育方法，它都构成了一种动态化的完整的理论体系和操作流程。它是教育教学法中的"根性"流派，不仅是教学模式，也是教育模式。它既是研究某一学科或某一学段的教育教学方法，更是研究每一个学科或每一个学段的教育教学的方法。这一模式不仅是理论的，也是实践的；不仅是过程的，也是方法的；不仅是思想的，也是工具的；不仅是传统的，也是现在的，更是未来的。因为它是客观的、中正的、创新的、思辨的，它的终极目标是创造文明。

总之，教育需要思辨，尤其是处在变革期的当下。所以，我提倡并践行"思辨教育"。

目 录

第一章

学道：站在巨人的肩上

教师成长有没有捷径可走？没有！因为成长是慢的艺术。如果教师的成长能够一蹴而就，那就不是真正的内涵式成长了。但成长的起讫之间总有一条最简短、实效的路。这条路就是"站在巨人的肩上"。

教师要踢好"三脚球"

——我读孔礼战

"踢皮球"一词，来源于足球这项运动，在日常生活中，表示多方把一个"问题"像"皮球"一样踢来踢去，互相推诿，带有很强的贬义。按理说这样一个词，与教学是毫不搭边的，然而孔礼战老师却贬义褒用，提倡教师在课堂上一定要学会"踢皮球"。这一说法非常形象地揭示了一种新的教学理念。这种理念切中了当前课堂教学的弊端：一是以"教"为中心的做法；二是"问答"式教学法；三是"零思考"现象……

一名教师在组织学生学习《生命 生命》一文时，学生问道："为什么作者得的是类风湿性关节炎，却借来医生听诊器，静听自己的心跳？"教师不能回答！于是就忽略了学生的问题，硬生生地浪费了学生的思考，致使学生不能最终形成提问习惯。究其根本，就是教师不会"踢皮球"，不懂得运用"踢皮球"的方式来解决问题。面对此问题，教师完全可以组织学生探究。

所以，孔礼战老师这句名言告诉我们，要改变这些违背新课改理念，阻碍学生生命个体发展的做法，教师就必须学会"踢皮球"。

首先要踢好"开脚"球。课堂上，教师首先是参与者，而且是处于参与教学对话的首席位置。作为首席，要给课堂定好调子，抛出有意义的话题，踢好课堂教学的"开脚球"。在教学《我的叔叔于勒》一文时，一开课我就踢出了一个主问题——"一次，福楼拜对莫泊桑说：'你所谈的任何事物，都只能用一个名词来称呼，一个动词来表达，一个形容词来描述。你所用的词儿，应该是别人没用过的，甚至还没有被人发现的。'于是，莫泊桑在创作时都力图寻找那'唯一'的词汇，使文章语言具有很强的穿透力。现在请同学们朗读课文，围绕文中的人物，寻找、品味作者刻画人物时所选定的那些富有表现力、感染力的语言。"主问题这一"开脚球"踢出后，学生自主讨论，学习热情高涨，教学变得有趣、高效。

其次要踢好"交换"球。课堂如战场，瞬息万变。教师作为教学的引导者，即使课备得再充分，课堂上也会产生意料不到的问题。其实，好多问题利用好了就会转化成课堂教学资源，能否转化，关键看教师是否学会了"踢皮球"。范仲淹《岳阳楼记》中有这样一句话："沙鸥翔集，锦鳞游泳。"一生问："'游泳'是一个词还是两个词？"我踢出"交换球"："请结合上下文，自己思索。""两个词，'锦鳞游泳'和'沙鸥翔集'是对偶句。既然'翔集'是两个词，'游泳'也应是两个词。'游'指'在水上漂浮'，'泳'指'在水中潜行'。""交换"这一脚球踢出后，要让学生真正成为学习的主体，要充分激发学生自主学习的潜能。上面这位学生的回答就很有启发意义。

最后要踢好"转移"球。对于普遍性的问题，教师作为教学的组织者，让学生在"独学"、"对学"的基础上，还要组织学生"群学"，方能取得最佳教学效益。在学习《谈读书》一文时，一生问："关于文章题目，有翻译为'论读书'的，有翻译为'谈读书'的，为什么？"我把问题踢给全体学生，让学生小组讨论。一生说："注释告诉我们，《谈读书》这篇文章是一篇随笔，写法比较自由。""你能告诉老师这篇文章的体裁吗？""散文。""如果让你以'论读书'为题，你写成什么文体？""议论文。"一生说："本文如果以'论读书'为题，感觉上像议论文，写法较严谨。以'谈读书'为题，写法较自由、灵活。"事实上本文就是一篇随笔性的散文，不是严格意义上的议论文，所以写法要自由灵活。另一生总结说："我的观点是'谈'字的含义为'二人对话'；而'论'字是指'用一些原理阐证一件事理或事物'。用'谈'字显得亲切，让人易接受；而'论'字则显得生涩，没有情感。所以作者以'谈读书'为题。"这样，把一个纯个体的问题转化为群体的问题，这一脚"转移球"踢出后，利用学生的智慧，发动学生群策群力，将问题圆满地解决了。

总之，教师学会"踢皮球"的实质就是把课堂还给学生，把学习的权利还给学生；就是在"踢皮球"的过程中充分"利用"学生，"发动"学生，充分挖掘学生潜能，真正实现课堂教学由"教"中心向"学"中心的转变。

如痴如醉品映潮

——我读余映潮

他是"潮人"，时代的"潮人"。

读"潮人"，读他千遍也不厌倦，读他的感觉像饮甘醴，回味无穷；如品茗茶，齿唇留香。读他读得如痴如醉；读他读得心有戚戚，意有汲汲。

因了他，我学会了用"寻找"、"清理"、"整理"的方式理读课文，用"精读"、"深读"、"析读"、"研读"的方式品读课文，用别出心裁的方式巧读课文；因了他，我学会了长文短教、难文浅教、短文细教、浅文趣教、美文美教；因了他，我学会了"板块式"、"线索式"、"选点式"、"反复式"、"整体式"、"穿插式"等多样化、艺术化地设计教学。他纵横捭阖、前后勾连，用发散求活、变角求新、探幽求奇、创新求异的方式把书读薄又读厚。他在教材里漫步，捡拾起一株株奇花异草，一枚枚五彩缤纷的贝壳，一颗颗会唱歌的鹅卵石……字之味、词之趣、句之意、段之美、文之妙……俯仰之间，他信手拈来。因了他，我用一条清晰的线把一个个教学美点、妙点、要点串联起来；我把一个个独立的教学板块圆融地对接起来；我有了仿效、类推、创新教学的标杆。于是，我创设的六板块"名著阅读交流课"——"七嘴八舌"话作者、"娓娓而道"述情节、"咂咂摸摸"品语言、"说长道短"评人物、"说说聊聊"谈心得、"各抒己见"侃手法，荣获山东省教科研成果一等奖。

因了他，我学会了美文美教。在他的眼里，字符不是冷冰冰的符号，而是鲜活的生命。一个字一个词一句话，甚至是平淡无趣的一个标点、一篇文章，在他的眼里都是绝妙好辞，都是工具与人文和谐共振的美妙载体。所以，美文，不仅美在修辞，还美在言语之间蕴含的至情至善，大爱大美。美教，不仅是一个好笔头，一条好舌头，更多的是引领学生在美文中沉潜、涵泳、体悟。在他心中，课堂不是表演的舞台，而是生命成长的场。他不愿只做一个激扬文字的书生，他还要躬身讲坛，挥斥方遒。他轻轻地揉搓语言，玩味文字，让生命与文字碰撞、奔突、交融、凝结。他的课不时髦不花哨不夺目，不表演不煽情不矫揉不造作，他以淳朴敦厚、自然本真的教风阻遏了"说、学、逗、唱、画、舞、演"等绮丽教风的蔓延。自然与艳丽、扎实与浮漂、简约与繁缛的抗争，犹如一个农村素面朝天的少女与一个城市浓妆艳抹的少妇的比对。前者初看朴实，却越看越耐看越好看，经得起评头论足。后者乍看靓丽，谢幕后再看，徒有其表。

如果说美教是一只扶摇直上的风筝，那么，美评就是那根牵引风筝的线。他的课堂教学评价艺术已臻于化境，字字珠玑、句句温润。或引导或鼓励，或深化或升华，或拓展或概括，或阐述或补充，既委婉又中肯，拿捏得恰到好处。他成就了一个个经典案例，也成就了自己的杰作——《听余映潮老师讲课》。他的每一个课例，都是艺术评价的完美演绎。他的评价不是以评判学生对答水平的高低为目的，而是因他的评促使学生对答自我发展、完善。在《夏天也是好天气》课堂实录里，他用补充性评价完善学生的对答。一生说"扬起双眉"的"扬"用得好，它形象写出了小女孩说话的表情。他评"活泼的表情"。他用赞扬性评价肯定学生的对答。一生说"世外人间"用得好，把夏天这种境界比喻成另一种人间。他评"你的发现能力非常强"。他用阐释式评价升华学生的对答。一生说"四季的旋律各有不同"中的"旋律"用得好，它写出了四季都很美。他评"每一个季节都是一种旋律，每一个季节都是好天气"。一次次质的评价都是心灵的碰撞、灵魂的交流、生命的对话，引发的是一处处无意铺排的诗意对答。

就像他的弟子章登享所言，他用几十年的时间持之以恒地耕耘心中的绿洲——那是学者的执着；他用数以万计的资料构筑教学教研的长堤——那是勤者的积淀；他用一节节生动的课例走遍大江南北——那是跋涉者的足迹；他的一次次讲座激起一次次风暴——那是思想者的结晶；他的1300多篇文章和一本本专著编织成生命的云锦——那是成功者的花环……但他依旧谦逊、质朴，他的著作《阅读教学艺术50讲》的封面上写着他自谦自勉的话，"扎扎实实读一点书，做一点学问，练一点本领，做语文教学的有心人"。

就在无数语文教师景仰着他追随着他的时候，他却急流勇退了。莫非他真的要躺在沙滩，映着海潮，浅吟低唱？不，不会的！他定会老骥伏枥，志在千里。因为他掀起的语文教学之潮正涌向大江南北。

他，就是余映潮！语文界的"潮人"！

咬文嚼字话仲樑

——我读陈仲樑

在语文教学逐渐迷失"自我"，发生"错位"的情况下，研究他、学习他，有着正本清源、返璞归真的作用。

他曾幽默地自我介绍："陈"是推陈出新的"陈"；"仲"，其实是"钟"，警钟长鸣的意思；"樑"，是栋梁之材的意思。

他曾科学地界定概念："本色语文"就是立足于文本的言语，从学生的认知出发，营造良好的言语氛围，引导学生咀嚼感知言语，激活学生认知体验，生成学生的言语能力的一种教学活动。在这样的教学活动中，语文教师要以清晰的思路，激荡的感情，阐释和演绎语言文字的魅力，创造语文课堂教学的精彩，满怀爱心地引领学生在母语教学的优质环境里体会语言文字的美妙与奥秘，享受优秀文化的熏陶，提高语文素养。

他曾形象地答疑解惑：语言就像威士忌，是在酒桶里慢慢酿成的。从古到今，从中到外，有学堂就有语文课，有语文课就有语文课本，语文课本就是语言的"酒桶"。语文素养就是在这个语言的"酒桶"里慢慢地、缓缓地"酿成"的。"酿成"不是物理变化，不是量变，而是化学变化，是质变；"酿成"的过程是读了那么多年的书在酒桶里发酵、内化成素养的过程。语文素养的"酿成"需要"聚焦课堂，关注文本"。

他不仅说了，他还做了，而且做得极为本色。

他对《背影》《故乡》《风筝》等经典课文的教学，独辟蹊径，既管用又合理。他解读《背影》，从"黑布小帽"、"黑布大马褂"中的"黑"字解读出"丧事之悲痛"；从"黑布小帽"、"黑布大马褂"、"深青布棉袍"中的"布"字解读出"家境惨淡"；从橘子的色彩（朱红色）解读出温暖的父爱；从父亲为"我"制作的大衣的色彩（紫红色）解读出父亲的期望，希望"我"未来大红大紫……

他不仅说了，他还做了，而且做得极为妙绝。

他对《散步》《雷雨》《胡同文化》等经典课文的教学，既有意思也有意义。他的课堂教学，绝不让多媒体教学架空文本，绝不让画面代替想象。他讲《散步》，课件与文本相得益彰。第一张是歌曲《我爱我家》；第二张是一束康乃馨及文中的四个人物，问学生把康乃馨献给谁，说说自己的理由；最后一张是中央电视台的公益广告"给妈妈洗洗脚"。他的课堂教学，绝不为讨论而讨论，而是从文本言语深处找到有价值的讨论点。《雷雨》原版里有这样一个句子："朴园，有一天侍萍老得连你也认不出呢！"人教版删掉了"朴园"这一称呼。他组织学生讨论原作与教材的优劣。

他不仅说了，他还做了，而且做得极为神圣。

古稀之年，他不图名、不图利，为教育传经、为教师布道、为教学送宝。他的评课，句句妙语连珠。他不仅关注教师怎么教，还关注学生怎么学；不仅关注教师怎么教，还关注教师教什么；不仅关注教师怎么教，还关注教学流程；不仅关注教师怎么教，还关注教学伸展。他的报告，句句真知灼见。他时而直陈时弊——语文课，人文性关注过于张扬，基础性关注过于沉闷；他时而谆谆教导——语文课，研究的核心是"文"而不是"人"，是研究"如何写人"而不是研究"人"，尽管二者紧密联系，但后者必须服从前者；他时而鞭辟入里——语文课不能患上"肥胖症"，环保、气象、自然……什么都教，就是偏偏把自己给丢了；他时而振聋发聩——"教什么永远比怎么教重要"，"松弛是教学的高境界"，"汉字是语文教学的逻辑起点"；他时而拨云见日——文言文教学要坚持朗读，想方设法朗读，语文课最好上成读书课，譬如看着原文读一遍，改成繁体读一遍，去掉标点读一遍，最后发一张白纸每人抄一遍。

他，是口的巨人。他，是行的高标。

他是中学语文界真正的大家；一位中学语文教学改革与教学研究的专家；一位获得了全国中语会终身成就奖的语文教育家；一位永远用美好生动幽默的语言表现生活的文化人，无数年轻语文教师治学、为人的楷模……（余映潮语）

景仰楷模，在细细咀嚼、咂摸品味中揣摩他的教育教学艺术！

缅怀楷模，在慢慢反刍、沉潜涵泳中效仿他的教育教学艺术！

追随楷模，在咬文嚼字、涵养实践中推广他的教育教学艺术！

巧言妙语化绝境

——我读程翔

在日常教学中，不管是普通教师，还是名师，总会遇上一些始料不及的意外。面对意外，有些教师不能够从容应对，甚至还会陷入绝境，颇为尴尬；有些教师，从容不迫，因势利导，把"意外"巧妙地转化成教学资源。前者往往是普通教师，后者往往是名师。所以，勤观摩、多研究名师"从心所欲不逾矩"地处理教学绝境时的自信、从容、巧妙与艺术是普通教师自我发展的有效途径。

教学艺术已臻化境的程翔老师，也遭遇了一次特大教学意外。有一次，程翔老师作为"全国教学名师巡讲团"中的成员，在山东济南上公开课。公开课定于下午 1：35，可上课的时间到了还不见学生露面。面对这种情况，程老师很沉着，特冷静，用他那惯有的微笑对听课的教师说："我们先聊聊，再等 10 分钟。"程老师娓娓而谈，以《散步》为例聊起了文本解读和教材解读的差异。十分钟过后，上课的学生依然未到，承办方很是着急，无奈地说："学生乘坐的大巴，在路上堵车了！""没关系！""各位老师就当一回学生，好不好？"程老师微笑着问。听课的教师鼓起掌来。"我们今天一起学习徐志摩先生写的《再别康桥》，我们一块试着背一背吧？"程老师依旧笑眯眯地说，"我开个头，再别康桥……一二。"礼堂里便响起了深情的吟诵声。在这里，程老师就走出了恐怕是他一生中再也不会遇到的教学绝境了。就教学而言，我碰到过一些令人左右为难的教学情景，但谁经历过上课没有学生的绝境啊！程老师遇上了，但他巧妙地化解了。没有预定的"小"学生，现场不是有充满活力的"大"学生吗？毕竟，对于一篇文章而言，并没有严格的界限说哪个年龄阶段的读者可以读，哪个年龄阶段的读者不可以读。程老师以其从容的心态、充满亲和力的微笑、平等协商的语气，关键是深厚的学养，机智地化解了一个教学困境。

"我要找位老师来朗诵第一小节。这位老师，您来读一读，好吗？""我来自偏远的地方，普通话不好。"这位老师推辞道。"那就用方言来读一读！每一种方言都有自己独特的魅力！方言的魅力就是你的魅力！"程老师这番话激起了这位教师的信心，他颇自豪地用方言吟诵起来。吟诵完后，程老师问该教师有何感想，这位教师说："方言也是文化，一种方言就是一种文明。"这位教师的说法博得了与会教师阵阵掌声。在这里，程老师又一次化解了一个教学绝境。在这么多教师面前，谁也不想诵读，大家都怕诵读得不好，出了丑，丢了人。这种想法程老师自然理解，他微笑着，不急不躁地，以一个老教师和一个年轻教师促膝谈心的方式，鼓励他克服自卑心理，勇敢地展示属于自己的独特魅力。如果程老师简单"默认"了这位教师的说法，然后去寻找理想的目标，这样就犯了"目中无人"的错误，程老师也就不会赢得听课教师的信任，礼堂里更不会弥漫着既融洽又兴奋的气氛了。

"那河畔的金柳，是夕阳中的新娘；波光里的艳影，在我的心头荡漾。"程老师抑扬顿挫地诵读着，礼堂里响起热烈的掌声。程老师说："诗，要读得好，一些关键词就得理解得透。'荡漾'这个词，我们得细细品味！""您来说说自己的体会吧？"程老师对坐在面前的一个老师说。"我是教数学的，对语文是外行！"这位教师微笑着拒绝。程老师笑眯眯地、不紧不慢地说："好啊！我正想找个非语文教师来回答呢。就想听听

‘外行’是怎么学习语文的！”礼堂里响起了会意的笑声。“荡漾过吗？”“应该荡漾过！”“那了不起！肯定有体验吧？说说好吗？”“‘荡漾’的意思应该是说内心的感情，有起伏、有波动、一颤一颤的！”“果然是有生活体验，说得太精彩了！”在这里，程老师再一次巧妙地化解了僵局。数学老师可能是觉得对文本的理解不透彻，怕在语文老师面前贻笑大方，就以此为理由拒绝回答问题。可程老师认为数学老师有生活体验，调动其生活体验问题自然得以解决。其实，生活即教育，脱离了生活体验，教育就没有顿悟，更不会有顿悟时所产生的愉悦。这种“接地气”的做法，使程老师处理起教学困境来游刃有余。

程老师化解教学绝境的方法，表面看来是巧言妙语，其实不然。巧言妙语的背后是学养深厚，是儒雅之气，是心中有“人”。这才是程老师绝处逢生的根本原因所在。

第二章

问道：打开思想闸门的钥匙

《易·乾》中说："君子学以聚之，问以辩之。"一个人要想学有所成，就要在学中问，问中学。正所谓：读万卷书不如行万里路，行万里路不如阅人无数，阅人无数不如名师指路……问道于大方之家，与其对话，在对话中打开思想的闸门，刷新大脑，自我开悟。

汉字是语文教学的逻辑起点

——就"阅读教学原点"与毕淑娟对话

杨富志：毕老师，您好！我有问题请教您。某教师在教学《春》一文时，整堂课让学生在文本中寻找"美"，在文本中感受"美"，在文本中收获"美"，让学生通过朗读去表达美感悟美。是不是说，只要用心感受文本，语文教学就能回归原点？

毕淑娟：这个问题非常值得探讨！您认为语文教学的原点是什么？

杨富志：有同仁说，语文教学要大力培养学生的学习习惯、方法和兴趣等。

毕淑娟：学习习惯、方法以及学习兴趣等属于教学策略方面的问题。

杨富志：还有同仁说，语文教学"立人"是核心。

毕淑娟：这是语文教育的终极目标。

杨富志：那到底是什么？请指点迷津！

毕淑娟：语文教学的原点和语文的原点不是一个概念。语文的原点指向语文的本质属性，语文教学的原点则是指向语文教学的规律。

杨富志：那语文的本质属性是什么？

毕淑娟：工具性和人文性的有机统一。

杨富志：我觉得还是"文以载道"这个说法好！"文以载道"就包含了"工具性和人文性统一"这一说法。

毕淑娟："文以载道"是韩愈的观点。你的想法我赞同，不过他所说的道侧重于政治主张。当今的道，内涵更深更广。

杨富志：请举例说明。

毕淑娟：一个人的情感算不算"道"？态度算不算"道"？价值观算不算"道"？

杨富志：情感、态度、价值观啊？很少有人把这个称之为"道"啊！

毕淑娟：一个人的立场是不是"道"？主张是不是"道"？思想是不是"道"？

杨富志：应该是"道"！

毕淑娟：法则与规则乃至规律，道义与道德乃至道理呢？

杨富志：自然是"道"！明白了！道包含天道、地道、人道、佛道、王道等等一切合理存在。

毕淑娟：那么"道"用什么来承载呢？

杨富志：自然是"文"了！

毕淑娟：什么是"文"？

杨富志：《说文解字》说"文，错画也"；《说文解字叙》称"仓颉初作书，盖依类象形，故曰文"；《周易·系辞下》记"伏羲氏观鸟兽之文"，又记"物相杂故曰文"。所以，我认为，物体的形状、线条、色彩相互交错，就是"文"。

毕淑娟：这些"错画"，最初是刻画在石板、木板、龟甲上，甚至是岩石上，而且刻画得很形象。比如山像山，水像水，火像火……这就是最初的象形字。所以，"文"者"纹"也。"文"本身就有"花纹"之意。

杨富志：为何在石板、木板、龟甲上，甚至是岩石上刻画花纹？

毕淑娟：永久地载道！刻在石头上、龟甲上、木板上、岩石上的文（花纹）后来就渐渐演变成了文字。这文字之所以流传至今，与其最初被刻画得形神毕肖有密不可分的关系。

杨富志：这就是说，文字像魔方，于千变万化中形成了文章，文章中蕴含着文化。

毕淑娟：对！这就是我们所讨论的"文以载道"，也就是语文的本质属性，即工具性与人文性的统一。

杨富志：如果说语文的原点是"文以载道"。那么语文教学的原点是什么呢？

毕淑娟："以文见道"！朱光潜先生有句话说得非常到位，他说："对语言文字的推敲，骨子里是对思想感情的推敲。"

杨富志：即"道"从"文"生。

毕淑娟：非常正确！不过强调一下，这里的"文"是特指"文字"而非"文本"！文本虽由文字构成，但它不是原点。

杨富志：那么"文以载道"中的"文"与"以文见道"中的"文"含义一样吗？

毕淑娟：不管是"文以载道"中的"文"还是"以文见道"中的"文"，在这里都特指"文字"。

杨富志："以文见道"的意思就是把文字中所蕴含的道表现出来。那如何来表现呢？

毕淑娟：叶圣陶先生说，阅读教学要"字字未宜忽，语语悟其神"；刘心武先生也表达过相似的意思，就是要"逐字逐句地摸索别人的行文思路"。我们应该从这两句话中得到启发。

杨富志：大家之言！令人茅塞顿开，受益匪浅啊！

毕淑娟：不过要谨记一点，那就是阅读教学不仅是机械地解释字义、记诵文句，并研究文法修辞的原则，最紧要的还在于多比较、多归纳、多揣摩、多体会，一字一语都不轻易放过，务必发现它的特性。唯有这样阅读，才能发掘书文的蕴蓄，没有一点含糊。也唯有这样阅读，才能够养成字斟句酌的好习惯，下笔不至于错失。

　　杨富志：铭记在心！阅读一定要从语言文字入手，每一个字、每一句话都不能放过。比如，《从百草园到三味书屋》中有这样一段话："中间挂着一块匾道：三味书屋；匾下面是一幅画，画着一只很肥大的梅花鹿伏在古树下。没有孔子牌位，我们便对着那匾和鹿行礼。第一次算是拜孔子，第二次算是拜先生。"为何要画一只鹿伏在古树下？原来"鹿"与"禄"谐音，"鹿"包含"禄"的意思，而"禄"就是"俸禄"的意思。"树"与"书"谐音，"古树"即"古书"之义。当时的人们认为，如果真诚地拜服在古树下，就能获得高官厚禄了，也就是人们常说的"书中自有黄金屋"。这是一幅巧用谐音双关的拜师图。

　　毕淑娟：所以，汉字是语文教学的逻辑起点。语文老师要有文字功，要从文字里讲出味道来。这是做一名好语文老师的基础和前提。不在这方面下大功夫，只耍枪弄棒地掌握点花拳绣腿，那是墙上芦苇，头重脚轻根底浅。

　　杨富志：这么说来，阅读教学怎么教的问题就解决了。无非是"能够按照读物的性质，做适当的处理而已。需要翻查的，能够翻查；需要参考的，能够参考；应当条分缕析的，能够条分缕析；应当综观大意的，能够综观大意；意在言外的，能够辨得出他的言外之意；义有疏漏的，能够指得出他的疏漏之处"。

　　毕淑娟：如果到此地步，阅读书籍的习惯也就养成了。一个人有了这样的习惯，一辈子读书，一辈子受用。

　　毕淑娟：此时此刻，你开始提的那个问题心中有答案了吧？

　　杨富志：有了！谢谢指导！再见！

　　毕淑娟：再见！

　　注：毕淑娟，女，山东莱芜人，山东省教学能手，齐鲁名师，特级教师，教授级高级教师，国务院特殊津贴享受者。

言语形式是语文工具性和
人文性统一的载体

——就"言语形式"与蒋自立对话

杨富志：蒋老师，您好！对于语文的性质，我还模糊不清，希望您给我指点迷津。

蒋自立：相互探讨。你讲！

杨富志："课程标准"说，语文的性质是工具性和人文性的统一，但我不明白，工具性和人文性统一的介质是什么？

蒋自立：这个问题，其实是个老问题。而且是一个一直纠缠不清的问题。问题的实质依旧是关于"语文是什么"的界定问题。对于"语文"的界定，《大纲》的倾向是"语文"就是"语言文字"，《标准》的倾向是"语文"就是"语言文化"。我个人认为"语文"里面有"语言"，有"文字"，有"文章"，有"文学"，有"文化"，还有"这些的"各自独特的表现形式。

杨富志：您所说的"这些的"各自的独特的表现形式具体指什么？

蒋自立：言语形式。

杨富志：言语形式？

蒋自立：言语形式是一个值得研究的课题，谁关注言语形式，说明谁对语文的思索就有了质的改变。

杨富志：您的意思是说语文的工具性和人文性统一于言语形式中？

蒋自立：我认为，语文的工具性和人文性统一于语言文字中。但我更认为，语文阅读教学，谁关注言语形式，谁就能有效有趣地落实语文工具性与人文性统一的问题。

杨富志：当前的语文阅读教学，的确是忽视了言语形式。

蒋自立：这个世界上，没有无形式的内容，也没有无内容的形式。所以，千万不能忽视了形式。言语也是如此。如果忽视了言语的表达形式，也就削弱了言语的表达功能。

杨富志：您这么一说，引发了我的思索，我们当前的语文教学，还真忽视了或者说不重视言语形式的教学。

蒋自立：我们都忽视了哪些言语形式呢？你能说说吗？

杨富志：次序。文字的次序是一种言语形式。次序不同，意义不同。同样的词语，排列的顺序不同，表达的意思也往往不同。如"老张"和"张老"，次序不同，表达的含义、附带的感情色彩也不尽相同。"老张"是对年龄大于自己或与自己差不多的人的一般称呼；"张老"不仅是对年长者的称呼，还含有对被称呼者的某种敬重、钦佩的意味。

蒋自立：您也举个例子！

杨富志："电费"与"费电"，"马上"与"上马"，"一会儿再谈"与"再谈一会了"……

蒋自立：你就上面所列举的例子，选择一个分析分析。

杨富志："一会儿再谈"是说现在不谈了，稍后再谈。"再谈一会儿"是说现在谈得还不够，还想谈。

蒋自立：分析得好！我再给你举"前方吃紧，后方紧吃"的例子。"吃紧"是说战场上节节败退，"紧吃"讽刺了国民党乘机搜刮民脂民膏，醉生梦死的生活，揭示了国民党大发国难财的丑恶罪行。

杨富志：这让我想起了曾国藩改"臣屡战屡败"为"臣屡败屡战"的故事。他这样一改，语义就发生变化了，自己也由一个常败将军变成了一个百折不挠的将领了。令当时在场的官员大赞："大人神笔，改得真妙！"

杨富志：我再举一个句子中次序不同的吧！"你今天晚上能来吗？"主要是问来不来。"你能今天晚上来吗？"主要是问来的时间。

蒋自立：这些事例告诉我们，在语言交际过程中，一定要重视语序的表达功能。既要恰当地选择语序，又要根据实际需要，灵活地调整语序，方使语义得体，效果上乘。

杨富志：句读是不是言语形式呢？

蒋自立：句读不同，意义不同。从这个角度来看，句读也是言语形式。有个经典笑话就说明了这个问题。下雨了，客人想赖着不走，于是在纸上写道："下雨天留客。"主人一看，提笔添上五个字："天留人不留。"客人看罢，提笔圈点，于是就有了下面的句子："下雨天。留客天。留人不？留！"

杨富志：这样看来，不仅句读是言语形式，语气也是言语形式。例如广为流传的王维《相思》诗，"红豆生南国，春来发几枝。愿君多采撷，此物最相思"。这一首小诗里包含着四种不同的语气。"红豆生南国"可看作陈述句，陈述红豆生长在南国这一事实。"春来发几枝"可看作疑问句，是诗人在发问，"春天来了，红豆发芽了，有多少呢"。"愿君多采撷"可看作祈使句，就是希望人们多多采摘美丽的红豆。"此物最相思"可看作感叹句，表达了诗人对红豆的一种由衷的赞美。按这样的语气来读，别有一番滋味在心头啊！

蒋自立：不同的句式可以表达相同或相近的意思，但语气的强弱差别，表达效果就不一样。

杨富志：常见的修辞手法也是言语形式吧！我们要表达自己的思想，可以不用修辞，可以用修辞，可以用不同的修辞，但是表达的效果是不同的。例如："我们应该禁绝一切空话。但主要的和首要的任务，是把那些又长又臭的懒婆娘的裹脚，赶快扔到垃圾桶里去。"此句中"懒婆娘的裹脚"比喻冗长而空洞的文章。

蒋自立：修辞恰恰就是语言的艺术家，她将语言精雕细刻，使语言变成了一件耐人品味的艺术品。

杨富志：那么文章的表达方式以及文章的样式是不是言语形式呢？

蒋自立：这个属于广义的言语形式。只不过，已经完全被忽视了。比如应用文，基本不学了。学生毕业后连个通知等基本的应用文都不会写，不知道家长会不会骂我们。

杨富志：这些形式的东西都有用，除了修辞外基本上都打入了冷宫。难怪有些专家说形式的东西也很重要。

蒋自立：可目前我们的语文教学把这些东西都抛弃了，或者说并没有给予应有的重视，难道这些不是语文的东西吗？

杨富志：遗憾啊！这么有意思的言语形式，在教学实践中却处于可有可无的地位。这些基础性的东西，是应该纳入教学内容的啊。

蒋自立：在教学过程中，如果老师和学生一起学一学这些言语形式，是很有意义的。这些东西对学生的阅读和写作还是很有用的。

杨富志：可是大部分语文教师不重视这些。听您这么说，我要重视起来！不过，如果我给学生讲这些东西，学生会喜欢吗？

蒋自立：我觉得学生会感兴趣的。你不妨一试！再见！

杨富志：谢谢！再见！

注：蒋自立，男，湖北武汉人，全国优秀教师，自我教育新论创立者。

说和写：一边是手心，一边是手背

——就"说写融通"与韩清传对话

杨富志：韩老师，您好！一位语文教师认为：语文教学要高度重视"说"！而另一位教师则认为：语文教学要高度重视"写"！两位语文教师就语文教学是重视"说"还是重视"写"的问题争论得不可开交。对此，您怎么看？

韩清传：语文界，一直存在着一种认识上的和实践上的"割裂现象"。这种"割裂现象"既存在于语文教育理论方面，又存在于语文教学实践方面。"说"和"写"各自为政的现象，不仅是语文教育种种"割裂现象"的一种，而且是长期存在着的严重阻碍语文健康发展的一种。

杨富志：是的！这种"割裂现象"的存在致使语文教育理论研究者陷入了"非此即彼"的无休止的争论之中；同时也导致了语文教育实践者在瞎掺和的同时迷失了语文教育教学的本真方向，语文教育教学找不到回家的路。

韩清传：一位哲人说得好："真理既不在这端，也不在那端，往往在这端和那端之间。"按此理说来，在语文的性质即工具性与人文性的统一越来越受到语文界业内人士认可的今天，那种针对"说"和"写"孰轻孰重、各执一端、莫衷一是的争论当可休矣！

其实，"说"是口头表达，"写"是书面表达。二者的本质属性和共同任务是一致的，都是表达的需要。只不过，"写"在某种程度上比"说"更规范，更严谨，更条理……

杨富志：还是俗话说得好："手心手背都是肉。""说"和"写"，一边是"手心"，一边是"手背"。说是写的基础，写是说的结晶。说和写是一体两翼，和谐共振。没有写的说，口上谈兵，不可行；没有说的写，味同嚼蜡，不可取。只说不写，是"只打雷不下雨"；只写不说，是"无源之水，无本之木"。

韩清传：其实，关于语文课堂教学，人为地划分为"口语交际课"、"阅读课"、"写作课"、"综合实践课"等等课型的做法是不科学的。这样划分，就很容易把说和写割裂开来。即便这样划分，每一种课型，也应做到说写融通。

韩清传：你能举一个"说写融通"的教学案例吗？

杨富志：好的！我记得有一个教师在讲《狼》这篇文章时，他让学生以屠户的口吻来改写文章。请一、二组改写第一自然段，三、四组改写第二自然段，五、六组改写第三自然段，七、八、九组改写第四自然段。改写完后组内交换修改。然后每组推荐一篇佳作在班上交流。

韩清传：改写得怎么样？

杨富志：我把第六组改写的发给您看看——

我看着紧追不舍的两条饿狼，感到非常窘迫，非常危急。如果它们一前一后夹击我，我岂不是命丧狼口了？在这性命攸关的时刻，我看见路旁不远处有一块打麦场，麦场主人在麦场中间堆积了许多柴草，一层一层地覆盖起来，像一座小山。这太好了！我暂且到柴堆旁躲一下两条饿狼吧。我三步并作两步，慌忙跑到柴堆旁，背靠着柴堆站着，放下担子，拿出明晃晃的杀猪刀，紧紧地握在手上。只要狼敢向前，我就与它们拼命了。狼看着我手里那把明晃晃的大刀，也不敢贸然向前来攻击我，眼睛圆滚滚地瞪着我。两条狼就这样一直瞪着我，我顿时紧张起来，想：

"它们到底想要干什么？难道要与我熬时间？要是天完全黑了怎么办？"不过，很快我就镇定下来，做出完全不怕的样子，看它们能瞪多久。

韩清传：可以中肯地说，这是一个"说写融通"典型案例。它在读悟的基础上改写，又在改写的基础上表达，想必每个学生还会在表达的基础上修改，润色，形成文章。

杨富志：是这样的！课后该教师就要求学生以屠户或狼的口吻对全文进行改写。其中有个学生改写得很有趣味。您看看——

我叫狼崽子，和我一起的是我的双胞胎弟弟狼娃子。我们已经饿了好几天了，今天又出来觅食，可就是找不到可充饥的食物。

眼看太阳已偏西了，我们又挨了一天饿！可正当我们灰心丧气、悲观失望的时候，忽然，我的灵敏的嗅觉捕捉到了一股我们期盼已久的味道——人的鲜美味道！这一刻，我浑身的每一个细胞都舒畅到了极点，双眼顿时喷射出两束荧荧绿光。我逡巡四周，真的发现一个粗壮的汉子挑着担子向我们这边匆匆地走来。我按捺住狂跳的心，和弟弟对视了一眼，我们就很默契地躲在路边土坡上的草丛中，等待着那诱人的美味送上门来。不知不觉中，下巴上竟拖了一条长长的"哈喇子"！等他走到我们面前时，居高临下，我看到他的担子里有刀和骨头，猜想他一定是个屠户。因为他有刀，我们不敢轻举妄动，只好尾随其后，准备见机智取。

屠户发现我们后，眼中流露出害怕的神情，他慌忙加快了脚步，我们也紧追不舍。走了很远的一段路，屠户终于停下来，从担子里拿出一根猪骨头扔给了我们。我心里暗骂：真是个吝啬鬼，没看见我们是两个吗？一根够吗？我只好强忍住饥饿，把它让给了弟弟，我继续跟着。屠户没办法，只好又给我扔了一根，我迫不及待地啃了起来，唉！真香啊，就是肉少了点儿。这时，我弟弟又撵上来了，屠户又极不情愿地扔给了弟弟一根......就这样，我和弟弟一前一后地跟着，直到屠户把骨头扔完为止。

　　这个狡猾的屠户，想用这些光骨头把我们打发了，哼，想得倒美，要知道，我们可是两只狼！狼的本性叫贪婪，更何况我们是两只饿狼，饿狼啊！

　　我们继续跟着，不即不离。眼看太阳就要落山了，情形对我们越来越有利。这时，我看见屠户停下来，神情紧张到了极点儿。他让我们看了看他的空篮子，又摆了摆手，意思是：骨头没了，你们走吧！我心里好笑极了：我们的目标可是你呀，大胖子！屠户看我们没有要走的意思，害怕得脸都变了色。他向四周看了看，然后就拼命地向一个打麦场跑去。麦场里有几堆麦草垛，他狂奔到其中的一个下面，把担子放下，靠着草垛，顺手从篮子里拿起一把刀。那刀，在太阳余光的照耀下，依然闪闪发光，我看了很不舒服！我们兄弟俩无论如何也不敢直接冲上去。可"道高一尺，魔高一丈"啊，我和双胞胎弟弟是"心有灵犀"的，我们四目一对，就计上心来！于是，弟弟就头也不回地走了，给人的感觉好像是：算了，没戏了，我还是走吧！我呢，黏住他！就像狗一样地蹲在屠户面前，我干脆微闭双目，神情悠闲极了。可我心里却暗自得意着：哼，马上就有你好看的了，因为我的弟弟根本没走，他是转到柴堆的后面打洞去了；我呢，在前面假装睡觉是为了麻痹屠户。我们两个准备前后夹击，一举歼灭屠户。哈哈，不说出来，你们不知道我们有多聪明吧？

　　不知过了多久，我几乎真的睡着了，心里还在为弟弟暗暗地使劲：快挖呀，快挖呀！天色也越来越暗了，形势越来越有利于我们。屠户一定心急如焚，我心里却暗暗得意。

　　突然，一阵疾风骤起，惊得我赶紧睁开眼，但见一道亮光急如闪电，只在眼前一晃，我的头就一阵剧痛，那种钻心的痛啊！当我强忍疼痛看清眼前的一切时，我真的傻了——只见那可恶的屠户手举着锋利的杀猪刀站在我面前，太恐怖了！我挨了那致命的一刀，已经无力逃跑了。狠心的屠户见我没死，就又狠狠地砍了我几刀，我终于瘫倒在地。

　　我强迫自己不要瞬间死去，我的神志必须要保持清醒，因为我牵挂着我的兄弟呀！我很想大声呼喊我的弟弟快跑，可我已经奄奄一息，灵魂在我的头顶盘旋，久久不肯离去。

　　惨剧还是不可避免地发生了，因为我听到了我弟弟发出的绝望的惨叫声。唉！

　　完了，一切都完了，都怪我一时大意啊！我真的死不瞑目！

　　韩清传：这就是"说写融通"的效果啊！它在紧扣文本的基础上，厚实了课堂，丰盈了课堂，鲜活了课堂。不过，思是说和写的共同基点。要思之有物，这个"物"主要是"说写融通"的结合点。这些结合点不外乎课文的重难点、情境的创设点、语言的训练点、活动的支撑点、情感的爆发点、思想的升华点、教学的拓展点、生活的感悟点、成长的触动点、生命的拔节点……这一个个"点"的落实只有说写有机结合才会更有味道，更有实效。

　　杨富志：说和写的关系正如"手心"和"手背"的关系，都依附在"思"这个骨架上，须臾不可分离。

　　韩清传：对头！由说写分离到说写合一是语文课堂教学发展的必然趋势。因此，语文教学需要顺势而为，说写互促，说写共进。

　　杨富志：谢谢韩老师！今后，我要大力践行"说写融通"教学理念。

　　韩清传：再见！

　　杨富志：再见！

　　注：韩清传，男，山东新泰人，特级教师，教授级高级教师，国务院特殊津贴享受者。

第三章

思道一：做一根会思索的芦苇

　　哲人说，人只不过是一根苇草，是自然界最脆弱的东西，但却是一根能思想的苇草。这句话告诉我们，一个教师是否对自己的教育教学加以反思，是其成熟与否的标志。这种标志，用波斯纳的成长公式来表示就是：成长＝经验＋反思。

学生的人生绿卡，是应试还是素质

有人说"素质教育喊得震天动地，应试教育搞得扎扎实实"；有人说"学生沦为做题的机器，天性被扼杀，兴趣被湮灭，创造被禁锢"……这些针砭教育时弊的话语，折射出一些有信仰有责任的教育人对当前某些不良教育现状的焦虑与无奈，也提出了一个时代的命题——应试教育与素质教育哪个是人生的绿卡？

考试与素质，琴瑟相调

考试，它不是应试教育的代名词，更不是素质教育的毒瘤。素质教育不是拒绝考试，而是让考试更有利于促进人的身心全面发展、协调发展。考试，仅仅就是检验教学效果的一个权重。它的前面连接着学习与复习，后面紧跟着反馈与矫正。

教学刘禹锡的《陋室铭》，当问到文中的"丝竹"运用了何种修辞的时候，学生哑口无言。教师提示说："圆规愤愤不平地回转身……'圆规'一词的修辞手法，老师不是补充过吗？"学生依旧一头雾水。"老师还让大家模拟表演过'圆规'的姿势呢！"……这就是一次微考，它检测出了学生的遗忘，促进了复习，也促进了矫正。不要轻易否认考的价值，以貌似清醒和改革的姿态疾呼取消考试的做法是不够理性的。毕竟，考试本身没有罪。过去考，现在考，将来也考。中国人考，美国人也考。更何况，在"逢进必考"的当下，不管是笔试、面试还是名牌大学的自主招生都越来越重视对一个考生的综合素质的考查。

但，如果"为何考"一旦异化为名利交换的筹码，势必连同考什么怎么考，教什么怎么教以及学什么怎么学一起坠入应试教育痛苦的深渊，这将是一个民族的悲哀。

应试与素质，水火不容

小学语文有一篇课文，题目叫《我要的是葫芦》。主人公不顾生了蚜虫的秧苗，一心只想收获硕大的葫芦。结果却是事与愿违。这种荒谬的做法与教育上一味地片面地追求升学率的做法，无疑都是饮鸩止渴。

"我要的是葫芦!"秧苗生虫，不对症下药，葫芦何在?"我要的是高分!"学生患病，教育"目中无人"，高分何用?这其实就是戕害心灵的应试教育了。这样的教育是一种信仰缺失、情感剥离、道德沦丧的教育，很容易使受教育者成为精神的侏儒。

在大学生毕业即失业的当下，大众本应淡化了应试，不再热衷挤"独木桥"，谁知，大众对名牌大学的追逐却愈加狂热。因为名牌大学为他们提供了做"人上人"的机会。大众的这种追求荣华富贵的价值需求绑架了教育。教育只得无奈地迎合大众需要，致使应试教育如火如荼。

然而，教育绝不培养有知识没文化，有文化不文明的人，尽管培根说"知识就是力量"，但当知识没有与文明融合在一起的时候，知识越多越反动。人若不立，文明就会掉在地上，灾难就会落到头上。

所以，素质教育的核心是立人。但素质教育到底立怎样的人呢?是立好人还是立伟人?抑或是立圣人?不必讳言，伟人和圣人不是单凭教育就能立起来的。也就是说素质教育的核心就是立好人——立胸怀恻隐之心、羞恶之心、恭敬之心、是非之心的人……但遗憾的是，大众对于做个好人即"人中人"并不青睐，一心想做说了算的"人上人"。

教育大计，教师为本

素质教育的实施，离不开教师的责任与素养。教师要立人须先立己。一个优秀的教师要儒雅，会思辨，有思想，能担当……这样，就不会因语法不考而不教；就不会因日常应用文不考而不授；就不会面对《全日制义务教育课程标准》提出的"少做题，多读书，好读书，读好书，读整本的书"的建议于不顾，而依旧大肆机械训练；也不会因音体美是小学科而扭曲了其学科本身的价值功用；更不会置理化生实验操作于不顾而……显然，这些贴有应试教育标签的教育行为严重制约着学生学科素养的提升。学生学科素养一旦提升到一定的境界，考试又岂在话下？

列夫·托尔斯泰曾一针见血地指出某些教师因学养不深厚而致使自身"总是不自觉地竭力要选择于自己最方便的教学法"。他还告诫教师，如果"教学方法愈方便于教师，它就愈不方便于学生"。他殷切希望教师选择"只有学生们满意的那种教学方法"。因为那"才是正确的"。显然，那种最方便教师不方便学生的教学法就是典型的应试教育的"满堂灌"的做法；那种正确的最能令学生满意的教学法无疑是最富有素质教育价值的，这种做法说得通俗些，就是让学生思考多一点、体验多一点、合作多一点、对话多一点、质疑多一点、展示多一点、创新多一点。

这样，教育就多了一份素质，学生就多了一份素养，民族就多了一份文明，国家就多了一份潜力。于是，鲁迅先生所呼吁的"中国欲存争于天下，其首在立人，人立而后凡事举"的宏愿也就为期不远了！

被笑话的到底应该是谁

近来网络上一组关于"小学生造句"的帖子雷翻了众多网民，其讽刺性和娱乐性成了大众网上网下津津乐道的话题。

小学生用"其中"一词造出了"我的其中一只左脚受伤了"，用"难过"一词造出了"我家门前有条水沟很难过"，用"好吃"一词造出了"好吃个屁"……这样无厘头的句子，着实令他们的老师抓狂。

从表面看来，因曲解带来的"词不达意"是小学生所造句子的通病。说白了，就是小学生们对词语含义一知半解，理解得不透彻，致使在运用时闹出了笑话，成了笑料。

实事求是地讲，小学生所处的语言环境并不广阔，所存储的语言信息也并不丰厚，所以，小学生在语言运用的过程中出现这样那样不规范现象也无可厚非，本不必大惊小怪。但偏偏有人在捧腹或莞尔中轻松了片刻后不甘寂寞，利用网络的神通，竟然把它炒成了笑话。

但也有不少有志之士对如此炒作感到锥心的痛，他们发出了振聋发聩的警示疑问：被笑话的到底应该是谁？

只要静下心来想一想就会恍然大悟：原来被笑话的不应该是小学生，应该是教师。

被笑话的应该是"教师教得糊涂"

倘若教师"昏昏"，学生又岂能"昭昭"？俗话说得好：师傅不明徒弟拙。有不少语文教师自身不能从词法学上理解和解释词语结构，也就是说教师自身并不通晓词和短语的区别。教科书说，词的内部结合得紧，不能拆开，不能扩展；短语内部成分独立性大，可以拆开，可以扩展。如"衣服"和"衣食"。"衣服"不能拆开，也不能扩展；而"衣食"可以拆开，拆开后各部分保留原意，也可扩展成"衣服饮食"，扩展后原意不变。所以前者是词，后者是短语。

也有不少语文教师自身对词语的"多义性"不能全面把握，从而也就出现了当小学生所造句子与教师预设不一致时的非理性评判。其实，在不同的语境中，词语的意义是不一样的，这就决定了在这个语言环境中，它可能是一个词；在另一个语言环境中，它可能是一个短语。例如"难过"的含义，它既有表示"悲伤、痛苦、难受"的意思，又有表示"不容易过活"的意思，也有表示"过不去"的意思。如果教师的预设是取其"悲伤、难受、痛苦"之意，即把"难过"作为一个词让小学生造句，但小学生却误用为短语，无意识地采用了"难以过"之意，造出"我家门前有条水沟很难过"的句子，这显然是不符合教师要求的。在此语境中，如果小学生造出"听到她不幸的消息，我感到很难过"就完全符合要求了。但从短语的角度来看，小学生的造句是有道理的，不应该算错的。

教师语法知识的不通乃至空缺，致使教师陷入"知其错而不知其所以错"的教学困境，也就无法在教学中有效地"矫正"学生的错误，自然也就无法让学生体会到语言本身所蕴含的奥秘。由此看来，语文教师洞悉语法对语文教学有百利而无一害。

教师的"昏昏"不仅体现在学养不足上，还体现在机械的教学方式上。就以"其中"一词为例来分析，可以肯定地说"其中"这个词教师是一定教过的，学生也是一定学过的，而且学生也一定知道自己只有两只脚。那缘何小学生还会造出了令人啼笑皆非的句子呢？出现这样的后果与"死记硬背"字词的教学方法脱不了干系。

常见字词的教学形式无非是这样：课前，教师代替学生整理字词的音形义，较早的时候是用小黑板，后来是用投影仪，现在发展到用电子白板了。显然，教学工具是越来越先进了，但"怎么教"依然是"外甥打灯笼——照旧（舅）"。尽管手段花样翻新，但从未脱离机械地读读写写的窠臼。这样的教学方式，教师还想当然地认为学生定会对字词掌握得相当扎实，既能读又会写，孰料学生却根本不会运用，还整出了一大堆笑话。

古人说："人之立言，因字生句，积句成章，积章成篇"。所以，要想让学生灵活地遣词造句，教师务必引导学生在语境中理解词语的含义，也就是要做到"字不离词、词不离句、句不离篇"。例如学习《斑羚飞渡》一文中的"进退维谷"一词时，若只是读读写写这个词，或是再背背注释，学生很难有深刻的印象。但如果把这个词放在课文中"随文而教"，引导学生体会置身于洛山伤心崖上的斑羚，"进"是无法逾越过的悬崖，"退"是狩猎队黑洞洞的枪口，学生就会顿悟：原来"进退维谷"就是这样的情形啊。

每一个词都不止一个词义，在学习时如果一个个地死记硬背，既费时又费力，还不能贯通，这一定不是个好办法。在语境中正确地辨别词义，是提高语言修养的好方法。

被笑话的应该是"教师评得揶揄"

当小学生用"难过"造了一句"我家门前有条水沟很难过",教师信手批下了"老师更难过"的时候,这些孩童会产生怎样的心理活动呢?最有可能的一种就是:难道老师过水沟比我还费劲儿吗?如果是这样的话,学生显然被教师的模糊评语误导了。

还有当学生用"好吃"造了一句"好吃个屁",教师竟然批下了"有些东西是不能吃的"时候,学生会感到无地自容的啊!这样貌似委婉,实则荒谬的批语,对学生实在是一种心灵的戕害。

……

人的成长离不开犯错,教室就是出错的地方,但错误需要矫正,尤其是需要教师来指导。教师的指导事关学生的发展——学业的进步、心灵的成长。当一个教师不能够引导人的时候,千万不要自作聪明地侮辱人、伤害人。

教师笔尖流泻下来的应该是肯定人、激励人、赞赏人、引导人的美好话语,即便是批评人,也要做到入耳入心,达到教育人的目的,而不是拿自己的学生开涮,揶揄自己的学生。这些教师莫非忘记了"小学生不会造句"的后果是自己一手造成的?讽刺挖苦学生绝不是一个教师应有的作风。

可以想象教师在学生作业本上批下"你是蜈蚣吗"时的郁闷、气愤之情,或许这些教师是怀着"恨铁不成钢"的心态,期望让学生在反思中感到羞愧进而奋发图强。但一句句不带脏字的侮辱性的评语,不仅无济于事,还会给学生的心灵蒙上一层厚厚的阴影。

当小学生造出"我其中的一只左脚受伤了"的时候,一个教师最起码也应该这样评价:删掉"左"字才符合实际,不是吗?当小学生造出

"好吃个屁"的时候，一个教师最起码也应该这样评价：你的语言富有童趣，把老师都逗笑了！不过要注意文明用语哟！当小学生造出"我家门前有条水沟很难过"的时候，一个教师最起码也应该这样评价：每当走到这条让你感到"过不去"的水沟时，你是否会产生"悲伤、痛苦、难受"的心情呢？如果你产生了这样的心情，那就请你认真学习，长本领，长大后为大家修一条平坦的大路吧！

这样的评价才有用，因为这样的评价能够促进学生的发展。那种目中无人，极尽嘲笑揶揄之能事的评价不仅无益反而有害，是为人所不齿的，也是一个民族的悲哀。

被笑话的应该是"教师判得愚蠢"

教育家卢梭曾经说过：儿童是有他们特有的看法、想法和感情的，如果想用我们的看法、想法和感情去代替他们的看法、想法和感情，那简直是最愚蠢的。

有不少语文教师拘泥于从词法学上理解和解释词语结构，只单纯地从单纯词与合成词的角度来考量词语运用得正确与否。诚然，词的结构是固定的，但一个人的思维是不能固定的，一旦思维固定了，也就僵化腐朽了。例如"天真"一词，它作为一个固定的合成词，一旦拆分，意思就发生了变化。但学生在用其造句时却把它拆分了，怎么办？从词的整体性角度来看自然是错误的，但如果从儿童思维的角度来衡量，"天真"何尝不是一个有待完成的主谓短语呢？"天"作主语，"真"作状语，"天"怎么样呢？学生的任务就是发挥想象，补充谓语。小学生自然会想到"天真蓝"、"天真高"、"天真冷"等等这样的短语。这样看来小学生用"天真"造成了"今天真热"也不是没有道理的啊！

也有不少语文教师脑袋里装满了"分数"，用所谓的评分标准来看，小学生用"难过"造了一个"我家门前有条水沟很难过"的句子自然是错误的，因为这样的句子不符合评分标准。可换一个角度看"我家门前有条水沟很难过"这个句子，应该不难发现这就是典型的拟人句啊！多么富有诗意、富有想象力啊！这样的句子不正是"儿童的话语就是诗"的最好的注脚吗？

童年是做梦的季节，做梦的孩子有着许多奇妙的幻想。一旦我们用理性代替了灵性、用标准代替了多元、用分数代替了想象，孩子们飞翔的翅膀就会被无情地折断了。没有了翅膀，梦想就只能在地上匍匐，难以在云端舞蹈。这恐怕就是"钱学森之问"难以实现的根源吧！

每一个教师都应该有一个底线，这个底线就是良知。有了良知就会辨证地理性地看待分数。没有分数是不现实的，有分数没有素质是没有未来的，分数和素质不是你死我活的敌对关系，而是相互促进的伙伴关系。所以，抛弃僵化的唯分数论，让分数中包含着素质，让素质中蕴含着分数，这样明天才会更好。

此外，被笑话的还应该是"看客做得无聊"

是谁无聊到把"小学生的造句"当作笑话上传到网络上？这一行为如果是教师，则是无德；如果是其他人，则是无知。不管是无德还是无知都是无聊。网络时代的看客依然承袭了鲁迅笔下看客的衣钵，不管是始作俑者还是大批的灌水者乃至拍砖者，麻木不仁依旧是思想的顽疾。人格的委顿，心灵的空虚以及可悲的猎奇心理共同导演了一场媚俗化的闹剧。这闹剧因缺乏人文的因子而流毒甚广，令人悲哀。

所以，被笑话的不应该是小学生，而是长不大的成人！

越是文本的越是个性的

有一句流传很广的话叫作"越是民族的越是世界的"，在这里，我套用这句话，把它用到个性化阅读与文学教育上，那就是"越是文本的越是个性的"。

一千个读者就有一千个哈姆雷特

有句话说得好，"个性化的人，个性化的文"。"个性化的人"中的"人"有两层含义，一是指作者，一是指读者。不管是作者还是读者都是有独特个性的，这是不容置疑的。个性化的作者所创作的文章自然就是个性化的文。"个性化的文"经由个性化的读者阅读，自然就会产生"一千个读者就有一千个哈姆雷特"的阅读现状。但是，必须正确处理"一千个"哈姆雷特与"一个"哈姆雷特的关系。

读者的个性化阅读的确是"一千个读者就有一千个哈姆雷特"，换句话说就是"一千个哈姆雷特"中的每个哈姆雷特都是个性的。但读者通过一次次地对文本的钻研，最终还是要体现"一千个哈姆雷特"还是哈姆雷特，而不能成为哈利波特。所以，"一个"哈姆雷特就成了"一千个"读者的阅读共性，这个共性就是文本的原义，也是文本的价值所在。

当阅读的主体由广义上的读者转变为狭义上的学生时，这一理论也同样适用。正如《安恩与奶牛》一课关于安恩这一人物形象的研讨。有的学生说安恩勤劳，有的学生说安恩善良，还有的学生说安恩爱护动物等等，这就是"一千个"的问题。显然，这样的认识还比较浅薄，需要教师指导学生进行文本细读，引导学生关注文本的精微之处，通过辩词、会意、识味、涵咏直达人物形象的本真。果然，执教者带领学生紧紧抓住"这头奶牛是不卖的"，"它不是卖的"，"它不卖的"这三句言简意赅且含义隽永的言语，以联系、比较的方式来揣摩安恩的形象，最后达成共识：安恩是一个正直而善良的人。这样，就完成了由个性向共性的嬗变。

真正的个性化阅读是创生的

创生是个性化阅读的本质属性。个性化阅读由于充分尊重学生的主体地位和个性差异，倡导多元化、多角度地解读文本，所以，它对打破传统语文课堂教学，教师肢解文本一讲到底，不容学生有半点疑惑地被动吸收的阅读教学方式无疑起到了颠覆性的作用。让不少语文教师深深体会到，学生有时比教师还想得多、钻得深，甚至不少生成性问题还会令老师猝不及防，不得不与学生一道讨论、分析、探究、查阅资料……

《安恩与奶牛》的执教者引领学生对文中异常之处的探究就是最好的明证。所谓的文本中"异常之处"其实就是文本的矛盾之处。《安恩与奶牛》一文中，"安恩时而'安闲'，时而'凝神倾听'的神态与她'不时抬头'的举动"异于平常，而且神态与举动相抵牾。这里面必有奥妙，值得细细品味。

执教者抓住了这异常之处，从中引出了一个很值得讨论探究的问题："是安恩孤独还是奶牛孤独？"此问题一抛出，学生的学习兴趣被调动起来，思维也打开了，在一番唇枪舌剑后，生成了一个连教参里都未涉及的结论：奶牛不一定孤独，孤独的是安恩。这就是典型的生成。虽然这个观点不是"教参"的,但是"文本"自身所独有的。所以,只要是从文本中生发出来的合情合理的说法,管他教参有没有,都应欣然接受。

个性化阅读应欢迎"正误",反对"反误"

个性化阅读的结果无非是"正读"和"误读"两种。"正读"毋庸再言。只说"误读"。

"误读"是不能正确理解文本意义和作者的思想感情的阅读。"误读"有"正误"和"反误"之分。

"正误"是读者的理解虽与作者的创作本意有所抵牾,但作品本身却客观上显示了读者理解的内涵,从而使得这种误解看上去又切合作品实际,令人信服。例如上面所提到关于"奶牛不一定孤独,孤独的是安恩"的问题,就是"正误"。对"正误"应该持欢迎的态度。

"反误"是指作者自觉不自觉地对文学作品进行穿凿附会的认识和评价,包括对作品非艺术视角的歪曲等等。一教师在讲朱自清先生《背影》时,一学生突然问:"老师,朱自清的父亲为何不给他买西瓜?"该教师对这个学生的提问予以肯定和重视,以期得到意想不到的收获。学生一番思索后,纷纷发表自己的看法。有的说:"那个时候没有西瓜卖";有的说:"朱自清喜欢吃橘子";有的说:"当时那个月台上只有橘子卖";还有的说:"他父亲失业了,买不起别的东西,也许橘子稍微便宜一些"。

显然,这是一个个性化阅读的片断。如何定性这个片断呢?执教者认为,这是"更鲜活、更灵动、更真实、更原生态的语文教学"。但笔者认为,这是一种"误读",而且是一种"反误"。更重要的是,教师在引导、参与、纠正上过于疲软。甚至沦为"骑墙者",这个观点也称赞,那个观点也表扬,张口好,闭口很好,教师成了"好好先生"。仅举一例。针对学生说"那个时候没有西瓜卖",教师追问:"那个时候是什么时候?

文中有没有交代？"学生从课文中找到答案："那年冬天"。教师称赞："很好！同学们找到了一个合理的解释。"接下来，教师继续鼓励学生，不断询问："还有其他合理的理由吗？"于是，又产生了其他诸如"朱自清喜欢吃橘子"、"当时那个月台上只有橘子卖"的个性化解读。

只要开动脑筋思索一番，就会发现，这样的解读，虽不能说脱离了文本，但可以说没有吃透文本，而且也背离了"知人论世"的基本解读原则，从而导致课堂教学乱象横生——民主有余，集中不够；放得有余，收得不够；讨论有余，总结不够。在这样的状况下，课堂或许是活跃了，但走了偏锋。

如果我们立足于"知人论世"的解读原则，在钻探文本的基础上驱遣现象，我们就会发现，朱自清的父亲给朱自清买橘子的原因是有寓意的。在江浙一带，大年初一有吃福橘的习俗。吃了福橘，预示着一年顺顺溜溜。鲁迅先生在《阿长与山海经》一文中就曾描写过这样的场景——"哥儿，你牢牢记住！"她极其郑重地说。"明天是正月初一，清早一睁开眼睛，第一句话就得对我说：'阿妈，恭喜恭喜！'记得么？你要记着，这是一年的运气的事情。不许说别的话！说过之后，还得吃一点福橘。"她又拿起那橘子来在我的眼前摇了两摇，"那么，一年到头，顺顺流流……"

其实，吃橘子不仅是对生活顺溜的祝福，还因为福橘颜色鲜红，所以就有了红火之意的象征。总之，"买橘子"这一细节所体现的浓浓的父爱全凝聚在橘子的内涵中——希望朱自清过一种顺溜、红火的生活。当然，这也是个性化解读。但这是一种基于文本的"言之有理，持之有据"的个性化解读，这样的解读更有意义。

一言以蔽之，个性化阅读确实为语文教学洞开了一扇窗户，通过窗户，可以看到窗外迷人的风景。但不要迷恋窗外的风景而越窗而去，渐行渐远，以至于忘了为何出发。

预设百分百，才能巧生成

经看过几部成龙大哥拍的大片，发现大片的后面，剪辑师或多或少地剪辑上几组拍摄时的"花絮"。这些"花絮"是由于演员准备不足而在表演时出现的这样那样的"失误"：有的因忘了台词而无奈地笑；有的因说错了台词而尴尬地笑；有的因肢体动作不到位而苦恼地笑……

这些"花絮"在博得我们会心一笑的同时也引发了我们对课堂教学的反思。有些课堂，也会因教师预设不足出现一些教学"花絮"。有些花絮，教者"点石成金"，不仅化险为夷，还"生成"了教学彩头，成为教坛佳话。还有一部分"花絮"，其实质就是教学的小失误，说得严重一点就是教学小事故。闻一多先生《最后一次演讲》中有这样一句话："你站出来！你站出来！"教师问学生这个句子是什么句式，一学生回答"反复"。教师对此答案不满意，于是就引导，问："这是什么语气啊？"学生回答："命令的语气。"教师再点拨："表示命令语气的句子是什么句式？"学生回答："祈使句。"教师满意地说："用命令的语气来读读这个句式。"对于此案例，据授课教师课后说课时讲，她的课不是直接告诉学生答案，而是引导学生寻找答案，这就是启发式教学。其实，这是不够的！因为很多学生明白了这个句子是"祈使句"，但不明白它为什么就不是"反复句"？在这里，很多教师会意识到"学生的回答"就是一个潜在的教学生成点。遗憾的是，它却被授课教师自以为高明的教学艺术扼杀了。扼杀的原因很简单，就是教师在预设的时候，仅仅着眼于"句式"而忽视了"修辞"。这种因准备不充分而导致课堂出现小瑕疵的情况，其实不是生成而是教学事故。可以明确地说，备好课是上好课的前提，没有精心的备课，即使有生成的机会也会被浪费。

我们也可以这样处理——

师：这是什么句式？

生：反复。

师：对，这个句子是运用了反复的修辞手法。反复的修辞手法就是为了强调某种意思、突出某种情感特意重复使用某些词语、句子或者段落……

师：在这里作者运用反复的修辞手法要突出闻一多先生怎样的感情呢？

生：为了突出闻一多先生对国民党反动派及其无耻行径的强烈愤怒。

师：那么，这样的感情该用什么样的语气来表达？

生：命令的语气。

师：那这样的句子属于什么句式？

生：祈使句。

师：祈使句就是要求、请求或命令、劝告、建议别人做或不做一件事。祈使句的句末一般用感叹号。

师：那我们总结一下，从修辞角度来讲，这个句子是反复句；从语气角度来讲，这个句子是祈使句。请同学们反复诵读这个祈使句。

很显然，这样处理就很好地把"反复"这个潜在的生成点有机地和"句式"这个预设点融合在一起了，这样就由教学事故转换为教学艺术了。需要探讨的是："这样就是生成吗？"我认为这仍然不是生成。这只不过是执教者凭借自身丰厚的教学底蕴和丰富的教学经验，把一次教学败笔演化为妙笔。这是教学机智的问题，不是生成的问题。

生成的实质是创新，它是在特定情境下应运而生的一些疑问、顿悟、情绪、灵感……它由一个问题引发一连串的问题，并激发探究的欲望。那么，从预设到生成到底是一种什么样的过程和内在关系呢？

首先，从预设到生成不仅仅是承继，更应该是创生。预设与生成是"母子关系"。预设是"母"，生成是"子"。预设包孕着生成，只要时机一到，生成就呱呱坠地。但可以说，没有预设这个"母"就没有生成这个"子"。总而言之，生成是预设的继承与发展，升华与深化。如果我们把未预设到的教学内容片面地看作是生成，那么，这个所谓的"生成"就是机械地复制。因缺乏创新的因子，而使得它失却了生成的真正内涵。从某种意义上说，预设与生成的关系更应该是一种化学变化，而非简单的物理过程。

其次，从预设到生成不仅仅是"！"，更应该是"？"。从预设到生成的过程，我们关注的焦点不仅仅是一个完美的结论，更应该是一个质疑问难的发现过程。如果有学生在第二个案例上提出这样的质疑："从上下文来看，闻一多先生口中的'你'是指特务，特务的特性就是在暗处活动。既然是特务，他肯定不会站出来啊！闻一多先生肯定知道这一点，可他为何还这样说呢？"这样，课堂教学就生成了一个疑问。如果教师抓住时机，组织学生，开动脑筋，展开你一言我一语的讨论，就又生成了一个教学过程——有的学生会说这里不仅仅体现了闻一多先生对特务的愤怒之情，还体现了对特务的劝诫之意。闻先生殷切地希望特务们要在民族危难时刻，勇敢地站出来，做一些正大光明的事情。这样，就生成了一个有意义的教学结果。

预设和生成的关系是有机联系和谐统一的。预设是根，生成是枝，高潮是花，根壮才能枝繁叶茂，枝繁叶茂才能花团锦簇。

所以说，预设百分百，生成才精彩。

导入不能脱离文本

—— 由《我的叔叔于勒》看导入的有效性

导入是课堂教学的引子、序幕，导入不仅是为了让人眼前一亮，给人耳目一新的感觉，而且是为了营造既有趣又有效的课堂气氛。但有的导入是为导而导，导得炫目，导得离谱，导得费时，结果往往导而不入，导而不启，导而不发，甚至导而不用。这一切都是因为没有考虑到导入的有效性。其实，不管采用什么导入法都是为了学生更好地学，学得更好。单单是为了吸引听众而脱离文本的导还不如直接导入。

下面，就以《我的叔叔于勒》一文为例谈谈语文课堂教学导入的有效途径。

由与文本关系密切的创作花絮导入

有一次，福楼拜对莫泊桑说："你去巴黎第九大街，在第二个十字路口向左拐，看看路右边的第一个人是谁？"莫泊桑来到路口，远远看到一座老妇人的雕塑，就回来告诉老师："是一个老太婆。"福楼拜摇摇头说："你看到的别人也能看到，你再去瞧瞧是一位什么样的老太婆。"莫泊桑又来到路口，这次走得更近了，回来说："那个老太婆很脏，满脸灰尘，头发乱得像鸡窝。"福楼拜听后微笑说："有进步，但你看到的东西别人还是可以看到，你应该用你的第三只眼睛去看，看到别人没有看到的东西。"莫泊桑再次来到路口，看得非常认真，回来后说："老师，我看到了，那个老太婆的鼻子是世界上最蹩脚的，是木匠随便拿了一块木头削了一块安在她脸上的。"福楼拜听后高兴地说："你今天的作业完成得很好，可以得满分了。"据此，教师问学生："莫泊桑今天的作业为什么能得满分？"学生自然会说："他用独特的眼光来观察老太婆，看到了别人没有看出的东西。"教师顺势引入文本："莫泊桑用独特的眼光去观察人物，其笔下的人物形象也必然是独特的。请同学们也用独特的眼光来观察《我的叔叔于勒》中的人物，探究文中人物的独特之处。"

由作者遣词造句的特点导入

一次，福楼拜对莫泊桑说："你所谈的任何事物，都只能用一个名词来称呼，只能用一个动词来表达，只能用一个形容词来描述。你所用的词儿，应该是别人没用过的，甚至还没有被人发现的。"据此，教师抛出话题："从福楼拜和莫泊桑的谈话中，我们听出了怎样的作文秘诀？"学生自然会说，"表达要准确！需要用心去寻找最准确的词语，直至找到那唯一的名词，那唯一的动词和那唯一的形容词。这样文章才写得既生动又准确。"此时，教师适时引入文本："莫泊桑接受了老师的教导，积极实践，每一篇文章的创造都力图寻找那'唯一'的词汇，这使他的文章语言具有很强的穿透力。现在请同学们朗读课文，围绕文中的人物，寻找、品味作者刻画人物时所选定的那些富有表现力、感染力的语言。"

由还原"删掉的文本"导入

原文开头是："一个白胡子穷老头儿向我们乞讨小钱，我的同伴若瑟夫·达佛朗司竟给了他五法郎的一个银币。我觉得很奇怪，他于是对我说：这个穷汉使我回想起一桩故事，这故事，我一直记着不忘的，我这就讲给您听。事情是这样的……"原文的结尾是："此后我再也没有见过我父亲的弟弟。以后您还会看见我有时候要拿一个五法郎的银币给要饭的，其缘故就在此。"据此，教师可以这样问学生："故事到底是怎样发展的？……要想知道事情的来龙去脉，请阅读课文《我的叔叔于勒》。"读完后教师还可以追问"我有时候要拿一个五法郎的银币给要饭的，其缘故就在此"这句话中"此"所蕴含的真正意义。

由主人公的判定导入

有人说本文的主人公是于勒，有人说本文的主人公是菲利普夫妇，也有人说本文的主人公是菲利普，还有人说本文的主人公是克拉丽丝。判断文中的人物谁是主人公，主要看"谁是作者集中笔墨所刻画的对象以及谁是作者写作主旨的承载者"，谁符合这个标准，谁就是文章的主人公。下面我们大家一起来朗读课文，然后一块研究：谁是作者集中笔墨的刻画者？谁是作者写作主旨的承载者？

还有很多导入的方法，比如从课题《我的叔叔于勒》入手，从本文的出处《羊脂球》入手，从对于勒的称呼入手，从"钱"字入手……不管哪一种导入，都必须基于文本，基于高效课堂。

"导"无定法，贵在得法。我们要根据不同的学科、不同的文本、不同的学情设计适宜的导入法。导既要导得进去，又要导得出来，不能游离甚至脱离文本；导既要前后关联，又要提纲挈领，起到课堂教学"主抓手"的作用。

马无夜草不肥

——有效扩展的形式与课型

关于扩展阅读，人教版语文教材在八年级上册第 196 页编排了一个"学习扩展阅读"知识窗，其中就明确地指出，"扩展阅读就是以课文为中心，扩展到阅读有关作品"。此外，该知识窗还从不同的角度列举了各种扩展形式——从节选的课文扩展到读整篇文章或整部作品；从课文的引文扩展到读引文出处的全篇；从课文扩展到与课文内容类似或写法相近的其他文章；从改定的课文扩展到未定稿，并比较未定稿同课文的异同；从课文扩展到阅读课文作者的其他文章；从课文扩展到阅读课文作者的传记，对课文作者作品的评论；从课文所写的某个人物、某个事件、某个情景、某个细节、某种写法甚至某句话、某个字，也都可以扩展到阅读相关的作品。

根据不同的扩展目的，可以将这些扩展形式整合成与之相符的四种课型。

基于课文理解的扩展讲读课

这种基于课文理解的思维贯通性扩展，目的是架起学生与课文有效对话的桥梁，以便更好地帮助学生理解课文。

与这种课型相符的扩展形式有以下四种。

1. 从改定的课文扩展到未定稿，并比较未定稿同课文的异同

"铁如意，指挥倜傥，一座皆惊呢；金叵罗，颠倒淋漓噫，千杯未醉嗬……"这是课文《从百草园到三味书屋》（鲁迅）作者描写"先生"读书情形的一段文字，学习时就可以扩展阅读它的初稿——"铁如意，指挥倜傥，一座皆惊呢；金叵罗，颠倒淋漓呢，千杯未醉嗳嗳……"可以看出，作者在修改时特意把象声词"呢"、"呢"、"嗳嗳"改为"呢"、"噫"、"嗬"，让它们参差于句中，这样读起来就更有吟叹之感，更能表现出"先生"读书之陶醉的情态。教学时要注意引领学生通过比对加以体悟其中的精妙。

2. 从课文扩展到阅读课文作者的传记，对课文作者作品的评论

"但少闲人如吾两人者耳"是《记承天寺夜游》（苏轼）中的结语。课文虽对"闲人"一词做了注释，但学生只看注释依然体悟不到"闲人"一词所隐含的意旨。教学时，如果扩展阅读《唐宋名家词选》（龙榆生）中关于苏轼的"传记与集评"，从苏轼的生平事迹以及名家对其作品的评语中，就会获得关于苏轼多次被贬谪的信息，这对学生理解"闲人"一词的意蕴起到了启迪作用。

3. 从课文所写的某个人物、某个事件、某个情景、某个细节、某种写法甚至某句话、某个词，也都可以扩展到阅读相关的作品

（1）某个人物

学习《智子疑邻》（《韩非子·说难》），就可以扩展阅读《从斧疑邻》（《列子·说符》），这两篇文章中的人物同属一类人，都是自家丢失东西后主观臆测是邻居所为。这种由此人牵连彼人的扩展阅读，更有利于加深对人物形象的把握。

（2）某个事件

学习《愚公移山》（《列子·汤问》）就可以扩展阅读《精卫填海》

（《山海经·北山经》），前者是"移山"，后者是"填海"，两件事具有异曲同工之妙，都反映了人类征服自然的愿望。这种以此事勾连彼事的拓展，有利于加深对课文主旨的理解。

（3）某个情景

"……天大寒，砚冰坚，手指不可屈伸，弗之怠……""……穷冬烈风，大雪深数尺，足肤皲裂而不知……"等语句是《送东阳马生序》（宋濂）一文中描写马生刻苦学习的情景，基于强化学生对刻苦求学的认同感，教学时可以扩展阅读"囊萤映雪"、"悬梁刺股"、"凿壁偷光"等事例中主人公刻苦求学的情景。

（4）某个细节

"苏州园林里的门和窗，图案设计和雕镂琢磨功夫都是工艺美术的上品。大致说来，那些门和窗尽量工细而决不庸俗，即使简朴而别具匠心。四扇，八扇，十二扇，综合起来看，谁都要赞叹这是高度的图案美。"这是《苏州园林》（叶圣陶）里的一段，作者粗笔勾勒，令人遐想，"苏州园林里的门和窗上到底雕刻着怎样别具匠心的图案？"教学时就可以让学生扩展想象：有的学生会说雕刻着梅兰竹菊，有的学生会说雕刻着龙凤呈祥，有的学生会说雕刻着高山流水，有的学生会说雕刻着八仙过海，有的学生会说雕刻着福禄寿祥，还有的学生会说雕刻着松鹤延年……把单个学生的答语组合起来就形成了一个精妙的扩展材料，这样学生对"图画美"理解起来就具体可感了。只不过这种扩展是基于"每一个学生都不是一个待填充的容器，而是一个需要点燃的火把"这样一种教学理念上的从内到外再到内的特殊扩展形式。

（5）某种写法

学习《变色龙》（契诃夫）一文，势必研讨作者是如何运用"对比"手法来刻画警官奥楚蔑洛夫的丑恶嘴脸的。基于让学生真正领会"对比"手法的作用，可以扩展阅读以下材料："……俺们刚能歇会儿不用擦汗你们又去健身房、桑拿房流汗了；俺们刚羡慕城里的繁华你们又开始兴郊区的别墅了；俺们刚把青菜上的害虫灭掉你们又爱吃虫啃过的青菜了……"这样就加深了学生对对比这种写法的理解，为学生接下来尝试运用对比手法写作打下了坚实基础。

（6）某句话

他说："我曾经剪过辫子，穿起西装，说着流利的英语；然而，我依然不能与你们混合，你们拿另一种眼光看我，我感觉苦痛……"这句话出自《失根的兰花》（陈之藩），是作者引用的美国某本小说中的一个旅美华人的心里话，由此可以扩展阅读由黄霑和王福龄共同创作，张明敏演唱的《我的中国心》。其中"洋装虽然穿在身，我心依然是中国心……就算身在他乡，也改变不了我的中国心……"几句很是催人泪下，这样拓展容易引起学生情感上的共鸣。

（7）某个词

窦桂梅老师在讲《晏子使楚》的时候，基于让孩子更好地领悟晏子"不钻狗洞"的内涵，由文中的重点词语"看了看"引入了《韩信胯下受辱》中的"看了看（视）"，将扩展材料与课文形成比对，引导学生深入比较，逐层推敲……只这一"看"，就看出了晏子的大智大勇，韩信的忍辱负重。这种由一个词语引入另一个词语，通过比较，带来的是思维的激荡、思想的蝶舞、主旨的理解。

4. 从课文的引文扩展到读引文出处的全篇

杨振宁在《邓稼先》一文中，回忆和邓稼先一起诵读《吊古战场文》，因限于篇幅，作者只作了少量引用："浩浩乎！平沙无垠，敻不见人……"学习时如果扩展阅读《吊古战场文》的全文，更能让学生感受到邓稼先的忧国之思，报国之情。

以上种种基于课文理解的扩展阅读方式是一种重要的语文教学方法。只不过这种教学法需要我们荡开思维，采用"侧面迂回"，引入能够与教材产生千丝万缕的对接、碰撞、比照、联系等一系列的扩读材料,目的是帮助学生理解课文。需要强调的是,这些与课本相通的扩展材料,应该是在学生学习课文时,在教材异议处、文本关键处、学生疑惑处、知识积累不足处、生活积淀空白处、情感态度价值观盲区处等需要扩展的地方,作为启发性材料来呈现的。所扩展的材料最好是三言两语的经典选段,即便是一整篇选文,也应做到短小精悍。

基于阅读能力提升的扩展鉴赏课

学会初步鉴赏文学作品是《义务教育语文课程标准》(2011)明确提出的一项阅读要求。"从课文扩展到与课文内容类似或写法相近的其他文章"以及"从课文扩展到阅读课文作者的其他文章",这两种扩展形式就能有效达成这一教学任务。这种"一扩一"式的拓展课,就是围绕文本选择一篇与之在主题、人物、内容、语言、结构、写法等方面相同或相似甚至是相反的文章,进行比较阅读,从而培养学生的鉴赏能力。例如学习鲁迅的《风筝》就可以扩展学习雪潇的《风筝》,学习老舍的《济南的冬天》,就可以扩展阅读他的《济南的秋天》……

基于语文素养涵养的扩展自读课

余映潮老师说:"中学语文教育教学中,一个实实在在的问题需要我们重视,那就是积累……"要积累,没有广泛的扩展阅读,无论如何是不够的。"从课文扩展到与课文内容类似或写法相近的其他文章",这种扩展形式如果是"一扩三"的话,就形成了一种通过积累来涵养学生语文素养的独特课型。例如学习朱自清的《春》,就可以扩展学习杰夫·伦尼凯的《春天就要来了》、老舍的《春风》、许地山的《春的林野》、梁遇春的《春雨》等名篇。

　　下面以一教师讲《多一些宽容》（郭安凤）为课例来阐述，该课例以叙述《将相和》的形式导入新课后，要求学生大声朗读课文，用一句话概括对"宽容"的理解。（宽容是互谅、互让、互敬、互爱。）接下来是结合全文研讨"'……互谅、互让、互敬、互爱'哪一个词语放在前面最好"的问题。（有的主张"互谅"在前，有的主张"互让"在前，有的主张"互敬"在前，有的主张"互爱"在前。各抒己见形成辩论。）然后围绕"宽容"这个主题，教师引导学生用圈点勾画的方式扩展阅读《宽容的力量》《友情无价》《爱的极致是宽容》《宽容是一种美德》《学会宽容》《大度也是一种美德》这 6 篇短文。读完后要求学生结合扩展材料有理有据地阐述自己对宽容的理解。（有的说宽容是一种智慧；有的说宽容是一种大度；有的说宽容是一种力量；有的说宽容是一种美德……）最后放飞心声，学生展示关于以"宽容"为主题的精妙语句。这种扩展是教师带领学生，围绕同一个主题，在同一时空，阅读相通的一组素材，通过圈点勾画式的自读、小组合作式的交流、教师主导点拨式的展示，师生共同完成的一种规范化、模式化、集约化，互动式、讨论式、探究式的大阅读课。这种课型侧重于阅读积累，需要指出的是积累不仅仅是语言知识的积累，也有情感态度价值观甚至是视野开阔等等的积累。

　　总之，扩展阅读，作为精读和略读的补充，有的是基于积累的需要，有的是基于激发思维的需要，有的是基于帮助品味语言理解课文的需要，有的是基于深化主旨的需要，有的是基于渗透情感的需要，有的是基于沟通课内外扩大视野的需要，还有的是基于在知识的相互比较、补充、融合和重新建构中，加强语文与其他学科的联系，使所学知识网络化、立体化、综合化，使学生思路开拓、涌现创意的需要。不管是基于哪一种扩展的需要，都应该以文本、生本的需要为圭臬。

蓦然回首 灯火阑珊处

——古诗词个性化阅读赏析"四部曲"

古代诗词在中学语文阅读教学中占有重要的地位，在教学过程中，如何优化古诗词的阅读教学流程，提高学生自主鉴赏古诗词的兴趣与能力，是古诗词阅读教学的肯綮。为此，笔者在教学过程中，通过优化古诗词教与学的过程，探索出古诗词阅读教学的有效途径——"诵诗→品诗→绘诗→唱诗"四步教学法。

诵诗

"诵"，《现代汉语词典》里有三种解释。笔者在这里仅引用从中受到启发的两种含义：①读出声音来。并举例：朗诵。②背诵。并举例：熟读成诵。笔者根据"诵"的两种含义，认识到学习古代诗词要有一个从朗诵到背诵的过程。为此，在教学过程中就按"诵"的两种义项的先后次序进行操作。

1. 朗诵

朗诵需要掌握一定的技巧才能做到抑扬顿挫。叶圣陶先生指出："读得其法，不但能理解作者写什么，而且能与作者心灵相通。"可见对古诗词教学，加强朗诵及朗诵方法的指导是非常重要的。

一读——要读准古诗词的声调。

语文教师一定要引导学生按照普通话的"阴平、阳平、上声、去声"四声调读准古诗词的声调，正如朱熹所言："要读得字字响亮，不可误一字，不可少一字，不可多一字，不可倒一字……"只有这样才能读得流畅，进而"要多诵遍数"，方得"自然上口，久远不忘"。

二读——要读准古诗词的节奏和重音。

为了表情达意的需要，指导学生按意义单位或音节单位在适当地方用"／"画出诗词的节拍，例如：孟浩然的《过故人庄》中的"绿树／村边合，青山／郭外斜"；白居易的《钱塘湖春行》中的"几处／早莺／争暖树，谁家／新燕／啄春泥"。前者按照意义单位划分为两个节拍，后者按照音节单位划分为三个节拍。此外，还要用"．"标出需重读的词。一般情况下需要重读的词有四类：①表示动作的词语，例如：常建的《题破山寺后禅院》中的"山光悦鸟性，潭影空人心"，"悦"与"空"二字是表示动作的词语，应重读。②表示性状与程度的状语，例如：王湾的《次北固山下》中的"海日生残夜，将春入旧年"，"残"与"旧"二字是表示形状的词语，应重读。③表示结果或程度的补语，例如：李清照的《如梦令》中的"知否？知否？应是绿肥红瘦"，"肥"与"瘦"二字是表示结果的补语，应重读。④表示疑问或指示的代词，例如：苏轼的《水调歌头·明月几时有》中的"不应有恨，何事长向别时圆"，"何"字是表示疑问词语，应重读。

三读——要读准诗词的语速及语调。

要想传达出古诗词的情调是激昂的还是低落的，气氛是紧张的还是和缓的，不仅需要高低有序的声调来调节，还需要有效控制朗诵时的语速及语调。一般而言，若古诗词所表达出的是激动、愉悦、开朗等表示"喜"的情调时，则语速欢快些，语调愉悦些。例如读辛弃疾的《西江月》——"明月别枝惊鹊，清风半夜鸣蝉。稻花香里说丰年，听取蛙声一片……"就需要用欢快愉悦的语速、语调去读才能读出"丰收在望"的喜悦之情；若古诗词所表达出的是痛苦、悲伤、凄惨等表示"悲"的情调时，则语速缓慢些，语调低沉些。例如读李清照的《声声慢》——"寻寻觅觅，冷冷清清，凄凄惨惨戚戚……这次第，怎一个愁字了得?"就需用缓慢的语速、低沉的语调去读才能读出李清照惨淡的境地，柔肠百断的怨情。

2. 背诵

在学生掌握朗诵技巧后，要求学生抑扬顿挫、声情并茂地大声诵读，直至熟读成诵，脱口而出，久远不忘。通过反复诵读，学生不仅从中体会到诗词优美的节奏，和谐的旋律，而且还能达到"读书百遍，其义自见"的效果，使读者与作者心意相通。

吟（品）诗

《古汉语常用词典》对"吟"作了这样的解释："声调抑扬的念诵吟咏。"《辞海》对其解释为："吟咏；作诗。"《孔颖达疏》又对"吟咏"作了明确解释："动声曰吟，长言曰咏，作诗必歌，故言吟咏情性也。"实际上吟诗的过程也就是品诗的过程，吟诗就是对诵诗的深化——要"诵"出诗的情性，即吟出其情其感。我们知道，诗歌就其本身而言，它是作者的想象的表现。华兹华斯把诗歌看作是"想象与情感产物"。因此品味诗歌，就必须调动读者的丰富的想象力，唯此才能步入作者的内心，体会作者的情感，达到"吟咏情性"。在教学时引领学生进入或摇头晃脑或念念有词或凝神遐思或心骛八极的吟咏状态、氛围，进而循序渐进、由浅入深、细嚼慢咽地品味古诗词，才能更好地品出其景其情，其意其感。我们以晚唐花间词派代表作家温庭筠的《梦江南》为例来分析：

　　梳洗罢，

　　独倚望江楼。

　　过尽千帆皆不是，

　　斜晖脉脉水悠悠。

　　肠断白蘋洲。

　　①一吟，品物境。学生且吟且品，诗中之女子、望江楼、千帆、斜晖、水、白蘋洲等景物渐进活跃起来，栩栩如生。一个倚楼望江盼夫归来然而却一再失望的妇女形象便逐渐清晰起来。

　　②再吟，品情境。由景物所构成的图画愈发活灵活现，仿佛就在眼前：女子——想象——（憔悴）；望江楼——想象——（望眼欲穿）；千帆——想象——（失望）；斜晖——想象——（绝望）；水——（想象）——（内心的波动）；白蘋洲——（想象）——（愁别绪）……顿时空旷凄凉的环境，思妇独倚望江楼愁苦与无助的情境油然而生，心有戚戚焉。

　　③三吟，品意境。景物由清晰变模糊，物我两忘，情不能自已，自己仿佛就是断肠人，肝肠寸断、伤心至极。此时，一首诗便真正读懂了。

绘诗

　　俗话说："读书百遍，其义自见。"读书的过程就是把无声的文字变成有声的语言，由有声的语言变成有形的画面——即入于眼，出于口，闻于耳，记于心，形于画。其实，许多优秀的古诗词，都是意味隽永，形神兼备的无形画。对此宋代诗人张舜民就认为："诗是无形画，画是有形诗。"请看张志和的《渔歌子》："西塞山前白鹭飞，桃花流水鳜鱼肥，青箬笠，绿蓑衣，斜飞细雨不须归。"诗中那翱翔自如的白鹭，红艳欲滴的桃花，碧绿流动的春天，往来翕动的游鱼，斜风细雨中忘我垂钓的渔翁——构成了一幅红白相间、青绿相映、动静相和、物我相称的秀丽惬意的图画。

学生通过反复吟诵，其景越来越清晰，其情越来越浓郁，其境越来越优美，无时无刻不在撩拨、叩击着学生的心扉，诱发着学生丰富的想象，激发着学生的创造力。一幅幅意境优美的图画在头脑中被酝酿，被定格，一股将无形诗变成有形画的欲望被点燃。此时，在教师的引导下，学生结合生活经验、人生感悟、美术素养，借助线条、色彩，把诗词——语言的抽象符号，通过图画直观表现出来，绘成有形有色、有山有水、有情有趣、情景交融、妙趣横生的画像。此外古诗词中的佳词丽句，更是匠心独运，画意浓浓。如："春色满园关不住，一枝红杏出墙来"——春意盎然图；"大漠孤烟直，长河落日圆"——大漠落日图；"忽如一夜春风来，千树万树梨花开"——北国雪景图；"天苍苍，野茫茫，风吹草低见牛羊"——草原牧歌图等等更是神来之笔，诗画完美地融合在一起。

给诗配画，诗中有画，画中有诗。不仅促进了学生对诗的意境的感悟，而且也激发了学生的学习兴趣，是一种审美情趣的培育。

唱诗

广为传唱的《别亦难》一歌，是由李商隐作词，何占豪作曲，徐晓风演唱的，具有沉痛凄切的感伤情调，于哀婉之中表达了怅惘之情，听来催人泪下，可见古诗词可以入画，还可配曲歌唱。实际上，中国古代诗词，已配曲演唱并选入中学教材的诗歌还有很多，如岳飞《满江红·怒发冲冠》、杨慎《临江仙·滚滚长江东逝水》、苏轼《水调歌头·明月几时有》、王维《送元二使安西》（歌曲名为《阳光三叠》）……

事实上，诗与乐在艺术起源上有着悠久的同源关系。《诗经》就是当时社会上广为传唱的民歌，后经周王朝乐宫按风雅颂三种音乐风格筛选、整理和加工逐步统计编订。《楚辞》的产生也与楚国民歌、巫歌有着密切关系。可以想象屈原击筑长歌，本就是配乐演唱的诗体。刘勰曾说："乐府者，声依咏，律和声也。"宋词元曲，更是"依声填词"，都是可以唱的。此外，格律诗虽不是专供演唱用的，但是由于汉字特有的四声特点，它靠音节的组合，富有乐感的节奏，高下抑扬的声调，组成极富音乐的诗章，也可配乐演唱。

由此可见，古诗词不仅可以入画，也可入唱。教学时，对已有曲调，像《明月几时有》，可直接播放歌曲录音，教给学生。对未有曲调的诗，如《蒹葭》："蒹葭苍苍，白露为霜，所谓伊人，在水一方。溯洄从之，道阻且长，溯游从之，宛在水中央。"教师可把学生分成若干组，每组学生根据对诗的意境、格调的把握，调动自己的音乐素养，结合地域文化，选择与之基本相配的曲调，用京剧或评弹或京韵大鼓或民歌或通俗歌曲来套曲。每组选定曲调之后便试唱。试唱成功后，展开诗词歌唱比赛，评出最佳者，让全班同学学唱。例《蒹葭》，可选用由琼瑶作词、林家庆作曲的台湾电视剧《在水一方》的主题歌来套曲演唱……唱诗教学，不仅唱出诗情画意，寓教于乐地使学生在音乐中受到情感的熏陶，又同时通过自己的音乐活动感染他人。

在古诗词阅读四步教学法中，诵诗与品诗侧重于积累与感悟，绘诗与唱诗侧重于鉴赏与审美。二者相辅相成，相互促进。学生其乐融融地在诗歌海洋里畅游，甚至乐而忘返，真正实现了新课标的要求：在积累和运用中学会欣赏与审美。

一分为二话模式

纳鞋绣花有个"样儿",写字画画有个"摹本",工艺制造有个"模子"……这些我们常说的"样儿"、"摹本"、"模子"等词儿,说得文雅点就是"模式"。

通常所说的模式,其实质是解决某一类问题的方法论。这种方法,是一种规范、标准,是可供效仿的榜样、标杆。有模式,做事有的放矢,事半功倍;无模式,做事无的放矢,事倍功半。

万物皆有模式,语文课堂教学自然也不例外。但语文界长期以来对"教学模式"莫衷一是,显然是犯了教条主义错误,没有辨证地、一分为二地看问题。

"无模之式",犹如饭后散步;"有模之式",犹如百米冲刺

语文教学首先是一个技术活儿,语文教师就是这个技术活儿的承担者。但对于新手型语文教师来说,还需要一个"入格"的过程。要"入格",就要放出眼光,开动大脑,积极借鉴、效仿经典的教学模式。在效仿中成长,在成长中构建起自己的教学模式。

一个语文教师,如果一辈子没有建构起适合自己的教学模式,这对于整个语文教学来说,是一件可悲的事情。对自己而言,其命运不啻是

一只玻璃窗上的苍蝇，看起来前途光明，但事实上是没有出路的。因为，总是效仿，便失去了自我，其课堂教学必然缺乏应有的活力与张力，死水一潭。

"入格"是登堂入室，"破格"是更上一层楼。"入格"与"破格"都要循模式而教，切不可率性而为。因为有模式与无模式的课堂教学，前者如百米冲刺，后者如闲庭散步。教学效果，孰优孰劣，一目了然。

所以，"入格"之后还要"破格"，破他人之"格"，树自己之"格"，就是"不拘一格"地让教学模式百家争鸣、百花齐放。

从"有模之式"到"无模之式"，追求"从心所欲，不逾矩"的艺术化的教学流程

语文教学不仅仅是技术，也是艺术。这种艺术的创作，讲究的是"从心所欲"，但自始至终"不逾矩"。每一种教学模式，不管是"先学后教，当堂训练"的"洋思模式"，"三转五让"的"衡水模式"，"教学合一"的"东庐模式"，还是"强化备课，学案导学"的"许衡模式"……没有一种模式是放之四海而皆准的。

散文、诗歌、小说与戏剧，文学样式不同；文言文与现代文，语体不同；记叙文、说明文与议论文，文体不同……文章的差异性决定了必须摈弃那种僵化的、以"不变应万变"的非理性的做法。即便是相同样式、语体、文体的文章，因作者、教者、学者的不同，也对教学模式提出了"因人而异"的要求。所以，最恰当的做法就是"随文而教"。著名特级教师余映潮老师的课例不胜枚举，他的教学模式因"文"和"人"的不同而不同，一课一式，概不重复，如满天繁星，蔚为壮观。

模式不能是机械的、凝滞的、僵化的，模式是相机而动的。有模式但又不囿于模式，突破了这一层，就达到了"无模之式"，语文课堂教学就游刃有余了。愤悱启发也好，起承转合也好，学思结合也好……一招

一式都是"随物赋形",自然流畅,此时的课堂教学模式已演化成艺术化的教学流程了。教育大家魏书生老师的"定向、自学、讨论、答题、自测、自结"六步教学法,与其说是一种教学模式,不如说是一种符合语文教学规律的教学理念的自然演化,形成的最优化的开放的教学流程。

所以有人说,每一种教学模式都不能背离语文教学的规律,只要抓住了语文教学规律,怎么"从心所欲"地教都不为过,抓不住语文教学的规律,再完美的教学模式也是徒劳的。

世上没有完全相同的两片树叶,也没有两堂完全相同的课

模式有用,但不能成为教师发展的桎梏。一个教师的成长要经历一个从"入格"到"破格"再到"定格"的过程,也就是一个从"无模式"到"有模式"再到"无模式"的螺旋上升式的自我发展的过程。

模式有用,不抛弃。这是对新手型教师而言。请积极构建自己的模式。

模式之用,不复制。这是对经验型教师而言。请不要带着模式的枷锁跳舞,能否进入无模之式,形成自己的教学风格,才是衡量一个教师是否成熟的标志。

模式无用,不留恋。这是对成熟型教师而言。任何一种教学模式都有自己的形,也都有自己的神,以神驭形的模式是"无模之式",是"无用之用"的模式。

愿每一个语文教师,都拥有"无用之用"的教学模式。

归来吧，日常应用文教学

位七年级的学生，想就学校的某些不良现象以书信的方式向市长反映，结果闹了笑话。因为这封信几天后就被退回了学校。原来这个学生把收信人和寄信人的地址写颠倒了。

令人遗憾的是，此事仅仅成为一个笑谈，而由此事暴露出来的学生不会写日常应用文的问题，并未引起相关人士的足够重视，因而也就未采取相应的措施加以补救。

对此，一位语文教师忧心忡忡地说："一个学生，上了九年学，读了九年书，当他走出学校，倘若哪一天，他需要写一篇日常应用文，然而，当他面对书信、便条、申请、启事等种种日常应用文的时候，却一筹莫展，无从下笔。原来他根本就不会写日常应用文，因为他的老师根本就没有教他怎样写日常应用文。"这种日常应用文教学的淡化、弱化乃至缺失的现状是学生不会写日常应用文的症结所在。

不禁要问的是，日常应用文缘何被淡出了课堂教学呢？来自一线语文教师的声音，多少透露出了一些端倪。

有的老师说："看着学生不会写应用文，也很着急，也想给学生讲讲怎样写日常应用文，毕竟日常应用文还在应用，但一些常规的教学任务重，时间根本不够用。所以，一忙起来就淡忘了。"

有的老师说："根子的问题是考试不考！考什么就教什么依然是课程

改革所面临的堡垒!"

也有的老师对这种说法提出了不同看法,说:"考试不考就不学了吗?虽然这些内容教材涉及的少,考试也不考,但它事关学生的语文素养。一个连日常应用文都不会写的学生,语文素养能高到哪里去?所以,对于日常应用文,还是有计划地学一学好,哪怕是一学期学一种,也是值得提倡的。"

要解决这个问题,需要寻根溯源。请看《全日制义务教育语文课程标准》(实验稿,2001 年颁布,以下简称《标准(2001 版)》)对日常应用文的要求。

《标准(2001 版)》在阶段目标中第二、第三阶段中的"习作"部分和第四学段中的"写作"部分都有明确的要求:

◆能用简短的书信便条进行书面交际。(第二学段 3—4 年级"习作")

◆学写读书笔记和常见应用文。(第三学段 5—6 年级"习作")

◆……根据生活需要,写日常应用文。(第四学段 7—9 年级"写作")

再看《全日制语文课程标准》(实验修订稿,2011 年颁布,以下简称《标准(2001 版)》)对日常应用文的要求。

《标准(2001 版)》在阶段目标中第二、第三阶段中的"习作"部分和第四学段中的"写作"部分都有明确的要求:

◆能用简短的书信便条进行书面交际。(第二学段 3—4 年级"习作")

◆学写读书笔记和常见应用文。(第三学段 5—6 年级"习作")

◆……根据生活需要,写日常应用文。(第四学段 7—9 年级"写作")

仔细对照《标准(2001 版)》和《标准(2001 版)》,就"日常应用文"这一块内容来看，一字都未增删。也就是说，早在十年前，《标准（2001 版）》就对"日常应用文"的教学作出了非常明确的要求。遗憾的是，教材的编写者和教学的主导者对此熟视无睹。这种"视而不见"的做法直接导致了学生不会写日常应用文这一结果的产生，而且时日已达十年之久。这种做法的弊端已渐渐显露出来了，目前是到了该反思矫正的时候了。

教材里要不要增编日常应用文

尽管目前"邮箱、手机短信、QQ 留言"等电子通讯和"网上购物、电子银行"等电子商务方便快捷，但这些依然隶属于日常应用文，写起来也并非不讲究章法，也应该按照日常应用文的规定来写，这是其一。其二，在日常生活中，日常应用文还在应用着。谁敢说"书信"不用了？即便是电子书信在应用时不也遵循书信的规定吗？谁敢说"启事"不用了？"寻人启事、寻物启事、招聘启事……"不都在大街小巷、机关单位等公开的场合随处可见吗？谁敢说"申请书"不用了？现如今，入学得申请，入党入团得申请，困难补助得申请……许多事情都得申请，都需要写申请书，这些申请书，不会写行吗？谁敢说"便条"不用了吗？"请假条、留言条、收条……"不是天天都在应用吗？……

目前，日常应用文正在应用是一个问题，但能否正确运用却是另一个问题。要想会用就得学，要学就离不开教，要教就离不开教材。所以教材应给日常应用文留出一席之地，并且根据生活的需要，相应地安排一些日常应用文，供教师教、学生学。

其实，说所有版本的中小学语文教材，一点也没有涉及日常应用文是不符合事实的，人教版初中语文教材，还是编排了一些的。例如人教版语文教材就在九年级上册第二单元"写作、口语交际、综合性学习"

中编排了"写好演讲稿";在第五单元"写作、口语交际、综合性学习"中编排了"学写调查报告";人教版语文教材还在九年级下册第五单元"综合性学习、写作、口语交际"中编排了"写好我们的总结"。遗憾的是,这仅有的几次日常应用文训练,由于都编排在九年级这个学生面临中考的学段,可想而知,这些非考试内容很容易被所谓的常规教学冲淡。

在义务教育阶段应增编多少日常应用文才是最合适的

自《标准(2001 版)》实施以来,就九年义务教育阶段而言,对于日常应用文的要求,首次出现在《标准(2001 版)》第二学段(3—4 年级)"习作"中——要求"能用简短的书信便条进行书面交际"。也就是说从三年级上学期就可以编排日常应用文了,一直到九年级下学期,这期间共有 14 个学期。如果一学期安排一次应用文,那么,学生在九年义务教育期间就可以掌握 14 种日常应用文的写法,这就足够了。

应增编哪些日常应用文才符合要求

具体到教材要增编哪些应用文,不是哪个编者说了算,而是根据生活的需要。生活需要什么样的应用文,教材就应该增编什么样的应用文。《标准》说得好,在九年义务教育阶段,所学习的应用文是常见的应用文,也就是日常的应用文,而且还要根据学生的生活需要。这生活需要包括学习生活、家庭生活以及社会生活。那么,根据生活需要的原则、日常应用的原则和适合学段教学的原则,教材应增编的应用文不外乎以下 14 种。

第二学段(3—4 年级)

三年级上:留言条

三年级下：请假条

四年级上：日记

四年级下：读书笔记

第三学段（5—6 年级）

五年级上：书信

五年级下：申请书

六年级上：倡议书

六年级下：说明书

第四学段（7—9 年级）

七年级上：通知

七年级下：启事

八年级上：演讲稿

八年级下：调查报告

九年级上：计划

九年级下：总结

当然，此为一家之言，仅供参考而已。

增编的日常应用文该以何种适宜的方式在教材里呈现

有人认为，夏丏尊和叶圣陶合编的《国文百八课》（三联书店，2008年 11 月）里的"文话"就是很好的范例。《国文百八课》里有应用文 10多篇，其中有书信、日记、调查报告、演说词、说明书等等。这些"文话"，本身就是一篇篇言简意赅、准确生动、通俗易懂的文章，很适合教学。现辑录"文话七——书信的体式"中的一段，仅供参考。

我们写书信给别人，目的原为接洽事务，但是不能开端就突然提出事务，事务接洽完毕也不能突然截止，不再讲些别的话。这只要看访问时的谈话情形就可以明白。假如我们要向朋友借书，到他家里找他谈话，见到的时候，决不能突然说"把×书借给我"；如果是彼此好久不曾看见了，自然会说："××兄，久不见了，你好!"……这些话就相当于前文。以后才谈到借书的事情上去。那位朋友答应借书了，我们也不会拿了书就走，总得说几句话。"今天来吵你了，对不起"，"这本书我借去，过几天亲自来奉还"，"那么，我把书拿去了，再会"，这就是后文了。

这是作者在介绍书信构造时的一段文字，以口语的形式娓娓而道，亲切自然，入眼入心，易于教师教、学生学。

有没有时间来确保日常应用文的教学

不管是哪个版本的《标准》，都把对日常应用文的要求放在了写作中。这就非常明确地传达了这样一个信息：日常应用文是隶属于写作教学的，是写作教学的一部分。既然如此，《标准》所规定的写作教学的时数就应该腾出一部分来让位于日常应用文的教学。谈到写作教学的时数，《标准》也有明确的规定，要求"作文每学年一般不少于 14 次"，也就是说每个学期写 7 次作文就符合要求了。每一册教材都分为 6 个单元，每个单元要求写 1 次作文，这样就恰好可以拿出 1 次原作文教学的时间来进行日常应用文的教学。

关于日常应用文的教学怎样教才最有效

关于日常应用文的教学，应立足在两个关键词上，一是"日常"，一是"应用"。这就要求日常应用文的教学必须分散在每一个学期，分层次有梯度地进行训练。这是其一。其二就是日常应用文的教学不能仅仅停留在课堂上的讲讲、练练、改改的层面上，还要积极创设生活情境，让学生在生活情境中亲自写一写、练一练方能奏效。比如"书信"，学了书信后，教师自然会要求学生写书信，填信封，然后批阅。但这依然停留在模拟的层面上，要想真正让学生掌握，还得上升到"实战"的层面，就是让学生实实在在地写信寄信。最好的做法是语文教师不妨给学生牵线搭桥，让他们和异地的学生开展联谊，互通书信。再如"演讲稿"，不能写出稿子就万事大吉了，而需亲自演讲方得真谛。

需要提醒的是，教材是否增编日常应用文，目前还是一个"待定"的问题。即便是要增编，也需要时间。但对日常应用文的教学来说，还是及早动手为好。其实，教师本身就是课堂教学资源的整合者，为了学生的语文素养，教师可以根据生活的需要，选择一些日常应用文让学生学一学。这样做善莫大焉。

总之，日常应用文还在应用，既需要教，也需要学，《标准》有规定，教材需增编，语文教师要拿出以往作文教学的时间来进行日常应用文的训练。不管日常应用文是否考试，都有教学的必要。因为这是一件事关学生语文素养和能力的大事。

第四章

思道二：语文那些事

　　一个教师，对某一教育现象或教育对象抑或某一学科持续地跟踪、关注、记录、反思、整理的过程，其实就是研究的过程。那么，一个语文教师，最应该把研究的视角聚焦到"自留地"语文上。

　　语文的事，很有意思。只要善思考，一切都很有味道。只要善思考，就能形成自己的思想。有了自己的思想，研究就更有价值了。

这对夫妻背上背的是责任

"我把'我们在田野散步：我，我的母亲，我的妻子和儿子'改成'我们在田野散步：我的母亲，我的妻子，我的儿子和我'，好不好？"

一生答："这样一改，似乎'我'作用就不重要了。"

"你们说这四个人谁是主人公？"我继续问道。

"我！"另一生受到启发，说，"这样一改，似乎主人公就不是'我'了，是'我的母亲'了。"

"'我'是不是文章的主人公，现在下结论是不是有点过早呢？"我反问。

"'母亲本不愿出来的'，我把'本……的'去掉，发生变化了吗？"

一生答："发生变化了。如果没有'本……的'，母亲最终出来还是没出来，不得而知。有'本……的'，最终还是出来了。"

"'我的母亲又熬过了一个严冬'，我把'熬'字去掉，大家觉得怎样？"

一生答："不可以，没有'熬'字，不就是很轻松地度过了冬天了吗？'熬'是煎熬啊！说出了母亲确实在忍受着疾病的折磨，作者心疼他妈妈。"

"所以，他才连用两个'太迟'，表达对春天的渴望。"我补充。

"我和母亲走在前面，我的妻子和儿子走在后面。小家伙突然叫起来：'前面也是妈妈和儿子，后面也是妈妈和儿子。'通过这两句，大家看到了什么？"

一生答："看到了一幅温馨的画面，前面的儿子挽着妈妈的胳膊，后面的妈妈牵着儿子的手。"

"你用了两个动词很贴切，'挽'和'牵'。'挽'怕母亲摔倒，'牵'怕儿子跌倒。"我及时地补充道。

"'我的母亲老了，她早已习惯听从她强壮的儿子；我的儿子还小，他还习惯听从他高大的父亲'，'强壮'和'高大'可不以调换位置呢？"

"'高大'是父亲在儿子心目中的形象，这种形象不仅是身体的，也是精神的。在年老、体弱、多病的母亲来看，儿子无疑是'强壮'，但儿子再强壮，也永远是儿子，所以不能说是'高大'！"

"妻子呢，她总是听我的。"我朗诵。

一个反应灵敏的学生说："漏掉了三个字'在外面'。"

我有意不在乎地说："漏掉就漏掉吧，没用的。"

一生说："有用。"

我问："何用？"

她说："这说明在家里，他得听他妻子的。"

我说："也就说，在家里，妻子不听他的，在外面，妻子却听，这是为何？"

一学生说："给老公面子啊！"

"这和下面哪句话照应呢？"我继续追问。

一生说："到了一处，我蹲下来，背起了母亲，妻子也蹲下来，背起了儿子。"一生说："'也'字，写出了夫唱妇随。"这伙孩子了不得。

"我说：'走大路'。"

"谁能给'说'前面加上一个表示'我'说话情态的词？"

一生说："坚定。"

一生说："斩钉截铁。"

······

"此情此景很像电影中的什么场景？"我这样问学生，目的是想调动他们的想象力。

一生说："像战争，指挥官面对'退不退'的问题犹豫不决。最后下定决心，说：'不退！'。"

我想到了这篇文章的原文："一霎时我感到了责任的重大，就像民族领袖在危难时刻那样。"我补充完这句话，然后告诉学生："从这里才看出'我'是文中的主人公。"

"但我和妻子都是慢慢地，稳稳地，走得很仔细，好像我背上的同她背上的加起来，就是整个世界。"对于这句话，我问学生："我背的是我妈妈，我妻子背的是我儿子，为何就成了整个世界？"

一生说："我背的是过去，妻子背的是未来，我们是现在。过去，现在，未来，不就是整个世界吗？"

我说："明白了。每个成年人都上有老，下有小。背起来的不仅仅是尊老爱幼吧？"学生思索了片刻，说："背起来的是责任。"

"但为何加上'好像'呢？"我想深化，所以打破砂锅问到底。

一个学生说："好像就是说没背起来！"

我反驳："可作者明明说背起来了。"

该生反驳："他仅仅是背起了自己的亲人。对全天下的亲人，他再强壮也背不起来。"

"你说怎么办？"

"每一个人都应该像他一样"。

"说清楚，应该像他一样做什么？"

"背起自己的责任。"

此刻，我想可以下课了。但一个学生过于兴奋，对我说："您也要担负起自己的责任啊！"

"那你告诉我，我应该怎么做？"

他指手画脚地说："您要挣钱养家，让孩子上学，照顾父母，让妻子过得好一点，让妻子少干活。父母老了多陪陪他们，让他们感到家的温暖。这就是我说的你的责任。"

我说："按你说的做！"在笑声中，我走出了教室。

阅读教学不妨来点"点射"

莫怀戚的《散步》里有这样一句话："她的眼随小路望去：那里有金色的菜花，两行整齐的桑树，尽头一口水波粼粼的鱼塘。"这是以"我的母亲"的视角描写的令人神往的环境。

我要求学生用两分钟的时间背下来，然后问学生："结尾用了什么标点符号？"

"句号。"学生异口同声地回答。

"老师改为省略号，你看省略了什么内容？"

"景物描写。"学生自信地回答。

"请同学们开动脑筋，试着补上一句话？"我环视了一下教室，有两个学生怯怯地举手。

"你说说看！"我对其中的一个学生说。

"草地上有野花。"

"野花前面加个修饰语，好吗？"

"草地上有星星点点的野花。"

"把这句话写在课本上，这是你的作品。"

"有野花，我儿子就想干什么？"

学生兴奋地回答："摘！"

"所以我儿子想走小路。"

"还有翩翩起舞的蝴蝶。"

"也把这句话写在课本上，这是你的作品。"

"有蝴蝶，我儿子就想干什么？"

学生激动地回答："捕!"

"所以，我儿子想走小路。"

这时我又看了一下，举手的学生越来越多，大约十几个。

我又叫了一个学生，他说："小路上铺满了鹅卵石。"

"加上个形容词，这个句子会更好。"

"五彩缤纷。"

"这样就成了'小路上铺满了五彩缤纷的鹅卵石'了，好!"我不由得表扬他，"写在课本上，这是你的作品。"

"池塘里的小鱼在嬉戏、亲吻。"

这是拟人手法，很吸引人。此时学生纷纷举手，想"发表"自己的作品。我实在不忍心打消他们自我展示的积极性。就这样让学生一个一个地展示着，有的说蚂蚱，有的说小鸟，有的说桃花，有的说螃蟹，有的说风筝，有的说小草……尽管有的不合时令，有的不合情理，但毕竟都充满了生命力。

课后，我想："什么是课堂高潮？"热火朝天的讨论吗？激情四溢的演绎吗？眼花缭乱的课件吗？声情并茂的诵读吗？是！但似乎又不全是！真正的高潮就是把学生带入一种主动学习的氛围，引导学生从旁观者到参与者再到融入者的过程。这一过程，就是"知识的超市，生命的狂欢"。然而，要做到这一点，需要把课堂教学做得细腻一些，再细腻一些。因为，只有细腻才有味道，才能入心，才会有真正意义上的属于学生学习的高潮。而实现细腻的方法之一，不是狂轰滥炸似的"扫射"，而是瞄准靶心的"点射"。说得详细点，就是从教材中找到一个个好的教学点，紧紧抓住不放，调动多种教学手段，或诵读、咂摸，或仿写、改写、扩写、续写，不惜花费一些时间，下力气，精讲精练。这样既应验了"慢工出细活"的老话，还能以一当十，起到事半功倍的效果。

那时有"爸爸"这种称谓吗

"尊君在不？"一句出自鲁教版七年级上册第五单元 21 课《世说新语·陈太丘与友期行》，课文对这句话是这样注释的："你爸爸在吗？尊君，对别人父亲的尊称。'不'通'否'。"

不管是原文还是注释都通俗易懂，除了"不"是个通假字外，这句话实在没有什么需要特别注意的，我以为。可就在今天的课堂上，一个学生却提出来一个值得探究的问题——

"那时有'爸爸'这个词吗？"

"再说一遍？"我感到突然，未明白学生的意思。

"那时候，有没有'爸爸'这个词？'爸爸'这个词也看不出尊敬来啊！"这个学生把第一句话说清楚了，然而第二句话近似嘀咕了。我懂他此时的心。他其实有自己的主张了。

"你是说用'爸爸'这个词来翻译'君'不恰当吧？"

"嗯——"这个学生给我一个长长的"嗯"。

"那你说该怎么翻译才恰当呢？"

"你父亲在家吗？"

"把'爸爸'换成'父亲'更文雅、更庄重。换得好！就这样翻译！"我表扬了他，我觉得他的确值得表扬，他太出色了。我因有这样好问的学生而感到由衷的高兴，甚至颇为得意。我觉得只有善于营造民主课堂、善于打造自主课堂的教师才会有这样的惊喜和收获。

下课后，我还在回味这一精彩的细节。在回味中，我突然意识到，学生的问题"那时有爸爸这个称呼吗"其实并没有解决，不禁冷汗直流！那时到底有没有这个称谓呢？说实话，我还真不知道！那就查查资料吧。

"百度词典"资料翔实，现择要摘录：

1. 对父亲的一种称呼。多用于口语，也称爸、爹、爹爹、大大等。

2. "爸"是外来语，"Abba"音译"阿爸"的简称，Aramaic（阿拉姆语）的父亲，出自《圣经》之《新约》罗马书。

3.〈名〉形声。从父，巴声。本义：父亲。　［口］父亲。常叠用［pa］。爸，父也。（《广雅·释亲》）王念孙曰："爸者，父亲之转。"

　　……

当资料查到这里的时候，矛盾就出来了。对于"爸"这个词，有人认为是外来词，是辛亥革命时期一些新潮人士引进的一个时髦词语。这种说法也就契合了资料2。还有人认为，由于"爸爸"这个词在目前约70％的人类语言中都存在并且意义相似，因此很可能是古人类最先会说的词汇。也就是说这个词我们的祖先用过。这种观点契合了资料3。资料3表明，"爸爸"一词，最早记载见于《广雅·释亲》。《广雅》的作者是三国时魏人张揖。《世说新语》的作者是南朝时期的刘义庆。三国之后是两晋，两晋之后才是南北朝。谁早谁晚，一目了然。现在可以得出结论了："那时有'爸爸'一词。"这样翻译并无大碍。

不过，翻译为"父亲"，更符合人们的习惯。我把查到的资料，打印出来，发给每一个学生，以弥补因知识缺漏造成的遗憾。

难怪有人说，教师不能仅仅读教育著作。现在看来，这话是有道理的，语文教师是杂家，虽不能说得样样精通，但应该力所能及地让自己多知道一点，否则，误人子弟，还浑然不觉。您说呢？

"习"之乐在哪里

2013 年 9 月 19 日，星期一，第一节课就是语文课。一上课，我就对学生说："同学们，我们先学习《论语十二章》。对于文言文的学习，希望同学们注意四点：一是诵读，根据老师当学生时的经验，不管是古诗也好，古文也好，只有背得滚瓜烂熟，才会终生不忘。不信，我给大家背一首《锄禾》。（背完了，学生发出了会心的微笑。）二是积累，要牢牢记住一定量的词语的含义。根据老师当学生时的经验，对于一词多义，不要死记硬背，要放在语句里记忆。要想记住这个词的含义，死记硬背是不行的，最好是把这个词语放在这个句子里背，这叫语境义。例如今天我们要学习的《论语十二则》中'知'一词的含义。三是翻译。翻译文言文的方法，常用的有两条。一条是'添字法'。比如'学而时习之'的'学'就可以通过添加一个'习'字，翻译为'学习'。一条是'换字法'。比如'学而不思则罔'的'罔'就可以通过换字法翻译为'迷惘'。希望同学们一定要掌握这两种方法。四是赏析。前几天，看了一篇文章，文章的题目是"别拿文言文不当课文"，深受启发，其实文言文也是课文，而且是非常美的课文。文言文的学习不能翻译完了就结束了，还要品味词语，鉴赏语言。老师告诉同学们一句话，'文言文中的语言'才更有嚼头。下面，就请同学们带着老师的这些经验，一起学习《论语十二章》。"

"先学第一章，我们一齐诵读一遍。"

"子曰：'学而时习之，不亦说乎？有朋自远方来，不亦乐乎？人不知而不愠，不亦君子乎？'"学生读得抑扬顿挫。

"'习'什么意思？"

"温习。"

"'时'什么意思？"

"时常。"

"这两个字你们是用哪种方法翻译的？"

"添字法。"

"谁来把这个句子的含义说一说？"

"学了知识以后，时常温习一下，不也很快乐吗？"

"同学们，老师有一个问题不明白。"我这样一说，所有学生都抬起头，看着我。"你们已经完成了小学阶段的学习任务，在小学，你们每学期都温习功课吧？在温习的时候，你们感到快乐吗？"

"下面，老师调查一下，觉得快乐的请举手。"大约有 20 位同学举手。

我说："要实事求是啊！"此时，有五六个学生把手放下了。

我问举手最积极的那个同学："说说你快乐的理由。"

这个学生说："我在复习的过程中，有了新的理解和感悟，感到很快乐。"

"你很聪明，孔子也说'温故而知新，可以为师矣'。通过温习，你有了新的理解、新的体会、新的发现；他没有温习，就不会有新的理解、新的体会、新的发现。你就可以当他的老师了。"

"这句话，孔子想告诉我们什么呢？"

"要多温习！"

"编者把它放在第一单元目的何在？"

"要多温习！"

"老师先讲它有什么用意？"

"是告诉我们学习要多复习啊！"

"除了多复习，还要多干什么呢？请同学们先看看'习'的本意。"我在黑板上板书了"习"字的甲骨文，学生大为惊异。

我向学生解释说："'习，数飞也'，意思是'小鸟迎着朝阳练习飞翔'呢。"

"不过！"我继续说，"孔子作为伟大的思想家、教育家，他的思想要比我们想象的深刻。不会仅仅停留在'温习'这个层面吧？"学生惘然。

"'学以致用'含义明白吗？"我相机诱导。

"就是把自己学到的知识用于学习实践。"在一番沉默后，终于有一个学生回答。我表扬了他之后，抛出百度的解释："为了实际应用而学习"。

"老师，我明白了。昨天，综合实践老师上课的时候，教给我们怎样制作拼盘，我一回到家，就按照老师教的方法去做，咦！成功了！那一刻，我很快乐啊！"这个学生兴奋地描述。

"有这种体验的同学请举手！"一大片学生把手举得高高的。

"有道理！只有把学到的知识运用到生活中去，用知识解决生活中的问题，用知识美化生活，这种快乐才更有意义。所以，老师认为，这里的'习'不仅有'温习'的意思，也有'习练'的意味，更有'实践'的含义。"

那么，"学而时习之"该怎么翻译呢？学生们会心地笑了……

随文而教 说"说"标点

按照原来的预设,今天的教学任务是研读《走一步,再走一步》一文的高潮部分,对这一部分的研读,自然离不开对环境描写、动作描写、心理描写、语言描写等细节描写的咀嚼。当我让学生找文中的语言描写时,突然发现了一个字——"说",这个"说"字像一个精灵一样在我眼前闪烁,我感觉这是一个"新生"的教学点。其实,真正引起我注意的并不是"说"字本身,而是"说"字位置的不同而引起的它后面的标点符号的不同。

我们都知道,对于语法知识,《义务教育语文课程标准》的要求"随文而教",可怎样"随文而教",《义务教育语文课程标准》并没有在具体操作上作进一步的说明。这就使得在教学实践的过程中出现了认识上的偏差,认为《标准》降低了对语法教学的要求。说什么语法知识又不考,不用学,讲那个没用。

于是,看看现在的学生,"的、地、得"相互通用,"词类活用"一头雾水,"遣词造句"词不达意,"标点符号"乱点一气……

其实《标准》并没有降低对语法教学的要求,只是认为原来对语法知识"大讲特讲"的做法已经行不通了。既然行不通,为何不改变方向?于是提出了"随文而教"的教学策略。但旧的模式打碎了,新的模式还未树立起来的时候,人们的态度往往不是积极构建,而是观望、等待……致使学生正确运用语言文字的能力下降。

这也许就是，当看到本文的"说"的时候，眼睛为之一亮、心灵为之一颤的原因吧。不如补上这一课，随文而教，让学生找找"说"在文中的不同位置以及由此带来的不同标点符号的运用。

我请同学们找到一处"说"字在前面的句子。

学生说："没有！"

"没有不要紧！当'说'在前面的时候，它后面用什么标点符号？"

"冒号、前引号。"

"看来，这种用法大家都知道。请找到'说'字在后面的句子。"

——"再见！"其中一个孩子说。其他孩子跟着也都哈哈大笑起来。

——我慢慢地把身体移过去。

"看看句末都用了什么标点符号？"

"句号。"

"再找找'说'字在句中的句子。"

——"嗨！"内德说，"我们很久没有爬悬崖了。"

——"下来吧，孩子，"他带着安慰的口气说，"晚饭做好了。"

——"我下不去！"我哭着说，"我会掉下去，我会摔死的！"

——"听我说吧，"我父亲说，"不要想着距离有多远。你只要想着你是在走一小步。"

——"好，"他对我说，"现在你把左脚踏到那块岩石上。不要担心下一步。听我的话。"

"这么多啊！看看'说'后面的标点符号。"

"逗号和前引号。"

"我们来总结一下，'说'在前面时，它后面的标点符号是冒号和前引号，'说'在中间时，它后面的标点符号是逗号和前引号，'说'在后面时，它后面的标点符号是句号。写文章是要综合运用这三种形式，不要只用第一种。"

"还有一个问题,有没有其他词也有'说'的作用?"

"道。"

"课文中有吗?"

——"嗨,慢着,"我软弱地哀求道,"我没法下去。"

——"如果你想待在那里,就待着好了。"有个孩子嘲笑道,"不用客气。"

——"很好,"我父亲叫道,"现在移动右脚,把它移到右边稍低一点的地方,那里有另外一个落脚点。"

"凡是表示话语的词都可以。比如喊、叫、骂等等。"

"最后一个小问题,你们看看'说'字前面有没有其他词语?都是一些什么样的词语?把这些词语删掉好不好?以上面最后找的三个句子为例来谈谈。"

"有。都是一些修饰语!不能删掉,这样更生动更准确。"

"'说'字前面修饰语,很有意思。写文章时,给'说'加上一个恰当的修饰语,写出的文章才有看头。"

随文而教"的、地、得"

从2001年秋季到2011年秋季，新课改已经走过了整整10年。到了今天，突然发现不管是已毕业的还是未毕业的学生，甚至初为人师的教师，都认得"的、地、得"这三个字，但谁也不敢说，都能正确运用这三个字。什么时候用"的"、什么时候用"地"、什么时候用"得"，有时候还真一头雾水。

这怨谁？学生说："怨老师啊！老师不教，我们怎么会呢？"老师说："怨《义务教育语文课程标准》啊！因为在第四部分'评价建议'中告诉我们'语法、修辞知识不作为考试内容'。既然不考，我又何必讲呢？该讲的我还讲不完呢！"

真的如此吗？有人说，语文教学要由教课文走向教语文。此话怎讲？其实，语文教学有三重境界：一是教课文，二是教课本，三是教语文。语法、修辞不属于语文吗？课本里没有吗？课文里不存在吗？不管哪一个层次都应该教。这是其一。其二，考试真的不考吗？考！中考考！高考也考！只不过没有直接考什么是主、谓、宾，什么是比喻、拟人，如何用"的、地、得"等机械的知识而已。《义务教育语文课程标准》规定的是，语法和修辞"知识"不作为考试内容。也就是说，不考的是"知识"，考的是能力，是运用这些知识的能力。如果知识不是用来应用的，那么要知识何用？可天天咬文嚼字的语文老师在这里却犯了糊涂，不明就里了。

所以，我不想误人子弟。在教《散步》一文时，发现文中"的、地、得"三字都出现了，于是就引导学生学习这三个字的用法。

"请从文中找到含有'得'字的句子。"我说。

一生说："她老了，身体不好，走远一点就觉得很累。"

"觉得很累。"我板书。

一生说："今年的春天来得太迟，太迟了，有一些老人挺不住。"

"来得太迟。"我板书。

一生说："但我和妻子都是慢慢地，稳稳地，走得很仔细，好像我背上的同她背上的加起来，就是整个世界。"

"走得很仔细。"我板书。

我说："'觉得很累、来得太迟、走得很仔细'，这三个短语有没有共同的特点？比如说'得'字前面的字是什么词性？"

"动词。"学生回答。

"也可以是'形容词'，'红'得发紫，'富'得流油……"

"'得'字后面的字起什么作用呢？"学生不明白。我又引导说："觉得怎样啊？来得怎样啊？走得怎样啊？不知道吧？不知道怎么办呢？那就老实来补充点内容吧！它后面的词语起一个'补充说明'的作用。"

"老师，还有一处呢？"

"你说。"

"各得其所。"

"读读原句。"

"我想拆散一家人，分成两路，各得其所，终不愿意。"

"'各得其所'什么意思？"我问全体学生。

"各人都得到满足。"学生回答。

"这里的'得'意思是'得到'，'得到'是什么词性？"

"动词。"

"那'得'在这句话是什么词性？"

"动词。"

"前三处是'助词'。此外，'得'还是个多音字，还念 děi。举个例子：同学们得认真听讲啊！"

"再找有'地'的句子。"

一生说："但我和妻子都是慢慢地，稳稳地，走得很仔细，好像我背上的同她背上的加起来，就是整个世界。"

"这句话好！三个'de'都有了。先说'地'吧。"我在黑板上写下了两个短语，一个是"慢慢的"，另一个是"稳稳的"。眼尖的同学不愿意了，说："老师写错了，写错了。""哪里错了？"我假装糊涂。"是哪个'de'？还是你上黑板写出来吧？"她离开座位，来到黑板前，在黑板上也写了两个短语，一个是"慢慢地"，一个是"稳稳地"。

我问："有什么区别吗？"学生不能区分。

我说："从文中找到有'的'的短语。这一句中的除外。"

——我的母亲，我的妻子和儿子。

我问："去掉两个'我的'，如何？"

"那不行，去掉'我的'这两个字，我们就不知道，谁的母亲了，谁的妻子了，谁的儿子了。"我说，"说得有理"。这时，一个学生插话说："连'儿子'都不知道是谁的，肯定不行！"这小子，又瞎说，不过也不算错。

"既然不能去掉，大家看看'的'字在这里起什么作用呢？"学生思索，不一会，一生试探着说："好像起一个限定的作用。""就是起一个限定的作用。这是它最基本的用法。不过，'我背上的'、'她背上的'这两个短语也是起限定作用吗？"我知道，这个问题超出了学生的认知范围。在学生一番思索后，依旧一头雾水的时候，我就直接开讲了，我说："一看就不一样，但为何不一样，却说不出来，对不对？"学生纷纷点头。"那老师就告诉你，'我背上的'、'她背上的'这两个短语中的'的'与'我的母亲，我的妻子和儿子'中的'的'用法不一样。'我背上的''她背上的'，是'的'的另一种用法，这种用法叫'的'字短语。什么是'的'字短语？'的'字短语就是将助词'的'附着在词语后面构成的具有指称作用的短语。'的'字短语表示动作的发出者、物体的领有者、性质特点的所属者等意义，如：'卖菜的'意思是卖菜的人，'红的'意思是红的东西。"

大部分学生顿悟了，我说："记下来吧？不太明白的，有时间再拿出来看看，领会一下。"等学生记完后，我对学生说："我请一个男生上黑板写出'我背上的'指什么？再请一个女生上黑板写出'她背上的'指什么？"有三分之二的学生举手，这说明有三分之二的学生还是听明白了，我让一男生和一女生上黑板，要求其他的在练习本上写。

不一会，大家就写完了。我要求学生抬起头，看黑板，只见男生是这样写的——"我背上的"指的是作者的妈妈；女生是这样写的——"她背上的"指的是"他们的儿子"。我说："完全正确，打对号！"

"显然，不能用'的'来替换'地'，对吧？"此时，我觉得是时候讲"地"的用法了。"如果让老师写，老师干脆就去掉'慢慢地、稳稳地'这六个字了。"

"你们比较一下，哪一种好？"

"肯定是作者写得好啊！"这些小滑头，还轻视我呢。

"别说肯定，说原因。"

"你那个看不出作者到底是'怎么'走的。"

"看出和看不出有何区别？"

"区别大了，有'慢慢地、稳稳地'这六个字，不仅仅是看出作者背着母亲，作者的妻子背着儿子仔细走的情境，更重要的是能够看出他们的那颗充满爱的心。"

"你厉害！都看到作者的心了！"学生会意笑了。

"那么，这个'地'字前面部分起到什么作用呢？"

"有点修饰的意思。"一个语文素养较高的学生说。

"好极了！就是修饰的作用。请大家记下了，慢慢体会吧！"我知道，很大一部分学生还不能够完全理解。

"老师总结一下，'的'字前面的词语起'限定'作用，做'定语'；'地'字前面的词语起'修饰'作用，做'状语'；'得'字后面的词语起'补充'作用，做'补语'。以后见得多了，同学们就慢慢明白了。"

骨头里的秘密

假使我们不去打仗，

敌人用刺刀

杀死了我们，

还要用手指着我们骨头说：

"看，

这是奴隶！"

说实话，一直未把田间的这首小诗作为教学的重点，总觉得像这样明白如话的文章，既不用费心教，也不用费事学。往往找个空闲的时间，把它处理掉，就万事大吉了。这次，我也不打算花费多少时间来教这篇文章。当处理完几个问题后，我问学生还剩多少时间，学生说："还有15分钟下课。"我觉得15分钟足够学习这样的文章，虽说浅文要深教，但总觉得语文的时间不够用啊！

最近，我比较喜欢研读一下"不讲理"的地方。"不讲理"的地方最值得品味，探索。越是"不讲理"的地方越包含着作者的细微的、不易觉察的情感，探究的结果往往有意想不到的惊喜。

突然，"骨头"一词，进入了我的视野。我想，敌人把刺刀捅进我们的胸膛，我们倒下了，死了。此时，敌人辱骂我们，用手指指着的应该是"尸体"，不应是"骨头"。怎么作者用了"骨头"一词呢？

我觉得这里面有深意，值得玩味，自然，我一想就明白了其间原委，但学生不一定明白。学生不明白的，就应该是教学的重点。于是，我就对学生说："老师来读一遍，请大家仔细听，看看有什么不对之处。"我读的时候，有意把"骨头"换成了"尸体"。学生自然听得出来，说我读错了。我说："我觉得这个地方用'尸体'才对。"学生将信将疑，晕了。于是我就尝试引导，说："我们来比较一下，如果用尸体，从死亡时间上来看，说明了什么？"有几个学生举手，我让一女生发言，她说："刚把我们杀死！"我说："对！敌人刺杀了我们，接着就侮辱我们，说我们是奴隶！""知道奴隶吗？"我继续问。学生说："知道。"奴隶过着怎样的生活，这个学生自然明白，纷纷说"被压迫"、"被奴役"、"被蹂躏"、"被屠杀"。"也就是说，在敌人看来，刺杀我们是理所当然的，谁让我们是奴隶呢？你愿意做奴隶吗？"学生自然说不愿意，自然说要反抗。我说："你看，用'尸体'多好啊！"学生又沉默了！我再引导："如果用'骨头'，从死亡时间上来看，说明了什么？"这个学生自然明白，另一个女生说："说明死亡的时间久了，都腐烂了。""时间有多久呢？也许 10 年，也许 20 年，也许 30 年……也许 100 年？"这时一个学生举手说："老师，我明白了，如果不打仗，哪怕是我们化作骨头，敌人依旧奴役我们，蹂躏我们，屠杀我们！"

"说得好啊！这首诗写于哪一年？"

"1938 年。"

"'敌人'指谁？"

"日本鬼子。"

"从 1938 年到现在，多长时间了？"

"74 年了！"

"那么，如果我们的先辈，不去打仗，今天会怎样？"

一生严肃地说:"如果不打仗,我们先辈的后代,也就是我们,今天依旧是敌人眼中任人宰割的奴隶。"

"那么,我们的先辈自己愿意做奴隶吗?他们愿意自己的后代也就是我们做奴隶吗?当然不愿意!所以,当时那些不愿意自己做奴隶以及不愿意后代做奴隶的先辈,当看到或听到这首诗的时候,他们会怎样呢?"学生陷入了沉思,我接着说,"这首诗,还起到了让那些抗日不坚决或不愿意抗日的人,从糊涂中清醒过来的作用。所以,用'骨头'更有号召力,因为,这个词关涉我们民族未来的命运啊!"

语文教学莫回避艰难对话

学习茨威格的《伟大的悲剧》，我让学生自由朗读课文，发现十几个孩子注意力不集中，于是，随机应变，由自由朗读改为由语文科代表领读，这一遍下来就是 20 多分钟。在领读时，除了读错了几个字的读音，随时纠正了外，还发现大部分同学出现读破句的现象，这是因对课文不熟悉造成的。我又让学生自由朗读一遍，这一遍下来又用了将近 10 分钟。

在学生自由朗读时，我在教室里转，看看学生的学情。期间有几个孩子提了几个问题，其中最有代表性的是："最后一篇日记是他用已经冻伤的手指哆哆嗦嗦写下的愿望：请把这本日记送到我的妻子手中！但他随后又悲伤地、坚决地划去了'我的妻子'这几个字，在它们上面补写了可怕的'我的遗孀'"一句中"遗孀"不理解。一开始我没有急于解答，我对他们说："先思考，再探讨。"

当学生自由朗读结束的时候，我把"遗孀"的问题再次提了出来。果然是个问题，没有一个学生知道这个词语的含义，既然一个班的学生都不知道，也就有了学的必要。但我不想直接告诉学生"遗孀"是什么意思。

我问："斯科特一开始想把日记交给谁？"学生说："想交给他妻子。""他后来还想交给他妻子吗？"学生说："不想。"我追问："那他想交给谁?"学生说:"想交给他的'遗孀'。"我笑了,我就想让所有的学生进入愤悱状态。我吊学生的胃口:"斯科特竟然不想把日记留给妻子,而是想留给'遗孀'。'妻子'和'遗孀'难道是两个人?"我就是想让学生思索。有的说:"是一个人。"有的说:"是两个人。"

我从斯科特的角度问:"斯科特写下这封信后,他的结局必然是什么?"学生异口同声地说:"死了。"我说:"'死了'这个词用在斯科特身上合适吗?"有十几个学生马上领悟,改口道:"牺牲了。""'牺牲'这个词比'死了'这个词好,为什么?"学生说:"'牺牲'这个词是用在伟人身上的,是褒义词。"我补充:"'牺牲'一词常用在'为壮丽事业而献身的人'。斯科特所做的事情壮丽吗?"学生说:"壮丽。""从课文哪些地方可以看出来?"有个学生说了一个情节,有个学生说了一个细节,有个学生说了一处环境,有个学生说了一处议论。我又问:"这个壮丽的事业为何说是悲剧?"有的说他的探险失败了,我说这是失败之悲;有的说他牺牲了,我说这是死亡之悲;有的说给竞争对手的成功做见证者,心里很悲伤,我说这是作证之悲;还有的说,马上要牺牲了,想到了妻子,心里很悲伤,我说这是亲情之悲。"一个人在弥留之际,一定会想到自己的亲人,他的父母,他的妻子,他的孩子,他的亲朋好友,但如果他有些事情要交代给亲人,他首选谁?"学生说:"妻子。"我说:"对,斯科特也应该是这样的,可她把书信留给了'遗孀',她是谁?"我继续提示道,"'遗'说明斯科特清晰地意识到自己要离开人世了,一个人去世后,我们怎么称呼他的妻子?""寡妇!"好多学生说。反应快的学生接着说:"'遗孀'的意思就是'寡妇'的意思。"我说:"'寡妇'是口语,'遗孀'是书面语。"此刻学生终于顿悟。

"那么作者为何用'可怕'一词来修饰'我的遗孀'呢?"我继续追问。学生说:"斯科特知道自己要牺牲了。"学生用了一个"牺牲",不再用"死"了。"他的妻子要成遗孀了,内心也有恐惧感啊!这是真实的心

理活动，英雄也不愿意牺牲，但他们之所以是英雄，是因为他们不逃避
牺牲。这可以从他划去'我的妻子'这四个字时的神态看出来。"学生
说："'坚定'一词，可以看出他义无反顾地走向死亡，还带着悲伤、思
念、遗憾……"学生顿悟似的点头，会心。这时下课铃响了，我宣布
下课。

凝而不滞的教学最有意义

"形象"一词，其实是一个动宾短语，意思是"形成影像"。在语文课堂上，常常听到这样的话语，这个句子形象生动地写出了什么。不禁要问的是，学生在用这统一的固定的模式来鉴赏语言的时候，他的大脑中真的"形成影像"了吗？如果没有"形成影像"，看似侃侃而谈的鉴赏有多少意义呢？

从文字到图像的过程就是形象的过程，这是一个美妙体验的过程，也是阅读教学真正意义上得其意旨的标志。然而，这个过程，很容易阻塞。不过，话又说回来，那种师生对话毫无障碍，唱和酬答此呼彼应的对话又有多少价值呢？这种只走嘴巴，不走大脑的对话其实是重复昨日的"已知"，既"已知"又何必对话。对话的目的是探索未知。

有时候，课堂教学会出现一些磕磕绊绊，我把这些磕磕绊绊称之为课堂教学的凝滞现象。

凝和滞，有区别。凝是遇到阅读障碍了，如果历经了一番对话后，学生大脑形成影像了，则凝就融化了；如果学生大脑中未形成影像，则凝就变为滞了。在这样的情况下，即便是生拉硬拽地往前拖，拖得遍体鳞伤，课时讲完了，对教师而言，姑且是有个交代了；但对学生来说，毫无收获，因为他没有顿悟，没有形象。

何其芳的《秋天》里面有这样一句："收起青鳊鱼似的乌桕叶的影

子。"我问学生："影子能收起吗?"学生面面相觑。我让学生小组讨论，学生依然一头雾水。于是和学生展开了艰难的对话。

"谁的影子?"

"乌桕叶的影子。"

"当你得到某个东西的影子的时候，其实也就得到了某个东西。没有这个东西，哪有它的影子？说收起了影子，就是收起了乌桕叶。乌桕叶什么样?"

"青鳊鱼似的。"

"青鳊鱼什么样?"

"身体侧扁，头小而尖，鳞较细。"

"这样的形状很像一片乌桕叶。你见过乌桕叶吗?"

"见过！见过!"

"乌桕叶的形状略成菱形，很像青鳊鱼。老师想知道的是乌桕叶的颜色也像青鳊鱼的颜色吗?"学生愣住了。

"顾名思义，青鳊鱼什么颜色?"

"青色。"

"看注释，秋天的乌桕叶什么颜色?"

"红色。"

"形状相似，颜色相差甚远啊!"

"秋天是什么颜色?"

"荒凉的颜色。"

"荒凉的颜色？那作者就该说收起梧桐叶的影子了。"

"能把梧桐叶改为乌桕叶吗?"学生沉默不语。

"想一想，秋天来了，乌桕叶红了，和乌桕叶一起红得还有哪些植物?"

"高粱!"

"枣!"

"柿子!"

"酸枣!"

……

"那么能换成梧桐叶吗?"

"不能,梧桐叶是黄色的,给人荒凉的感觉,乌桕叶是红色的,传达出了丰收的喜悦。"

"原来收起的既不是所谓的影子,也不是所谓的乌桕叶,而是沉甸甸的丰收。那作者为何不直接说丰收呢?"

"不形象!"

"你知道'形象'的含义吗?"

"不知道!"

"'形象'就是形成影像。我说一个事物,你的大脑立刻有该事物的样子,这就是'形象'。丰收有形象吗?乌桕叶有形象吗?"

"丰收没形象,乌桕叶有形象。"

"乌桕叶就是丰收的形象。"

自此,我明了,课堂教学凝滞与否,取决于教师的教学是否形象。形象了,就不凝滞了,教学就有更大意义了。

课堂，向思辨靠拢

最近一段时间，我尝试用"学、问、思、辨、行"的课堂教学流程来组织教学。例如在学《苏州园林》一文时，我告诉学生，就"围绕说明文语言准确性"这个主问题读课文，不过要"读出问题"来。待"问题"读出来后，就组织学生围绕"说明文语言准确性的问题"来"问"。如一生问："'苏州园林据说有一百多处，我到过的不过十多处。'这个句子中的'据说'有什么作用？"问题提出来了。我先组织学生"思"，就是先让每一个学生静静地思索这个问题，当学生进入"愤悱"状态，需要启发点拨的时候，才组织讨论，甄别。通过"辨"是非、对错、优劣……将学生的个性化的回答导引到更符合文本内涵的结论上来。对于上述学生提的问题，我让他说："'据说'这个词说明了'我'只是听说的，没有进行过验证。"我引导："谁从'事实'这个角度来补充？"一生补充道："这个词，如果去掉了，就变成了作者亲自核查过，这与事实不符，所以不能去掉！"我再引导："从语言运用是否恰当这个角度，你还能补充吗？""这体现了说明文语言的准确性！"

为了进一步明辨，我找了两个同学上黑板，把这些零散的知识再梳理一下，看看能不能综合起来。5 分钟后，这三个同学的板书就在黑板上呈现了。

生 1："据说"，体现了作者只是听说，没有真正见过，如果去掉它，意思发生了变化，就成了作者亲眼所见，这与事实不符。所以不能去掉。这体现了说明文语言的准确性和严密性。

生2："据说"，不能去掉。因为"据说"说明了这是"我"听说的，没有进行过验证。如果去掉"据说"二字，句意就变成了"苏州园林就是一百处"，这与事实不符。"据说"二字，充分体现了说明文语言的准确性、周密性和严谨性。

此时，我觉得对说明文语言准确性的问题，学生掌握得差不多了。需要用"行"来验证一下了。于是我要求学生用"据说"造个句子。一生说："北京卢沟桥的石柱上，据说有四百多个千姿百态的狮子。"一生说："据说50亿年后，太阳会消失。"一生说："据说世界上最高的人竟接近两米五。"这三个句子是上黑板的学生写的。还有一个插曲，很有意思。我在巡回指导的时候，发现一个学生是这样写的："据说太监是没有睾丸的。"我佯怒，问："怎么这样写？"他说："我没法验证，符合事实！"教室里笑声一片。

这样的"思辨"历程，虽慢，但"慢工出细活"！毕竟"教育就是一项细活、慢功夫"。一蹴而就，是不现实的。

第五章

辨道：辨误求真，不畏浮云遮望眼

对语文教材而言，任何一个版本的编者都不敢说："我编的这套教材是完美无缺的"；对课堂教学而言，每一个教师都不敢说："我的每一堂课都是尽善尽美的"。所以才有了"教学是一项遗憾的艺术"之说。面对遗憾，以明察秋毫的眼睛来审视教材、省察课堂才能辨误求真。

这样翻译不妥当

——《〈孟子〉两章》两处翻译不确信

"信、达、雅"是文言文翻译所必须遵循的三原则，它是清末新兴资产阶级启蒙思想家严复提出的。严复在《天演论》中的"译例言"讲道："译事三难：信、达、雅。求其信已大难矣，顾信矣不达，虽译犹不译也，则达尚焉。""信"指意义不背原文，即译文要准确，不歪曲，不遗漏，也不要随意增减意思；"达"指不拘泥于原文形式，译文通顺明白；"雅"则指译文时选用的词语要得体，追求文章本身的古雅、简明、优雅。

"信"是三原则之首，它的首要位置告诉我们翻译文言文必须先做到"信"，这是前提，否则不管翻译得多么"达"多么"雅"，总是让人觉得不够"信"，经不起细细地推敲，容不得慢慢地斟酌，结果只会令人迷惘。

《〈孟子〉两章》之《得道多助，失道寡助》里有这样一句话，"域民不以封疆之界，固国不以山溪之险，威天下不以兵革之利"。课文把"域民不以封疆之界"翻译为"使人民定居下来而不迁到别的地方去，不能靠划定的边疆的界限"；把"固国不以山溪之险"翻译为"巩固国防不能靠山河的险要"；把"威天下不以兵革之利"翻译为"威慑天下不能靠武力的强大"。事实上，只要稍微动动脑筋，用思辨的目光去透视，就会发现这样不妥当。从现实的角度来看，依靠划定的边疆的界限来使人民定居下来而不迁到别的地方去还是起作用的，如果没有边界线，人民就会自由迁徙，那岂不乱了套？依靠山河的险要来巩固国防也还是起作用的，尤其是在古代"一夫当关，万夫莫开"的环境下，山河的险要可想而知；依靠武力的强大还是能够威慑天下的，不论是在过去还是现代，很多霸主都是依靠强大的武力称霸天下的。

我们不禁要问，这难道是孟子的本意吗？我想孟子的思想绝不会狭隘到为了宣扬自己的"仁政"而片面地否定其他或大或小的这样那样的客观因素。可以肯定地讲，出现这样片面性的翻译是译者误解了孟子的思想，从而犯了绝对化错误。那么，怎样翻译才客观中正呢？如果我们在"靠"前面加个副词"只"或"仅仅"——"使人民定居下来而不迁到别的地方去不能仅仅靠划定的边疆的界限，巩固国防不能仅仅靠山河的险要，威慑天下不能仅仅靠武力的强大"——就准确无误了。

《〈孟子〉两章》之《生于忧患，死于安乐》里有这样一句话，"困于心衡于虑而后作，征于色发于声而后喻"。课文把"困于心"翻译为"内心困苦"，"衡于虑"翻译为"思虑阻塞"，把"而后作"翻译为"然后才能奋起"；把"征于色"翻译为"憔悴枯槁表现在脸色上"，把"发于声"翻译为"吟咏叹息之气发于声音"，把"而后喻"翻译为"（看到他的脸色，听到他的声音）然后人们才了解他"。这六个短语共同指向的目标是"人恒过，然后能改"，也就是说这六个短语都是针对人之"知错而改"而言的，也则主体是一致的，然而，课文对第六个短语的翻译却改变了主体——"（看到他的脸色，听到他的声音）然后人们才了解他"。这样一改变，主体成了"旁观者"，"喻"的对象不是"犯错者"而是"旁观者"。这样一改变，令人疑窦顿生——为何"而后作"是指"恒过能改"的人，"而后喻"不是指"恒过能改"的人而是指"人们"？可见，这种翻译不能够令人信服，而导致翻译失信的根本原因是没有把握好前后两句的内在逻辑思路，"困于心衡于虑"是内相，"征于色发于声"是外相，二者是顺承关系，出现了"困于心衡于虑"的内相后，"征于色发于声"的外相相应而生，顺应而生的还有自己幡然醒悟的"而后喻"，这种顿悟必然会激发当事者奋发作为。

那么，怎样做才能使文言文翻译避免失信的问题？简言之，一要有"明句读"的能力；二要有"知人论世"的习惯；三要有对文化思辨的意识。

还有没有"补充"的

关于培根《谈读书》这篇文章的题目，有的版本翻译为"论读书"，有的版本翻译为"谈读书"。为此，我在上课的时候对学生说：老师有一个小小的问题想请教一下同学们，编者在编这篇课文的时候，为何采用了"谈读书"这个题目？请同学们结合课文及注释①思考一分钟。然后以小组为单位进行交流，小组长要注意引导组员充分发表见解，然后总结发言。

一生说："注释告诉我们《谈读书》这篇文章是一篇随笔，写法比较自由。"我追问："你能告诉老师《谈读书》这篇文章的体裁吗？"

"是一篇散文。"该生答道。我赶紧补充说："而且是一篇议论性散文。""如果让你就'论读书'写一篇文章，你写成什么文体？"我又追问。该生回答："议论文。""你能总结一下吗？"我询问道。该生总结道："本文如果以'论读书'为题，感觉上应该是一篇议论文了，比较严谨。以'谈读书'为题，'谈'感觉比较自由、灵活，事实上本文是一篇随笔性的散文，不是严格意义上的议论文。"

我高兴地补充道："所以编者采用了'谈读书'这个题目。其他同学还有没有补充的？"

全班学生哑口无言，室内一片肃穆。

……

本节课最后 5 分钟，我在教室里巡回指导，一个学生对我说："老师，关于文章的题目，我的观点是——'谈'字的含义为两人对话；而'论'字是指用一些原理阐证一个事理或事物。用'谈'字显得更为亲切，让人容易接受；而'论'字则显得比较生涩，没有感情，所以编者用'谈读书'这一题目。"我惊喜地对她说："很好呀！你为何不积极发言？"该生辩解道："老师，其实我想说，但是因为您的那句话我便无法说了！"

"哪句话？"我疑惑地问。"就是'其他同学还有没有可补充的'一句。"该生微笑着对我说。我依然摸不着头脑，但不失时机地追问道："你认为该怎么说？""我认为这样说更为妥当：'各位同学还有什么想法吗？'"

我恍然大悟！原来是"补充"二字惹的祸！在我的意识里，"其他同学还有没有可补充的"这样的课堂提问虽谈不上有多大的艺术，可似乎也没有什么问题，然而在学生的意识里，这句话的问题就大了。就是这一句让学生感觉到教师"目中无人"，不相信每一个学生都有自己独到的见解，"其他同学还有没有可补充的"似乎成了一句礼节性的口头禅。

对学生来说，他不想做那个"补充的"，他想做那个"独到的"，或者说他不想当配角，他想当主角。可老师却没给他提供一个充分展示自己的舞台。我们仔细比较一下，就会发现后一个学生的说法要比前一个学生的说法更加合理，可一句"其他同学还有没有可补充的"就把他们打进了冷宫，进而扼杀了他们的"精美的思想"。这是一件多么可悲的事！我们不应该忘记，学生是人，是有血有肉有思有想有感有情的鲜活的独立的人！每个学生都应该成为课堂的主角。学生是可爱的！他们用单纯的、美丽的做法给我一个改过的机会！他们说得多好啊！"各位同学还有什么想法吗？"多好的建议啊！谢谢孩子们！

"见"字到底怎么读

陶渊明《饮酒〈其五〉》一诗中有两句话："采菊东篱下，悠然见南山。"这句话里有一个"见"字是多音字，一读"jiàn"，一读"xiàn"。两种读法各蕴含着独特的意境。

在上课的过程中，我适时抛出了这个话题："'见'在这里是读'jiàn'好呢，还是读'xiàn'好？请同学们小组讨论，各抒己见！"

一生若有所思地说："在我看来'见'字读'xiàn'好。见'jiàn'和见'xiàn'是一种主动和被动的意念，见'jiàn'是指作者在东篱采菊时主动去寻找南山，无法突出'悠然'之意，而见'xiàn'是在无意中看见山，写出了那种不经意发现，更加突出悠然的心情，所以见'xiàn'比见'jiàn'好。"另一学生不同意这种说法，站起来说："我认为应读'jiàn'，因为'采菊东篱下，悠然见南山'的意思是说陶渊明在东篱下悠然自得地采着菊花，但一抬头，忽然看见了南山。因为南山是一个具体的、固定的静物，原本是在那个固定的位置，不会时隐时现，所以只能是陶渊明自己忽然看见，不能说南山自己出现。"

话音刚落，又有一位同学站起来说："这两位同学都已对'见'这个字做出了两种不同解释。我认为这两种理解都是合理的。'见'的两个读音有两种意境，这两种意境都与'悠然'相应，体现作者心中悠闲洒脱的心态。陶渊明之所以成为大家，正是因为他在一字一词上的反复斟酌，达到字字珠玑的效果。"

我顺势总结提升："'意境'两个字用得好！其实，只要抓住文章的'意境'，或者说只要扣住文章的'意旨'，尽管'结论'暂时不一样，但是通过一番讨论，最终还是会'殊途同归'！"

课后我想，把"讨论"引入课堂，这是一个并不"轻松"的话题。说它并不"轻松"，一方面是因为它会花费大量的时间，甚至会改变我们教师的预设；另一方面，"讨论"也正在悄悄地变得"轻松"，或者说已经变得"轻松"了。不管是语数外，还是史地生，抑或是音体美，"讨论"之声不绝于耳。"讨论"来"讨论"去，"讨"是"讨"起来了，可绝大多数却"论"不起来！问题究竟出在哪里？《现代汉语词典》第1233页告诉我们，"讨论"的意思是"就某一问题交换意见或进行辩论"，可见"讨论"包含着两层含义，第一层含义是"就某一问题交换意见"，第二层含义是"就某一问题进行辩论"。也就是说，就课堂教学中的"某一个问题"，前者重在"交换意见"，后者重在"进行辩论"。我顿时明白，前者是"交换思想"的问题，而不是"交换苹果"的问题。显然"交换思想"比"交换苹果"的理念先进。可《现代汉语词典》告诉我们，课堂在"交换思想"的时候不应忽视了"进行辩论"。显然，问题就出在了对"或"字的不同理解上，在这里我们不是把"或"字理解成"交换思想"，就是把"或"字理解成"进行辩论"。于是，绝大部分老师在课堂上带领学生"交换思想"，少部分老师在课堂上带领学生"进行辩论"。那么"或"除了我们通常意义的理解外，还有没有其他理解？比如说"既要'交换思想'又要'进行辩论'"，也就是说在"交换思想"的同时又"进行着辩论"，在"辩论着"的同时"交换着思想"。我想是这样的。因为只有这样，课堂才能在"讨"中"论"起来，只有这样课堂才会高潮迭起，只有这样学生的创见才会显现，只有这样才能培养个性化的创造性人才！还是让讨论浸上思辨的味道吧，因为过程比结果更重要！

适时乎，适宜乎

在"本色语文高效课堂"研讨会上，一位女教师执教鲁迅先生的《从百草园到三味书屋》，该教师设计了一个"捕鸟小游戏"的教学环节，教师出示课件，"既然来到百草园，那就让我们也化身鲁迅，一起来玩玩他童年最爱的游戏——捕鸟吧。来，让我们按照课文第七自然段'捕鸟的方法'小试一把。以同桌为单位，一个读课文相应句子，另一个演示捕鸟过程。"随同文字教师还投影了一张捕鸟图。图片是惟妙惟肖，然而遗憾的是该图片运用得不适时，图片随同问题的一块出现，剥夺了学生咀嚼文本、品味语言、想象、审美的过程。一般地，图片的运用最好在品味语言、想象情景、模拟演习之后适时导出，这样就能起到验证文本的作用。接下来，学生对照课本，在课件的欣赏与动作的演示上一步步走进文本，走进作者内心。

该教师设计的第二个教学环节是"故事坊"，教师出示课件："在长妈妈的嘴中'百草园'又是个什么地方呢？下面请听'长妈妈讲故事之美女蛇'。请各小组推选一人复述这个故事。"

在这个教学环节里，随同问题，教师同样投出了一张蛇的图画。我们姑且不论是否适时，单就是否适宜就值得商榷。这哪里是那人首蛇身、充满神秘的美女蛇，这分明是一条花斑小青蛇么。在这里，倘若非得用课件，要么用那人首蛇身的美女蛇；要么"美女蛇"和"花斑小青蛇"

同时使用，让学生在个性化的品味鉴赏后比较、验证、拓展、升华、顿悟……

多媒体展示了"直观"、"形象"、"生动"的"图画式"教学方式，它给语文教学带来的生机和活力是其他教学手段无法替代的。目前，有的教师仅把教学内容以文字形式输入电脑，把教学环节编成程序，然后播放，整堂课教师没有离开鼠标；又有的教师给作品配画，链接入电脑，整堂课学生没有离开读连环画。其实，对于语文课而言，并非任何时候都需要多媒体技术。语文教学的重要任务之一是培养学生的形象思维能力，我们尽可以利用多媒体教学手段来营造气氛，唤起情感，引导想象，但绝不能用屏幕、画面来代替文学想象，文字提供的想象空间远远大于直观感知。"一千个读者就有一千个哈姆莱特"，仅仅采用直观手段来组织教学，对学生的思考力、联想力、想象力无疑是一种极大的束缚。总之，语文教学要适时地运用适宜的课件！

这是 "变异" 吗

"虎啸猿啼" 是范仲淹《岳阳楼记》一文中的一个词语，教参对这个词语的翻译是，"（只听到）老虎的长声吼叫和猿猴的悲啼"。教学时，我问学生这四个字什么意思，一生回答说："浪花排空的声音犹如虎在咆哮猿在悲啼。" 当时我感觉这个学生的回答不知所云，于是很反感，就问全班学生："这是一种创新的观点吗？" 学生异口同声地回答："是!" 我勃然大怒，"这哪是什么创新，这分明是'变异'。'浪花排空的声音'怎会和'虎在咆哮猿在悲啼'扯上联系？'自作聪明的画蛇添足'。" 学生低头不语。"学生的翻译有何不可？" 回到办公室我冷静下来后反复思索，倒感觉学生的翻译有一定的道理：涨潮时的情景 "犹如虎啸"，退潮时的情景 "状如猿啼"。

说心里话，当我评价学生的答案是 "变异" 的时候，我并非没有发现学生的尴尬，只是心里没有足够的重视，虽隐隐约约地觉得是说得过分了，但仍一味地埋头继续讲课，直至课后，语文课代表小心翼翼地向我求证时，才引起了我的警觉，看来我得思索了……

认真地反省，我才惊讶地发现：我对学生的说法，一时竟难以评价，却又不想通过说 "好好好"、"是是是" 地搪塞过去，只想把这个 "球" 抛给学生以引起争论、反驳，进而把学生拉回到我预设的答案上来，可没想到的是学生却是异口同声地赞同 "创新" 的说法。也许自己潜意识里觉得，自己的权威怎能随随便便就遭到所有学生的挑战？于是只好无奈地气急败坏地当头一击，断然否决……

第二天，我问那个学生当时是怎么想的，他说："上文说'阴风怒吼，浊浪排空'，既然风有声，浪也应有声。可以想象得到：傍晚潮涨潮落，狂风卷集，浪花拍打石壁而发出的声音犹如虎啸猿啼。"听了学生的话，我顿时后悔不迭，我当时为什么不问问他是怎么想的呢，这样的说法难道不合情合理吗？既然是既合情又合理，难道这不是创新吗？我继而又问："当我批评时，你心里是怎么想的？""当老师批评的时候，当时心里十分不服气，心想自己用心思考的结果被老师说成'变异'，心里十分郁闷。但事后一想，老师讲得也有道理，于是便平息了心中的不满。"

学生的"心里十分不服气"，这是我的错；学生的"心里十分郁闷"，这还是我的错；学生认为"老师讲得也有道理"，这更是我的错上加错。如果说前两种错比较容易弥补的话，后一种错弥补起来就比较困难了！唉！我多么渴望这个学生坚持己见啊！可他还是屈服在我的"淫威"之下，"平息了心中的不满"。

难道我不知道"要尊重学生的独特阅读感受，要珍视学生的阅读体验"吗？即便学生的说法不是创新，我为什么非要说成"变异"呢？我痛心疾首的是：学生的奇思妙想，学生的探索精神，学生的创造思维都被我"一句变异"的诊断"变异"地扼杀了！民族的想象力、创造力就是在这种"变异"的教学情景中泯灭的！我们做教师的，要口下留情！

"怪哉"这虫，是怎么一回事

鲁迅先生的《从百草园到三味书屋》（人教版七年级下册第 1 课）一文里，有这样一个细节——

"先生，'怪哉'这虫，是怎么一回事？……"我上了生书，将要退下来的时候，赶忙问。

"不知道！"他似乎很不高兴，脸上还有怒色了。

就是这个不起眼的细节，却引起了一个学生好奇，连珠炮式地向我发问："鲁迅问老师问题，这个老师为什么生气呢？""为什么做学生的就不该问这些事情？"为了揭开这个问题的谜底，我们需要澄清以下三个问题。

一是"'怪哉'这虫"，到底是怎么一回事？

据查，关于"'怪哉'这虫"的传说，最早见《太平广记》卷四七三《东方朔传》。据说汉武帝在路上遇见一种头目牙齿耳鼻俱备的怪虫，不认识，就问东方朔。东方朔说，这种虫是秦朝冤死在牢狱里的老百姓的化身，是忧愁结成的，放在酒里就会溶解。课文对"怪哉"的注释与上相同，只不过，还明确指出了这种说法是不科学的，并告诉我们"怪哉"的意思是"稀奇啊"。

正如鲁迅先生所言，像这样的问题，对于鲁迅的老师——寿镜吾先生——一个"渊博的宿儒"来说，"决不至于不知道，所谓不知道者，乃是不愿意说"。

二是这个"渊博的宿儒"到底出于什么原因而不愿意说？

据查，"宿儒"亦作"老手宿儒"，一般指以下 5 种人。①素有声望的博学之士。②原指长期钻研儒家经典的人。③泛指长期从事某种学问研究，并具有一定成就的人。④指书读得很多的老学者。⑤指年辈最尊的老师和知识渊博的学者。课文对"宿儒"的注释是"书念得很多的老学者"。也就是解释④。

可以说，每一种解释，都可以作为标签贴在寿镜吾先生的身上，但总有一种标签最符合寿镜吾先生的身份，那么到底是哪一种呢？我们来一一分析、甄别。

先看解释③，这种解释是一种泛指，太宽泛，自然不是最符合的，理当首先排除。再看解释①和⑤，解释①中出现了"博学"一词，解释⑤中出现了"渊博"一词，这两个词表明了"宿儒"本身含有"博学、渊博"之意，如果再用"渊博"来修饰"宿儒"，显然犯了语义重复的毛病。也就是说"渊博"所修饰的"宿儒"必须是不包含这"博学、渊博"之意的。鲁迅先生作为语言运用的大师，是不会犯这样的低级错误的。既然如此，解释①和⑤，就不是最符合寿镜吾先生身份的义项，理当排除。按此理推论，解释④也应排除，因为"书读得多"就是"博"，因此解释④也自然不在"最符合"之列了。

我们用排除法，一一排除了解释①③④⑤，唯一留下的是解释②，原指长期钻研儒家经典的人。可以肯定的是，把解释②这个标签贴在寿镜吾先生的身上，是贴切的。也就是说，所谓的"渊博的宿儒"，就是这个人长期钻研的是儒家经典而非其他经典，而且他只是在儒学方面是个渊博的人而非其他方面。

三是哪些话是一个"宿儒"不该说的呢？

既然，寿镜吾先生是一个"长期钻研儒家经典的人"，必然是一个饱读四书五经，深谙孔孟之道的人，必然是一个被儒家思想长期浸染的人。这样的人，他的一言一行都是极"方正"的，一切不合"礼"的言行，这个极正派的人是不会说也不会做的。

那么，到底有哪些不合"礼"的话是"宿儒"们不能言说的？儒家经典中有这样的一句话，"子不语怪力乱神"（《论语·述而》）。这句话通常译为"孔子不谈论怪异、勇力、叛乱和鬼神"。就像朱熹在《论语集注》解释的那样："怪异、勇力、悖乱之事，非理之正，固圣人所不语。鬼神，造化之迹，虽非不正，然非穷理之至，有未易明者，故亦不轻以语人也。谢氏曰：'圣人语常而不语怪，语德而不语力，语治而不语乱，语人而不语神。'"

"'怪哉'这虫"自然属于"怪力乱神"中的"怪"，所以寿镜吾先生，一个儒家思想所缔造的谦谦君子，一个坚定的儒家思想的信奉者、传播者，当听到鲁迅问这个"怪异"的问题时，自然"很不高兴"，"脸上还有怒色"。因为他是"宿儒"，是不会说"怪力乱神"之语的。

其实，就是今天的教师，面对学生的时候，那些不利于学生身心发展的话也是不能讲的。

第六章

行道一：这样读书，读这样的书，养人

　　书是甜的。一页页的书就像一朵朵盛开的鲜花。谚语说，"在同一朵花里，蜜蜂吸蜜，蛇吸毒。"由这句话联想到阅读，那么，为何读？读什么？怎么读？如何评价？……这一系列问题的核心指向两个字——养人。如何养人？那就这样读书，读这样的书吧！

意　图

——朝着阳光奔跑

"意图"一词的含义是"希望达到某种目的的打算"。（《现代汉语大辞典》第 5 版）那么，在名著阅读方面我们的意图是什么呢？最初，我们认为，通过全面落实新课程规定的阅读目标，让学生学会阅读是课外阅读的使命，但随着对这一问题研究的不断深入，我们更新了这一意图。我们觉得，让学生学会阅读仅仅是课外阅读的一个使命，更重要的是为学生终生阅读埋下兴趣的种子。

——"学生九年课外阅读的总量要达到 400 万字以上，阅读材料包括适合学生阅读的各类图书和报刊。既包括童话、寓言故事，又包括诗歌、散文、长篇文学巨著、'茅盾文学奖'获奖作品，还包括科普科幻读物和政治、历史、文化等各类读物。"

——"培养学生广泛的阅读兴趣，扩大阅读面，增加阅读量，提倡少做题，多读书，好读书，读好书，读整本的书。"

——"学会制订自己的阅读计划，广泛阅读各种类型的读物，课外阅读总量不少于 260 万字，每学年阅读两三部名著。"

这是《全日制义务教育语文课程标准（实验稿）》对中小学课外阅读提出的要求。可以说，阅读量之大，阅读对象取材之广，读者之众，是前所未有的。可见，课外阅读不再是语文教育教学的"点缀"，更不是可有可无的"软任务",而是语文教育教学重要的一环。阅读名著无疑是最符合语文课程标准这一要求的,而且阅读名著无疑成了我们涵养人文素养的最佳途径,也是学生最具有个性化阅读价值的行为。无数事实证明,阅读,在一个人的成长中起着不可估量的作用,因为,阅读能够化育一个人的气质,能够涵养一个人的文气,能够改变一个人的命运。阅读能使文化得以传承,使心灵得以解放,使精神得以传递。

那么,在名著阅读教学的过程中,指导学生"怎样阅读名著"就成了一个极富机遇又极富挑战的课题。我的做法是在实践中通过解决一个个阅读障碍而得到不断优化,经历一个由浅入深的过程,最终探索出一种最有效的阅读方法——作批注。"读"名著、"批"名著、"演"名著、"写"名著这一系统科学的阅读流程就有了自身的意义和价值,因为它能够使孩子们在感兴趣的自主活动中全面提高语文素养和人文素养。当他们离开学校的时候,名著阅读之根已经深深地根植于他们心灵的土壤里,滋润着他们成长为一个既爱阅读又会阅读的民族创新的读书人——即使面对一个已经被阅读过、评论过无数遍的经典名著,他们也会以"苟日新,又日新,日日新"(商汤《盘铭》)的意识和情怀,冲破陈腐思想成见的精神桎梏,形成属于自己这一次阅读所特有的个人体验和情感遭际。

本次课程改革,对语文学科而言,名著阅读已经由个人爱好上升到国家意志,个人的前途、民族的未来都蕴含在"阅读"这两个字中。因此,我们不能把阅读视野仅仅聚焦在"考试"上,还要聚焦在学生的语文素养、人文素养和科学素养上!

——着意于素养是目标。"读"、"批"、"演"、"写",这一最优化的名著阅读教学操作流程,通过批阅文字来涵养文气,通过品味语言来以文化人,通过感悟形象来陶冶性情,通过传承文化来滋养素养。

——立足于批注是核心。我们坚定不移地相信,以批注的方式与书籍对话,是一种最积极有效的阅读方式和思考方式。为什么说批注是重要的？因为我们常常误以为自己读懂了某些内容，往往并未真正读懂，只是有些朦胧的感觉而已，除非你能够用自己的语言表达出来。批注是帮助我们梳理思想的最好的办法之一，在批注过程中通过圈点勾画、评点文字、批阅话语、书写感悟来印证观点，涵养文气。

——联动于写作是关键。阅读和写作是一体两翼，阅读是写作的基础，写作是阅读的提高。人为地硬性地割裂阅读和写作关系的做法到了该反思和纠正的时候了。中学语文教学，应高度重视阅读与写作一体化的研究，这一点应达成共识。我们始终认为读写应结合，鼓励引导学生或者把阅读感受写出来，或者把同类话题延伸，以仿写、续写来达到以读促写的目的。这既可以带来阅读的升华，也可以促进写作的深化，使学生在阅读和写作两方面都有切实的提升。

——立足于演绎是催化。名著阅读说到底是课外阅读，还应把评价的重点放在"语文课外活动"上。我们积极给孩子们搭建"名著汇演"的舞台，孩子们根据我们提出的"六标准"自读自导自演。这六个标准是：细节处理是否有创造性；表演是否全身心地投入；人物语言是否有感染力；人物表情是否生动传神；人物动作是否有板有眼；过程合作是否和谐默契。这样就实现了"读、评、演、写"四位一体的阅读目的。

——回归于课内是升华。单是把批注放在课外阅读这样一个狭小的圈子里是不够的，个性化阅读教学与文学教育必须由课外回归到课内，也就是由一部部脍炙人口的名著回归到一篇篇文质兼美的课文并且让作批注和解读文本有机地结合起来，这才是该课题研究的目的之一。我们就让学生四人组成一个学习共同体：可以批人物，体验作品的情境和形象；可以批语言，品味作品的精妙语句；可以批情感，领悟作品的思想内涵；可以批写法，揣摩作品的写作手法。教师和学生不断地轮换角色，在自主、合作、愉悦、高效中突出个性。

意 识

——前进中的罗盘

    "**意**识"一词的含义有两个。一是"人的头脑对于客观物质世界的反映，是感觉、思维等各种心理活动的总和"。一是"觉察，常跟'到'字连用，组成'觉察到'"。（《现代汉语大辞典》第 5 版）我们引用"意识"一词目的就在于，必须对名著阅读的现状有一个通盘的把握，必须对名著阅读的核心问题有所觉察。

调查是研究问题的开端

    我们不能为了标榜自己的提倡，就虚妄地宣称背景如何恶劣，行动如何紧迫。我们必须建立在一个事实的基础上，准确地把握信息，这样做起事来才事半功倍。于是，在 2003 年 4 月 23 日"世界读书日"这一天，我们面向学校七年级和九年级各 500 名学生就名著阅读现状采用不记名方式进行了问卷调查。我们设计了"名著阅读情况调查问卷"，在调查问卷中，我们设计了这样的导语："阅读化育气质，阅读改变人生，阅读能使学生走近伟大的灵魂，使文化得以传承，使心灵得以解放，使精神得以传递。亲爱的同学，你喜欢阅读名著吗？下面，请你参加阅读情况调查活动，可要根据自己的实际情况如实作答哟！"我们这样做的目的是想让学生给我们提供真实的信息。

问卷包含 10 个方面的内容：第一部分是关于"名著阅读兴趣"的调查；第二部分是关于"名著阅读方式"的调查；第三部分是关于"名著阅读习惯"的调查；第四部分是关于"名著阅读方法、策略、态度"的调查；第五部分是关于"名著阅读量"的调查；第六部分是关于"名著阅读来源"的调查；第七部分是关于"名著阅读时间"的调查；第八部分是关于"名著阅读环境"的调查；第九部分是关于"名著阅读收获、效果"的调查；第十部分是以问答题的形式就"名著阅读"以上未涵盖内容的补充调查，共设计了 6 个问题。一是你最近在看什么名著？二是老师鼓励你看哪些名著？三是家长鼓励你看哪些名著？四是家长禁止你看什么样的名著？五是你喜欢读什么样的名著？请按照喜欢的程度写出最喜欢看的 10 本名著。六是你认为用什么方式方法读名著收效最大？

没有调查就没有发言权，但有了调查没有对调查数据进行科学的分析也没有发言权。所以，我们对调查数据做了精心研究，在此基础上，我们意识到了加强名著阅读的必要性、可行性和紧迫性。

没有人天生拒绝阅读

调查中，我们设计的第一个问题是"你平时阅读哪类课外书籍"。选择"文学名著"类的占 11.47％，选择"报纸杂志"类的占 19.70％，选择"卡通、漫画、武侠小说"类的占 44.84％，选择"科技知识"类的占 10.64％，选择"教材辅导读物"类的占 3.36％。对于学生的选择，我们并不惊讶。因为在缺乏规范、引导下的自主阅读，绝大部分情况下是一种追求休闲的阅读。但值得我们思索的是，并不枯燥的名著却备受冷落，这一现象引起了我们的关注，尤其让我们疑惑的是，在学生对"你喜欢阅读名著吗"这一问题的回答上，出现了与第一个问题相悖的结论：非常喜欢的占 66.35％；比较喜欢的占 25.57％；有点喜欢的占 5.72％；不喜欢的占 4.36％。

我们想，纵观整个世界，"谁"才是真正意义上的阅读主体？人！只有人才真正拥有阅读这一现象，才是真正的阅读主体。因为只有人才真正拥有自己的文字，阅读是离不开文字的，文字是记录文明的，文字是文明的标志，而阅读文字就是继承文明。人之所以称之为人，就在于他本质上是文明的，人的成长需要文明，人天生不会也不能拒绝、远离阅读。只不过，阅读的庸俗化、娱乐化使原本热爱阅读的人看起来仿佛拒绝了阅读，远离了阅读或随意阅读。所以，我们得出了这样一个结论：其实，没有人天生拒绝阅读，也没有人天生拒绝阅读名著，阅读乃至阅读名著是为人们所悦纳的。于是，我们坚信，不管是七年级的学生还是九年级的学生对阅读名著态度是发自内心的欢迎。

阅读目的异化

在调查中，当问及"你课外阅读的主要目的"时，有 32.61％的学生是追求故事情节的热闹，28.46％的学生是想以娱乐消遣来调节精神；17.73％的学生是想提高阅读写作能力，15.90％的学生为了增加知识应付考试；提高自己人文修养和漫无目的的分别占 3.19％和 2.11％。

纵观一个人的阅读史，他的阅读目的不是一成不变的。当然，恒久的阅读目标也是有的，那些在事业上有所建树的人往往一辈子围绕着自己的目标去阅读。但不能否认的是，在某个时间段里，这样的人也会偶尔随意翻翻，消遣、娱乐一会，放松一下紧张的神经。更不能否认的是，对于一个普通人来说，他的阅读目标的专注度是松散的，在他的阅读史中，很可能在某一个时期是漫无目的的，某一个时期是娱乐消遣的，某一个时期又是应付考试的，某一个时期又是提高能力的。这样紊乱的阅读怎能有利于一个人精神成长？怎能为将来成就事业打下坚实的精神底子？

一个人的阅读常态应该是有一个主旋律的，这个主旋律，它拒绝低俗、庸俗、媚俗；崇尚文雅、素养、精神。当然围绕这个主旋律，我们也不反对附带着其他目的短暂的补充阅读。尤其是对正处在阅读黄金期的莘莘学子，他们不良的阅读目的应该引起我们的高度重视，因为这并不是他们的错，这是每一个教育工作者的责任，我们有义务把他们引上阅读的金光大道，我们有责任让阅读成为他们的生活常态，成为他们生活中不可或缺的生活习惯，成为他们优雅人生成就自我的最佳途径。

方法很重要，基于养成习惯的阅读方法尤为重要

我们把名著阅读习惯和阅读方法结合起来做调查，是基于这样一个考虑，在规定的时间、规定的地点阅读规定的字数，这的确是一种阅读习惯。我们告诉学生，有没有养成一种习惯，有一种感性的判断：当一个人某一天因种种原因没去做某件事的时候，他总觉得心里不安，好像丢失什么东西似的，他要找回来，于是他就寻思今天到底什么事情没做呢？当他突然想起今天还没读书的时候，他顿时了然，赶紧拿起书津津有味地读起来，如果不读则感到不快。这种状态就是养成了读书的习惯。

当然这仅仅是一种基于"读不读"的习惯，但我们所说的阅读习惯，主要是指养成了基于某种阅读方法的阅读习惯。那么，我们的学生有没有养成"边读书边积累，边勾连边思索，边想象边批注"等等关于"怎么读"的阅读习惯呢？

我们认为"读"很重要，"怎么读"尤为重要，因此，我们就设计了一组关于阅读方法的调查题：阅读名著时，你能利用词典等工具帮助阅读吗？你能经常和别人谈论甚至争论名著中的人和事吗？你能对文章中

的不理解的地方提出疑问吗？你能注意积累优美词句吗？你能经常猜出文章中生词的意思吗？你能联系上下文理解词句的意思？你能理解文章叙述内容的前后关系吗？你能做到边读边想或者边读边做笔记吗？你能抓住关键性的句子来理解文章内容吗？你能主动想象名著所描绘的情景吗？你能经常猜出故事后半段的情节吗？你能根据不同的阅读目的，采用不同的阅读方法吗？你能圈圈点点作批注、写读后感吗？

选择能的占 10.8％，选择有时能的占 70.2％，选择不能的有 21％。也就是说，有 91.2％的学生没有养成良好的阅读习惯，不会读书。这样的阅读是一种没有思索的阅读，无思索也便无疑问，无疑问自然不探究，不探究自然没有感悟，无感悟自然不交流，不交流自然无想象，无想象自然无体验，无体验自然无成长，无成长的阅读自然是一种伪阅读。

没有指导是阅读的一大瓶颈

不用刻意去调查，我们的眼睛告诉我们，这已经不是一个买不起书的时代了。为了买一本书而软磨硬泡，哭闹好几天，家长才咬牙买下的岁月已经过去了，只要孩子说一声要买书，家长都会欣然允诺。也就是说目前家里不缺书，当然，学校更不缺书。调查发现，家庭和学校越来越重视阅读，这已经是不争的事实。但也只不过就是重视而已，学校和家庭在给予孩子在阅读方面的指导上是欠缺的。

毫无疑问，学生所获得的阅读指导主要来自学校和家庭，也就是来自老师和家长的指导。于是我们设计这样一组题目：你们老师每天都布置读名著吗？你们班有没有经常开展读名著交流活动。你们班有名著图书角吗？你们家里有书橱吗？你爸爸妈妈在家里阅读名著吗？你爸爸妈妈和你一起探讨怎样读书吗？

但调查的结果表明，绝大部分教师不是一以贯之地布置读名著，不悉心指导孩子读名著，不开展名著阅读交流活动；绝大部分家长未持之以恒和孩子一起阅读名著，一起探讨阅读心得，只知道付钱给孩子购书，不指导孩子读书。

我们认为把学生不会阅读的现状归结在学生身上是一种不负责的做法。我们说过，没有人天生拒绝阅读，但也没有人天生就会阅读。阅读是需要指导的。没有大人的指导，单凭孩子盲目阅读的做法是学生特长发展、优质人才培养的一大弊端。

意　念

——知彼，才有的放矢

"意念"的含义就是"念头，想法"。（《现代汉语大辞典》第 5 版）我们择取这个概念的目的是，对于名著阅读现状，我们有必要从学生阅读心理角度，进一步深入了解他们对名著阅读到底是"怎样想的"或者说存有"什么念头"。

"经典"的期待与"热点"的青睐

学生的阅读环境还不能说尽善尽美，学生的阅读现状还不容我们乐观，因为他们患上了"阅读浮躁症"，不喜欢读"磨脑子的书"，也就是不喜欢读名著。学生只喜欢读"好玩的书"，这种情况是一种非理想的阅读现状，这种阅读现状是疲弱的，是缺钙的。我们来看一看当下学生的阅读现状：

学生藏着掖着读、在被窝里打着手电筒偷偷地读、像地下党传递情报那样明明知道有"被捕"的危险却为之疯狂的读物：要么是《龙珠》《乌龙院》《奥特曼》等卡通作品，要么是《幻城》《三重门》《恶魔之吻》等青春校园小说，要么是《卫斯理系列小说》《原振侠系列小说》《鬼故事》等倪匡的玄幻小说……

学生手里捧着，桌子上摆着，心里牵挂着，明明知道你没读过，却时不时地就某本书里某个问题正大光明地虚情假意地向你讨教一番的读物：要么是《哈利·波特》《达·芬奇密码》《魔戒》等流行作品，要么是《读者》《青年文摘》《意林》等休闲娱乐杂志，要么是《淘气包马小跳》《郑渊洁童话》《草房子》等儿童文学作品；学生课桌里躺着、家长催着、老师逼着，不上阅读课时打入冷宫里，上阅读课时落在家里的读物：要么是教育部推荐的经典名著，要么是语文教师推荐的"茅盾文学奖获奖作品"，要么是家长购买的教辅类、益智类读物……

一句话，学生的阅读现状令人担忧，学生对"玄幻魔法、仙侠武侠、校园言情、网络传奇、漫画科幻"诸如此类的作品表现出了疯狂般的痴迷；对流行作品、休闲娱乐杂志、儿童文学作品表现出了前所未有的兴趣；对老师推荐的所谓"意义不一般"的经典名著兴趣不大，对家长购买的教辅类、益智类读物往往不屑一顾……

从教师角度来看，青少年阅读的对象最好是中外经典名著；从家长的角度来看，青少年阅读的对象最好是教辅类、益智类读物。可阅读现状是，被大部分老师、家长视为不良读物的"玄幻魔法、仙侠武侠、校园言情、网络传奇、漫画科幻"等作品却拔了头筹，很受孩子们迷恋。成人期待的"经典"和孩子青睐的"热点"形成了鲜明的反差，这是多么令人尴尬的事！

这正如2004年联合国人类发展报告所说的那样，人文的失落、文化的冲突，使得世界各国的青少年阅读现状危机四伏——"庸俗化"阅读如火如荼，"快餐式"阅读蔚然成风，"功利化"阅读方兴未艾。"阅读浮躁症"瘟疫般侵蚀着全球孩子的阅读品位——不同文化、不同肤色的孩子在阅读对象上呈现出了惊人的嗜好：喜欢读"畅销书"，不喜欢读"长效书"。原本怡情养性、怡然自得、耐人寻味的阅读被"功利化"、"庸俗化"、"快餐式"的阅读所替代。

有一种观念叫思辨

"存在即为合理",这句话颇为著名,但仔细想来,它只是说,存在着的某种现象一定有它存在的条件、原因。但并不意味着,所有的存在都是必须的、正确的。名著阅读出现的一些不尽如人意的地方,这是一种存在,但并不意味着这是一种有意义的存在,它的存在只能说明了我们的阅读有很多不该存在的但又偏偏存在的误区,有许多应该存在但又偏偏不存在的认识、行动、策略。

现如今,当全世界的孩子阅读倾向一致的时候,我们却众口一词地谴责孩子,难道我们就不应反思反思这种"一棍子"打死的做法吗?从人性的角度来讲,谁不喜欢看言情小说?谁不喜欢看武侠小说?谁不喜欢看休闲娱乐杂志?孩子喜欢卡通,是因为卡通轻松、搞笑、调侃的非正经性,这恰恰符合孩子活泼好动、无拘无束、天马行空的性情;孩子喜欢校园言情,是因为校园言情是"发生在孩子身边的故事",这恰恰符合孩子青春期迷茫、困惑、好奇进而产生探索的欲望,并在欲望中诠释着自己的成长;孩子喜欢科幻、仙侠小说,是因为科幻、仙侠小说的主人公法力无边,无所不能,这恰恰符合孩子英雄幻想的情结,仿佛自己是无所不通、无所不能的不食人间烟火的英雄、仙侠……

从这个角度上讲,我们并不反对孩子阅读非经典性作品,孩子在消闲的时候不妨"随便翻翻"。但我们坚决反对孩子沉溺于"玄幻魔法、仙侠武侠、校园言情、网络传奇、漫画科幻"而不能自拔,甚至走火入魔——张口曰"可是我喜欢你"(恶魔之吻之三 VOL. 10)、"帅呆了的海洋馆驯兽师"(恶魔之吻之三 VOL. 14),闭口曰"包在糖纸里的戒指"(恶魔之吻之三 VOL. 21)、"你们是一对吧"(恶魔之吻之三 VOL. 22)……

话语方式的变化必然带来思维方式的变化，思维方式的变化必然带来行为方式的变化。如果孩子们天天嘴上说的、心里想的都是"喜欢、帅呆了、戒指、一对"等等诸如此类"痴人说梦"、"狂人日记"式的话语，那么一群个性乖张、我行我素、飞扬跋扈、精神枯萎的孩子诞生了，这又何谈民族精神的继承和弘扬？

意　思

——既有意义又有趣味

"意思"一词的含义有很多，其中第 2 个义项是"意义；道理"；第 6 个义项是"情趣；趣味"。（《现代汉语大辞典》第 5 版）"意思"一词的含义告诉我们，要读书就要读那些既有"意义"又有"趣味"的书，这样的书往往是历久弥新的经典名著。这是一个"读什么"的问题。

阅读要读有意义的书

"意义"的含义有两个。一是指"语言文字或其他信号所表示的内容"。二是指"价值和作用"。在这里我们取第二种含义"价值和作用"。（《现代汉语大辞典》）因为，最能陶冶性情的文字莫过于一部部脍炙人口的经典名著。一部部经典名著犹如一棵棵根深蒂固、枝繁叶茂的大树，繁盛的枝叶过滤着浮躁、平庸、虚无的沙尘，深茂的根系汲取着宏大、高尚、开阔的精神营养。它所展现的"真、善、美"能够帮助孩子抵抗丑恶与残暴，改造贫乏和平庸，远离虚无和轻浮。作为语文教育工作者，一方面要鼓励学生自主选择阅读材料；一方面要积极拓展有趣味的、高品位的经典名著阅读的空间，以此来消融学生课外阅读中的娱乐化、消遣化倾向。我们自己首先要明白读名著的意义，然后才会让学生明白读名著的意义。人的本性是趋利避害，人都不愿意去做在他自己看来毫无意义的事情。很多时候，很多人都在不停地问自己所做的事情到底有没有意义。对于名著阅读，我们不想机械地灌输，告诉学生阅读名著意义如何如何，我们想让学生通过自己的认知去认同。我们举行了以"涵养文雅之气，深植文化之根"为主题的名著阅读意义大讨论。该活动本着"围绕主题，相辅相成，抓住个性，突出特色"的原则，以"在读写中成长"为副标题畅写阅读体会，书写精彩人生。师生一起讨论、反思，廓清了迷雾。

案例一：习作片段

你是良药，刘向说："书犹药也，善读可以医愚"；你是益友，臧克家说："读过一本书，像交了一位益友"；你是窗户，高尔基说："每一本书，都在我面前打开了一扇窗户"……阅读，打开了我心灵的窗户。寂寞的时候，你在陪伴着我，让我不觉冷清；困扰的时候，你又帮助了我，让我从古今中外的典籍中寻找到解决问题的方法；挫折的时候，你又开导了我，让我树立了战胜困难的决心，培养了永不言败的精神……你，让我积累了经验，丰富了知识，酝酿了智慧，陶冶了情操，为我今后成功奠定了坚实的基础。

让我们都来走近你，让你温暖我们多彩的人生吧！（《走近你温暖我》37级9班高毓）

案例二：习作反思

人生就是一场漫长的黑夜，而打开黑夜的灯，需要的是阅读。阅读打开人生的夜灯，如果读书时能与人生相结合，那就再好不过了，其实书中包含了人生所有的路，也告诉我们这路该怎么走，只是看我们如何选择。人生也本来就是与阅读分不开的。小时候听长辈讲"孔融让梨"的故事，让我受益匪浅，这样的小文章都有这么大的影响力，就不用说奥斯特洛夫斯基的《钢铁是怎样炼成的》、亚米契斯的《爱的教育》、罗曼·罗兰的《名人传》等等了。也许有人会这样问:"只有读书才能影响人们吗,人与人之间的影响岂不更亲近?"没错,人与人之间的影响固然重要,用普希金的话说"人的影响短暂而微弱,书的影响则广泛而深远"。(《打开人生的夜灯》37 级 9 班刘姗钰)

案例三:教师呼吁

古人读书,为了加官晋爵,以拥有崇高的地位;为了报国报民,以施展远大的抱负;为了陶冶情操,以增加生活的趣味……

那我们读书,为了什么?许多人认为,对于学生来说,考学才是最基本的问题,似乎学生的一切行为都应是为此而努力读书。在某些人眼里,也成了应试的一种方式,难道应付考试就是我们读书的目的吗?

不,不是的。余秋雨说:"阅读,最大的理由是使思想摆脱平庸。早一天,就多一份人生的精彩,迟一天,就多一天平庸的困扰。"

——读书,不是为了应试,而是为了精神的"直立"。

"与其用华丽的外表装饰自己,不如用知识武装自己。"大到一个国家,一个民族,小到每个人自身,都需要知识的点缀,知识的充实。否则,国家,不会是一个强大的国家;民族,不会是一个雄壮的民族;个体,不会是一个高雅的个体。正是这样,我们才要用知识充实自己的人生,用知识武装自己。而知识的来源,就在于读书,日累月积的读书过程,丰富了我们的人生。这样,读书就成了一种收获,一笔价值连城的收获,而不再是一种为学习而不得不承受的负担。孟德斯鸠说:"喜欢读书,就等于把生活中寂寞的晨光换成巨大享受的时刻。"富兰克林说:"空无一物的麻袋站不直。"

——读书,不是为了应试,而是为了涵养人生。

当我们为了一部小说而激动不已,兴奋得三天三夜都睡不着觉时;当我们为了弄懂一种哲学观点而殚精竭虑、苦苦思索时;当我们在古书店挖地三尺发现一本绝版的好书而欣喜若狂时；当我们沏上一杯清茶，嚼着美美的巧克力，懒懒地躺在沙发上，顺手捞起一部小说时，这种心情没有烦恼，没有压力，只有快乐，只有舒适的感觉，甚至会让人觉得，读书的目的，仅此而已。

不！当我们在书的海洋里与书籍对话的时候，我们常常误以为自己读懂了某些内容，其实往往并未真正读懂，只是有些朦胧的感觉而已。除非我们能够用自己的语言表达出来。有效的阅读是，一开始是艰难的——甚至怀疑自己压根就缺乏对话的能力，或者自己压根就不适合读这本书。但是，经历并承受这种痛苦，我们会慢慢地从"衣带渐宽终不悔，为伊消得人憔悴"潜泳到"众里寻他千百度，蓦然回首，那人却在灯火阑珊处"的新天地。在这一天地里，我们要坚定不移地相信，以批注的方式与书籍对话，是一种最积极有效的阅读方式和思考方式，这种方式能帮助我们梳理思想，慢慢地能够发出自己的声音。倘如此，生命的拔节，成长的愉悦，也便相伴而生了。

——读书，不是为了应试，而是为了在别人思想的基础上建立自己的思想。

每读一本书，一个词语、一句话、一段文字，我们或许都会收获一种情感、一种思想、一种启示。但是，只读书不思考，结果会变成书的奴隶；只思考不读书，结果你也是架空了知识，得不到真的知识。伏尔泰说："书读得多而不加思考，你就会觉得你的知识很多，可是当你读书而思考很多的时候，你就会清楚地看到你知道的还很少。"

所以，我们要边思考，边读书，边读书，边思考，在作者思想上层层深入，建立属于自己的思想……作者的思想感情如浆液般满溢于笔墨之中，我们读后满嘴都是甜甜的酥酥的味道，令人回味无穷，亦令人思绪万千。我们追随着作者的思想，捕捉作者智慧的火花。从中我们得到精神的熏陶，得到心灵的安慰，得到素养的涵养。因此，从这个角度讲，读书，怎能是为了应试？

　　一个爱读书的人、一个愿读书的人、一个视读书为必需宁可不吃饭也要读书的人，是幸运的。因为，书伴随他的日子里，同时伴随着收获，伴随着快乐，伴随着成熟，而在这个"收获、快乐、成熟"的过程中，在这个漫长的过程中，考试又显得多么渺小。读书的过程，好比树木一年的成长过程，发芽、长叶、开花，不是为了争奇斗艳，而是为了迎接暴风雨的挑战。揭开应试的面纱，认清读书的真面目，把读书融进自己的生活，在阅读中茁壮成长。

阅读要读有趣味的书

　　当老师和家长推崇的经典名著遭到孩子们冷遇的时候，我们是否意识到并非所有的经典名著都适合孩子们阅读，也并非所有的孩子一生下来就拒绝经典，只不过无限膨胀的功利性淹没了"适合的才是最好的"理性思维，给孩子提供了一道道"贵族"式阅读套餐。在这道套餐里不是"经典中的经典"，就是"大师中的大师"，真可谓中西合璧的"满汉全席"。我们并没有否认这道"满汉全席"的营养价值，可如此盛筵孩子们能吃得下去吗？吃得下去能消化得了吗？请看我们的调查研究。

　　《语文课程标准》要求学生九年课外阅读总量达到400万字以上，阅读材料包括学生阅读的各类图书和报刊。对此在附录中提出了"关于课外阅读的建议"：

　　童话：《安徒生童话》《格林童话》、中外现当代童话等；

　　寓言：《伊索寓言》《克雷洛夫寓言》、中国古今寓言；

　　故事：成语故事、神话故事、中外历史故事、中外各民族民间故事等；

　　诗歌散文作品：如鲁迅的《朝花夕拾》、冰心的《繁星·春水》等；

　　长篇文学名著：如吴承恩的《西游记》、施耐庵的《水浒传》、老舍的《骆驼祥子》、笛福的《鲁滨孙漂流记》、斯威夫特的《格列佛游记》、罗曼·罗兰的《名人传》、奥斯特罗夫斯基的《钢铁是怎样炼成的》等；

　　当代文学作品，建议教师从"茅盾文学奖"获奖作品以及近年来各类中外优秀作品中选择推荐；

　　科普科幻读物和政治、历史、文化各类读物，可由语文教师和各有关学科老师商议推荐。

　　据此，人教版语文教材在第四学段编排了 18 部名著：

　　七年级上册：《爱的教育》《繁星·春水》《伊索寓言》；

　　七年级下册：《童年》《鲁滨孙漂流记》《昆虫记》；

　　八年级上册：《朝花夕拾》《骆驼祥子》《钢铁是怎样炼成的》

　　八年级下册：《西游记》《海底两万里》《名人传》；

　　九年级上册：《水浒传》《傅雷家书》《培根随笔》；

　　九年级下册：《格列佛游记》《简·爱》《泰戈尔诗选》。

　　我们对以上 18 部名著进行调研，根据学生的"喜欢度"大体把其分为三类：

　　一是"爱不释手"类。共 10 部名著：《爱的教育》《伊索寓言》《童年》《鲁滨孙漂流记》《昆虫记》《西游记》《海底两万里》《水浒传》《格列佛游记》《简·爱》。

　　1.《爱的教育》：情感的熏陶和品德的启示。

　　该名著从孩子的视角出发，以日记的形式、明白晓畅的语言，记录发生在 9—12 岁的孩子身边的喜闻乐见的事情，让孩子们感到"犹如写自己"，易产生共鸣。

　　2.《伊索寓言》：生活的智慧和想象的魅力。

　　"所有的人喜欢所有的寓言"，该名著篇幅短寓意深，浓郁的生活气息，画龙点睛的结尾，拟人化的表现手法，诙谐幽默的语言，正是孩子们所期待的，可以说不喜欢寓言故事的孩子本身就成了一个寓言。

3.《童年》：在苦难中长大。

该名著以一个小孩的眼光来描述，符合孩子的天真烂漫阅读视角，自传小说感情的真挚，个性化的人物性格及悲剧性的命运震撼人心，这些赢得了孩子们的阅读兴趣。

4.《鲁滨孙漂流记》：孤独而顽强的冒险者。

该名著冒险闯荡江湖的梦想，精彩离奇的故事情节，明白晓畅的语言特色，冒险家鲁滨孙的英雄形象，无不符合孩子们"幻想、冒险、猎奇、英雄崇拜"的心理特点，读来津津有味。

5.《昆虫记》：谱写昆虫生命的诗篇。

好像没有人不喜欢赵忠祥老师主持的《动物世界》，也好像没有人不喜欢法布尔教授的《昆虫记》。该名著生动活泼的行文，轻松诙谐的语调，奇妙的现象，盎然的情趣，人化的动物，让孩子们觉得"可爱有趣"，读来情趣盎然。

6.《西游记》：一个奇幻的神话世界。

该名著"神奇美妙的世界，联想与想象的瑰丽，个性鲜明的人物，离奇诡异的情节"比《鲁滨孙漂流记》有过之而无不及，成为一部家喻户晓、妇孺皆知的小说。

7.《海底两万里》：科学与幻想之旅。

该名著"惊险的奇遇，美妙的景观，浪漫的情调，科学的幻想，耐人寻味的结局"，恰如其分调动了孩子们的"渴望奇遇，幻想浪漫，回味无穷"的阅读期待，如临其境，引人入胜。

8.《水浒传》：反抗封建暴政的英雄传奇。

该名著"绘声绘色的语言，传奇的人物形象，打打杀杀的场面，先分后合的链式结构，除暴安良的英雄壮举"，无不暗合孩子们"逆反的心理、英雄的崇拜、江湖的义气、热闹的场合"。

9.《格列佛游记》：奇异的想象，辛辣的讽刺。

该名著以"稚子之心，童话色彩，叙述'大人国与小人国'的有趣、奇异的经历"，既熟悉又陌生，适合孩子的阅读品味——"童真、好奇、趣味"，令孩子们心花怒放。

10.《简·爱》：人生追求的二重奏。

该名著"曲折的情节，诡异的气氛，迭起的悬念，细腻的感情，浪漫的爱情，自传体的叙事"激发了孩子们"细腻的感情想入非非，懵懂的爱情浪漫迭起"，阅读召唤空前高涨。

从以上调查分析可见：令孩子们"爱不释手"的名著，一要能读得明白，二要有"趣味性"，三要能激起共鸣。

二是"毁誉参半"类。共 4 部名著：《繁星·春水》《朝花夕拾》《骆驼祥子》《傅雷家书》。

1.《繁星·春水》：母爱、童真、自然爱。

梁实秋有云："把捉到的似是而非的诗意，选几个美丽的字句调度一番，变成了一首诗……一种最不该流为风尚的诗体。"其实，梁老所言过于偏颇，并非所有诗的诗意"似是而非"，至少有一半的诗意象鲜明，且简练而隽永，但另一半意象模糊的诗令孩子们"摸不着头脑"。

2.《朝花夕拾》：温馨的回忆与理性的批判。

按理说，童年往事应该符合孩子们的接受心境，然大家手笔终究令孩子们"读不太懂"，阅读效果事倍功半。但不能因孩子阅读接受能力有限而否认该名著的价值。可调整次序，放在九年级上册来阅读，阅读效果就会事半功倍。

3.《骆驼祥子》：旧北京人力车夫的心酸故事。

该名著"多样化的手法，通俗朴素的文字"被"平淡无奇的情节，不温不火的叙事，大众化的人物"所淹没，没有激起"阅读储备不足"的孩子们的阅读兴趣。

4.《傅雷家书》：苦心孤诣的教子篇。

该名著是傅雷以家书的形式与已成年的儿子傅聪的谈心，娓娓道来的话语，款款流露的真情，能够激发孩子们的阅读共鸣，读来感人至深。但内容博杂、深奥，不符合学生的阅读年龄。

从以上调查分析可见：孩子们"毁誉参半"的名著，往往是那些"意象不明无想象，平淡无奇无兴趣，思想深邃无感悟"的名著，阅读效果喜忧参半。

三是"冷眼旁观"类。 共4部名著：《名人传》《培根随笔》《钢铁是怎样炼成的》《泰戈尔诗选》

1.《名人传》：痛苦和磨难造就伟人。

该名著"欧化的语言，艰涩难懂"，令孩子们读时"一头雾水"，不得不冷眼旁观。

2.《培根随笔》：透彻的说理，隽永的警句。

王佐良先生说培根思想深邃，"对每个题目都有独特之见，而文笔紧凑，老练，锐利，说理透彻，警句迭出"，这是中肯的评论，然而正因此才带来阅读的障碍，学生"似懂非懂"。

3.《钢铁是怎样炼成的》：理想主义的旗帜与人生的教科书。

该名著"革命斗争的生活，隔代间理想的落差"，仅此两点就注定了孩子们的冷眼旁观，进而淹没它所有的光环。

4.《泰戈尔诗选》：聆听天籁。

该名著"朴素的语言，明快的格调，天籁般的韵律，是那么曼妙，那么空灵，读来生动有趣"，然"宗教哲学思想的包孕"成为"鸡肋"，令孩子们"不知所云"。

从以上调查分析可见：孩子们"冷眼旁观"的名著，往往是那些"语言较艰涩、认同有代沟"的名著，这样的名著连成人都望而却步，何况孩子。

我们知道，学生对某本书阅读兴趣越浓厚，他的阅读状态越持久，阅读效果越好；学生越不喜欢某本书，他的阅读状态越随意，阅读效果越不好。阅读实践表明：95％的孩子对《爱的教育》《伊索寓言》《鲁滨孙漂流记》《昆虫记》《西游记》等十本名著表现出相当浓厚的阅读兴趣，出现了家庭成员争相阅读的热潮；70％的孩子对《繁星·春水》《骆驼祥子》等几部名著表现出了较大的兴趣。到底何种因素导致孩子们表现出如此大的阅读差异？调查发现：孩子们能否自觉阅读某本名著就取决于这部名著是否有"趣味"，只要这部名著"有趣味性"的读点，学生就会读得津津有味。我们来看看孩子们怎么说：《爱的教育》"犹如写的自己"；《鲁滨孙漂流记》"惊险好奇"；《昆虫记》《西游记》"可爱有趣"。"犹如写的自己"、"惊险好奇"、"可爱有趣"的书能不虔诚地阅读吗？可有意思的是学生阅读的情趣点无不带有"玄幻魔法、仙侠武侠、校园言情、网络传奇、漫画科幻"的影子，这又恰恰是我们所反对的，看来"堵"确实不如"疏"。至于学生对《钢铁是怎样炼成的》《培根随笔》等几部作品的阅读兴趣比较冷淡的原因就不言而喻了：既"陌生"又"无趣"，更何况还和政治联了姻。

一言以蔽之，教育部推荐的所有的经典名著并不是都适合孩子们阅读，孩子们也并非天生拒绝经典，他们拒绝的是连老师和家长都没有兴趣阅读的"经典中的经典"。给孩子们推荐阅读的名著最好切合"孩子们的年龄特点、接受心境、欣赏水平"，也就是说，"适合的才是最好的"，要把那些既"有意思"又"有意义"的经典名著遴选出来给孩子们读。基于这样的认识，又考虑到教材编排的名著未涵盖到"国学、科学、哲学、数学、戏剧、武侠……"领域，因而，经过积极探索，大力整合，我们又厘定出 22 本名著，创造性地推出了"阳光阅读系列套餐"：

六年级上册：《三字经》《麦田的守望者》《中华上下五千年》（上）；

六年级下册：《弟子规》《达·芬奇密码》《中华上下五千年》（下）；

七年级上册：《幼学琼林》《历史的天空》《林肯传记》；

七年级下册：《数理化通俗演义》《仲夏夜之梦》《笠翁对韵》（上）；

八年级上册：《射雕英雄传》《少年维特之烦恼》《笠翁对韵》（下）；

八年级下册：《聊斋志异》《窦娥冤》《苏菲的世界》；

九年级上册：《儒林外史》《阿 Q 正传》《白鲸》；

九年级下册：《史记》《徐霞客游记》《欧几理德几何原本》。

该套餐有"古"有"今"，有"中"有"外"，有"经"有"史"，有"文"有"理"，有"骈"有"散"；既有"战争"又有"和平"，既有"益智"又有"励志"，既有"哲学"又有"科学"，既有"现实"又有"浪漫"，既有"诗歌与散文"又有"小说与戏剧"。一言以蔽之，是一套名副其实的"满汉全席"。这样，孩子们怀着"阳光"般的心情来阅读"阳光"般的书籍，必将有一个"阳光"般的未来——这是我们的追求，也是我们的目的。

意　味

——批注，阅读的要义

"**意**味"一词的含义有两个，其中的一个是"情调；兴趣；趣味"。"意味"的含义告诉我们，"有趣味"的读是阅读的要义。这是一个"怎么读"才能让学生有兴趣地读下去的问题。我们的定位是，批注，一种最有价值的阅读形式，因为批注让读者很有成就感，成就感最能激发一个读者的阅读兴趣。

文本摇曳，有一种阅读叫批注

一谈到读书，人们不禁要问，阅读，怎么读？任何人做任何事情都会有意无意地运用一定的方式方法。读书自然不例外，只要阅读，总会运用一两种读书的方式方法。应当承认，每个人的阅读方式方法都带有浓厚的个性色彩，只不过，这些浓厚的个性化的阅读方式方法，在经历一番阅读实践的检验后，有的违背了阅读的规律，昙花一现；有的契合了阅读的规律，卓有成效，孕育了令后人景仰的饱学之士。于是，这些饱学之士常用的经典的读书方式方法，诸如抄名言、写摘要、作批注、列提纲、制卡片、画图表等等就值得我们效仿。

一个人的阅读能否取得成效，并不取决于阅读方式方法的多寡。只要找到适合自己的一两种方式方法，并持之以恒地阅读，早晚会取得阅读效果的。事实上，我们说某种阅读方式方法好，也许是指在特定的环境下特定的个体阅读特定的书才会有特定的效果。这种阅读方式方法不一定适合所有的受众。即使某种阅读的方式方法被绝大部分读者接受，也并不意味着，这种阅读方式方法是符合阅读要义的。但是，在种种个性的阅读方式方法中，也总有一两种是基本符合或无限接近阅读的要义。也就是说，总有一两种阅读方式方法在理论上是应该成为每一个接近书籍、需要读书或爱好读书者所必须具备的。当然，其他的阅读方式方法也并不排除，可以相互补充。那么这种必需的阅读方式方法到底是什么呢？

　　这个问题的答案涉及一个我们的语文教学是崇洋还是厚古的问题。也许有的学校过多地倚重了"洋"，也许有的学校一味地怀古，这两种做法都不是用一种思辨的态度来观照当前的语文教学，这种厚此薄彼的做法是可鄙的。以思辨的眼光看待这个问题，我们发现，语文教学不能一味地崇洋，也不能一味地复古，在"中学为体，西学为用"思想下，在继承中思辨，在思辨中守正，在守正中创新。这种认识不是前沿的，而是辨证的。于是，我们上下求索，前后勾连，东西比较，最终我们从老祖宗那里找到了无限接近阅读要义的两大阅读法宝：一是诵读，一是批注。在这里我们主要探讨批注。

　　我们在刘勰的《文心雕龙·知音》中发现了这样一句话："夫缀文者情动而辞发，观文者披文以入情，沿波讨源，虽幽必显。"意思是：写文章的人因感情怒放而通过辞章表达出来，阅读文章的人通过文辞来了解作者所要表达的感情，沿着文辞这条波浪找到文章的源头，即使是深幽的意思也能够被人理解。刘勰的这句话包含着三层含义。作家创作的要义是"情动辞发"，读者阅读的方法是"披文入情"，读者阅读的指向是"显意旨"，这就是一个从作者如何形成文章到读者如何阅读理解的过程。

我们认为如何有效地在阅读过程中把作者的"情""显"出来，是阅读的肯綮之所在。那这把钥匙是什么呢？就是"批"。"批"就是分析、评论。这一个过程的出发点是"辞"，是"文"也就是"波"，工具是"批"，目标是"源"，也就是"情"。也就是说"批"什么？当然是"披文"、"批辞"，也就是"批文辞"，"文辞"是"波"，沿着"波"，以"批"为工具，"源"必"显"，"情"必"露"。共鸣之，化育之。

批注界定：有一种界定叫诠释

"披"说白了就是"批注"。说起批注，我们必须从四个方面来解读：一是什么是批注？有人说，批注是阅读时在文中空白处对文章进行批评和注解，作用是帮助自己掌握书中的内容；也有人说，批注是我国文学鉴赏和批评的重要形式和传统的读书方法，它直入文本、少有迂回，多是些切中肯綮的短词断句，是阅读者自身感受的笔录，体现着阅读者别样的眼光和情怀；还有人说，批注是常用的读书方法，阅读的时候把读书感想、疑难问题，随手批写在书中的空白地方，以帮助理解，深入思考。人们都喜欢给自己的发现下一个定义，我们无法做到，我们只能说这些都是"批注"完美的阐释。这就够了。二是在什么地方作批注？可以"批"在书头上，这叫"眉批"，也可以"批"在字、词、句的旁边、书页右侧，这叫"旁批"，还可以"批"在一段或全文之后，这叫"尾批"。不管是"眉批"、"旁批"还是"尾批"都是在阅读过程中，圈圈点点，心有所感，笔墨追录，三言两语，生动传神。三是怎样作批注？我们告诉学生作批注很简单。其实就是"感动兴发"的过程。"感"是感悟，"动"是心动，"兴"是先言他物以引起所吟之物，"发"是抒发。说得具体点就是读者对文中的一个字、一个词、一句话，一个动作、一个眼神、一个表情，一个片段、一个情节、一个场景，一个疑问、一个歧义、一个空白，一种修辞、一种手法、一种方式等诸内容产生了一种眼睛为之一亮的、心灵为之一颤的灵魂的悸动。这种悸动如鲠在喉，不吐不快，尽情地抒发出来就是批注。概括地讲，作批注，一要赏析语言，二要评点人物，三要生发联想，四要剖析写法，五要批判文本，六要质疑问难。

此外作批注还要注意用语简洁、精练，语言通顺，不能太繁琐，用自己的话准确概括，做到言简意赅。不拘一格地在书中空白处写下自己的真实感受，有什么写什么。如果该书你准备阅读多次，注意每次用不同颜色的笔迹来写。

大人的指导

尽管有人说"阅读，不是硬性的规定，不是绑紧的绳索，而是像候鸟在冬季向南方迁徙，像鱼儿逆流而上回到故乡，是一种自然的需要，一种放松的状态"，我们不能否认"趣味是阅读的根本"，但一个人的阅读史不能完全建筑在趣味上，正如鲁迅先生所说，"完全嗜好的读书"并不普遍，"读书的人们的最大部分，大概是勉勉强强的，带着苦痛的为职业的读书"。"捆绑重重的阅读"确实不是自然的、真正的阅读，但单凭趣味的阅读也不是阅读的高境界。一个学生在学校课桌旁度过十几年宝贵光阴之后，应当得到的最重要的东西，不仅仅是阅读兴趣，更应该是阅读习惯。只有真正出自内心需要和浓厚的兴趣并且养成了阅读习惯的阅读才是真正高境界的阅读。"趣味是阅读的根本，习惯是阅读的保障。"兴趣和习惯一旦养成，能让人终身受益。但从"兴趣阅读"到"习惯阅读"离不开"硬性的规定"和"绑紧的绳索"，只不过，不管是"硬性的规定"还是"绑紧的绳索"都需要有智慧的指导——拿出人性的、民主的、幽默的点子来。

1. 从"厌读"到"愿读"

在名著阅读之初，我们总是对学生说，"名著，我们愿意读也罢，不愿意读也罢，都应该去读。因为，阅读名著可以化育气质，可以传承文化。所以，我们每天要读半小时"。可是，总会出现"三天打鱼两天晒网"的厌读状况，因为总有学生既无阅读兴趣，又无阅读习惯。我们意识到要养成"阅读习惯"离不开"硬性的规定"。《庄子·齐物论》里有一则故事："狙公赋芧，曰：'朝三而暮四。'众狙皆怒。曰：'然则朝四而暮三。'众狙皆悦。名实未亏而喜怒为用，亦因是也。"由此，我们不无"策略"地通过规定学生的阅读量来促使学生阅读习惯的养成，告诉学生，"名著，我们愿意读也得读，不愿意读也得读，不过老师有三种要求供同学们自由选择。第一种，每天晚上读 30 页；第二种，每天晚上读 20 页；第三种，每天晚上读 10 页"。结果，学生兴高采烈地选择了"每天晚上读 10 页"。半学期以后，90％以上的学生就养成了"每天晚上读 10 页"的阅读习惯。

2. 从"动口"到"动手"

尽管绝大部分学生养成了定时定量的阅读习惯，但在阅读过程中发生的一件事又引发了我们的思索：什么样的阅读才是真正的阅读？当学生读完《钢铁是怎样炼成的》的时候，我们随机抽查了一个学生，我们问他《钢铁是怎样炼成的》作者是谁，他吞吞吐吐地说是保尔·柯察金。读完一本书，连书的作者是谁都不知道，这种"消遣"式的阅读，效果是低效的。我们意识到问题的严重性。后来，在《给教师的一百条建议》中看到一段话："学生到了中年级和高年级能不能顺利地学习，首先就取决于他会不会有理解地阅读：在阅读的同时能够思考，在思考的同时能够阅读。"那么，怎样才能实现"在阅读的同时能够思考，在思考的同时能够阅读"？我们通过研究，认为最好的阅读方法莫过于作批注。因此，在课堂上，我们先从"不动笔墨不读书"入手，引导学生"做笔记"。课文的注释，我们要求学生在原文处再誊写一遍；课文重难点，我们从不一讲而过，而是要求学生在课本上整理下来以加深印象；学生回答问题精彩之处，也要求学生记录在课本上。每篇课文，我们都拿出十几分钟来指导学生作批注，经过一段时间的训练后，阅读状况从最初的"水过地皮湿"过渡到"圈点勾画"动笔墨地读，批注之法从形式上有模有样了。

3. 从"肆意乱批"到"有感而发"

批注之法虽说从形式上没有问题了，但我们发现部分学生作批注时总是两三个字，丝毫无感受可言。给我们印象最深的就是一位学生在《西游记》中的肆意乱批："哇噻！""经典！""好帅！"要知道，作为大家，毛宗岗批《三国》可以写"痛快"，而学生则不能写"够爽"。如果学生在"如何掌握批注的初级阶段"就这样投机取巧，非走弯路不可！为了让学生见识一下真正的大家手笔，我们购买了脂砚斋评点的《石头记》、金圣叹评点的《水浒传》、毛宗岗评点的《三国演义》、李卓吾评点的《西游记》这几本经典之作。这些大家手笔都确实是精彩之极，我们边"啃"这些大家精髓，边为学生做出示范，边传授给学生；学生们先是大感惊讶，而后兴趣大增。经过反复地培养和指导之后，几个较为聪慧的学生便脱颖而出了，由"味同嚼蜡"圈点勾画过渡到"有感而发"的品味鉴赏。我们就把他们的批注在全班传阅，给全班同学以模仿对象，使之有所借鉴。

4. 从"一刀切"到"因材施教"

学生是有差异的，即使指导得再到位，有些学生也未必全面领会，对学生的指导既要一刀切，又要区别对待，分层教学。我们把学生划分为读读批批、读读画画两个层次。我们在"一刀切"的指导过程中，认真挑选10名后起之秀，精心培养，在教师的帮助下，让这部分学生做小老师，每人带一个学生，认真帮教，很快这10名学生就学会了作批注，再让这 20 名学生每人带一个，不久又有 20 个左右的学生也学会了作批注。这就有 40 名学生基本上能达到读读批批。对于不能达到读读批批要求的学生不必苛求，让他们在阅读过程中，找到感兴趣的句子读一读，画一画就可以了，毕竟这也是一种不错的阅读方式。其实在阅读方面，只要读，懂与不懂都是收获，毕竟开卷有益嘛！

5. 从"课外"到"课内"

不过，单是把批注放在课外阅读这样一个狭小的圈子里是不够的。从课外回归到课内，让作批注和讲课文有机地结合起来才是该课题研究的目的之一。于是，作批注就成为课堂教学最重要的方法之一……一些不必精琢细磨的课文，就整堂课交给学生，任其作批注。每见课文中佳词妙语，学生们总是情不自禁地说：此处妙就妙在……一些需要精琢细磨的课文我们也安排学生以小组合作的形式作批注，每四人组成一个学习共同体：有的批人物，体验作品的情境和形象；有的批语言，品味作品的精妙语言；有的批情感，领悟作品的思想内涵；有的批写法，揣摩作品的写作手法。大部分同学在作批注时，或是别出心裁——用点儿修辞，使批注同样具有了艺术性；或是就事论事——在原文中渗入自己对生活的感受，颇具个性化色彩；或是深入剖析——批人性，赏风格，老道的批注如杂文一般犀利……

古代把骨头加工成器物叫"切"，把象牙加工成器物叫"磋"，把玉加工成器物叫"琢"，把石头加工成器物叫"磨"。"切磋琢磨"比喻互相商量研究，学习长处，纠正缺点。骨头也好，象牙也好，玉也好，石头也好，经过师生一起的如切如磋如琢如磨，学生的批注就水到渠成地都成了"器"。

课堂展示

谁是批注的主体？学生！教师必须放权！学生自主批注的权利必须受到尊重，再也不能让学生"被阅读"。吃教师咀嚼过的馍，容易得"软骨病"。在批注的过程中，学生的主体地位怎样体现？展示！唯有展示才是促进批注的有效有趣的途径。

名著阅读评点课
——《娘，我的疯子娘》

板块一：指指点点

1. 聆听名言

书籍，是人类进步的阶梯——高尔基

好读书，读好书，读书好——冰心

读书足以怡情，足以傅彩，足以长才——培根

2. 方法举隅

抄名言

写摘要

作批注

列提纲

制卡片

画图表

写心得

钩玄法

不动笔墨不读书

3. 挖掘期待

批注就是带着一个有准备的头脑、一副探究的目光与一种挖掘的期待来阅读你所选定的蕴含丰富的书籍。它是一种缘，会激起你强烈的共鸣与深切的感悟。

4. 名家示范

【原文】操恐人暗中谋害己身，常分付左右："吾梦中好杀人；凡吾睡着，汝等切勿近前。"

【毛评】周瑜诈作梦中语，只要驱得蒋干一个；曹操之诈，却欲骗尽众人，奸雄之极。

【师评】毛欲评操之诈，却先评瑜之诈。此一诈彼一诈，不可同"梦"而语。此种"联系"批注法，令人拍案叫绝。

【原文】一日昼寝帐中，落被于地，一近侍慌取覆盖。操跃起，拔剑斩之，复上床睡；半晌而起，佯惊问："何人杀吾近侍?"众以实对。操痛哭，命厚葬之。

【毛评】假梦、假睡、假问、假哭，一片是假。

【师评】毛连用四个假字，"作呕之状"呼之欲出。收笔于"一片"，"义愤之情"喷涌而出。此种"情感"批注法妙不可言。

【原文】人皆以为操果梦中杀人。惟修知其意，临葬时指而叹曰："丞相非在梦中，君乃在梦中耳!"操闻而愈恶之。

【毛评】周郎瞒不得孔明，曹操瞒不得杨修，便一样欲杀之。

【师评】孔明瞒不得，乃大智慧；杨修瞒不得，乃小聪明。一个鼎立三国，一个命丧黄泉。没有大智慧者，做人还是糊涂些好。此种"启迪"批注法实在是好。

【原文】太守韩馥曰："吾有上将潘凤，可斩华雄。"绍急令出战。潘凤手提大斧上马。去不多时，飞马来报："潘凤又被斩了"。

【毛评】都是虚写，妙。写得华雄声势，越衬得云长声势。

【师评】欲言某人之勇，先铺排他人之极勇。然极勇者"温酒"间被勇者斩于马下。此"正衬"法，书中比比皆是。

5. 名家启迪

批文入境：把自己读进去，把联系批出来。

批文入情：把自己读进去，把情感批出来。

批文入理：把自己读进去，把启迪批出来。

批文入法：把自己读进去，把写法批出来。

批文入疑：把自己读进去，把疑问批出来。

板块二：读读批批

1. 批注内容：《娘，我的疯子娘》

这是一篇网络文学，被版主誉为"孤篇盖全唐"，它给我的启示是：文章创作只要是"写真人，记真事，说真话，抒真情，议真理"，就可以成为佳作。

2. 批注要求

四人一组，组成学习共同体。

批人物：体验作品的情境和形象。

批写法：揣摩作品的写作手法。

批语言：品味作品的精妙语言。

批情感：领悟作品的思想内涵。

3. 大显身手

我读书，我成长。

我思索，我批注。

我展示，我自信。

4. 画龙点睛

爱就一个字（张信哲）。

板块三：读读演演

1. 以演促读

四人一组，组成一个学习共同体，从文中找到一处蕴含丰富的经典细节进行创造化的演读：既可绘声绘色地模拟人物的语言，也可活灵活现地再现人物的神态，还可惟妙惟肖地展现人物的动作。

2. 趣味展台

选：精彩片段。

编：编写剧本。

排：排练剧本。

演：演员展示。

评：现场点评。

3. 演绎风采

细节处理是否有创造性？

表演是否全身心地投入？

造型是否符合人物身份？

人物语言是否有感染力？

人物表情是否生动传神？

人物动作是否有板有眼？

板块四：读读想想

1. 走进名著

读三苏诵三曹研三袁探三玄志求三乐，

温四史展四库惜四孟度四美心美四君。

2. 名著阅读，从自由阅读到习惯阅读还有多远

没有实践的理论是无水之源，没有理论的实践是无源之水。理论从实践中诞生，实践需要理论导航。但并不是说，有了理论就一定能实践。掌握了游泳的理论并不意味着会游泳，懂得了批注的理论也并不意味着会作批注。从理论到实践也并非一蹴而就，这个过程既离不开教师的指导，也离不开学生的习练。

①……阿尔焦母把保尔藏在檩子上的枪拿下来，卸下刺刀，抽出枪栓，抓住枪筒，举起来，用尽全身力气朝栅栏柱子砸下去，把枪柄砸了个粉碎。【作者运用了一连串动词，"拿"、"卸"、"抽"、"抓住"、"举"、"砸"，生动形象地向我们传达了阿尔焦姆为了保全自己的性命和家庭，又不让枪被德军收缴，毅然决然地把枪毁掉的情境。】——选自 33 级 10 班朱晨歌批注的《钢铁是怎样炼成的》

②……老鼠是聪明的动物，怪可亲的，家神非常爱它！谁养小老鼠，家神爷爷就善待谁……【伊凡相信，世间各种生物都是平等的。就连我们没有好感的老鼠，伊凡都认为它是聪明的、可亲的，我们也要遵循伊凡这种把各种生物视为平等的做法，善待大自然中的每一种生物。】——选自 33 级 10 班李圣晓批注的《童年》

③戴宗听罢，吃了一惊，心里只叫得苦。【第一次叫苦，是戴宗接了知府命令后的无可奈何，顶头上司发话，不可不从；所抓之人为自己至亲，却又不可不从，写出了戴宗左右为难的心情。】随即出府来，点了众节级牢子，都叫各去家里取了各人器械："来我下处间壁城隍庙里取齐。"戴宗分付了众人，各自归家去，戴宗却自作起神行法，先来到牢城营里，径入【"径"字体现出了戴宗急切的心情，表达了对宋江的担忧。】抄事房，推开门看时，宋江正在房里，见是戴宗入来，慌忙迎接，便道："我前日入城来，那里不寻遍。因贤弟不在，独自无聊，自去浔阳楼上饮了一瓶酒。这两日迷迷不好，正在这里害酒。"戴宗道："哥哥，你前日却写下甚言语在楼上？"宋江道："醉后狂言，谁个记得。"戴宗道："却才知府唤我当厅发落，叫多带从人，'拿捉浔阳楼上题反诗的犯人郓城县宋江正身赴官'。兄弟吃了一惊，先去稳住众做公的在城隍庙等候。如今我特来先报知哥哥，却是怎地好？如何解救？"宋江听罢，搔头不知痒处，只叫得苦。【第二次叫苦，是宋江听了戴宗的描述后，对自己酒后失言的后悔莫及，前些日子的豪言，转眼伴随着酒醒而散了，不得不考虑现实

应对的办法。】"我今番必是死也！"戴宗道："我教仁兄一着解手，未知如何？如今小弟不敢耽搁，回去便和人来捉你，你可披乱了头发，把尿屎泼在地上，就倒在里面，诈作风魔。我和众人来时，你便口里胡言乱语，只做失心风便好，我自去替你回复知府。"宋江道："感谢贤弟指教，万望维持则个。"——选自 33 级 10 班齐晓雨批注的《水浒》

毋庸讳言，与成人比，孩子们所作的批注还很稚嫩；但对他们自己而言，能把批注做到这个水平，就是一件了不起的大事！毕竟孩子们在自己的名著阅读史上留下了浓墨重彩的一笔。这一笔将孩子的人生描绘成一幅灿烂的画卷！

意　兴

——评价，意动才神兴

"**意**兴"一词的含义是"兴致"。(《现代汉语大辞典》第 5 版)"如何以意兴盎然的评价形式来促进名著阅读"是名著阅读的推进器。对名著阅读的评价不管是甄别性评价也好，还是发展性评价也好，都务必明白评价是一种激励方式，一种促进手段，更是一种策略。评价的终极目标是"如何促使学生兴致盎然地去阅读名著"，让名著成为学生的最爱，让阅读名著成为学生的一种享受。

"如何构建名著阅读评价的科学的评价模式"是目前名著阅读实践上亟须解决的问题。

我们领悟到"个性化的人，个性化的文，个性化的名著阅读需要个性化的多元评价"。如果没有多元化评价，课外阅读就会流于形式。只有实施有效的多元化的课内外阅读评价，才能激发学生的阅读兴趣，培养学生的阅读意志，进而养成良好的阅读习惯。

"万物总有一个根本，不管是哪个版本的名著导读都得遵循《语文课程标准》。"研究《语文课程标准》中有关课外阅读方面的规定，尤其是名著方面的规定是很有必要的。我们在《语文课程标准》"阶段目标·第四学段（7—9 年级）"中发现了有关"阅读部分"的规定，其中第 15 条是这样说的："欣赏文学作品，能有自己的情感体验，初步领悟作品的内涵，从中获得对自然、社会、人生的有益启示。对作品的思想感情倾向，能联系文化背景作出自己的评价；对作品中感人的情境和形象，能说出自己的体验；品味作品中富于表现力的语言。"从字面上讲，虽然没有明确讲"如何评价名著阅读效果"，但我们知道文学名著当然属于文学作品。既然如此，那"如何评价名著阅读效果"问题也就迎刃而解了：对文学作品的阅读要学会欣赏，欣赏中要有体验。那又要欣赏什么，体验什么呢？如何评价呢？在《语文课程标准》"评价建议"中我们发现这样的话语："在7—9 年级，可通过考查学生对形象、情感、语言的领悟程度，来评价学生初步鉴赏文学作品的水平。"

一是领悟、品味语言。例如，请你品味下面这句话，然后作一下点评。"……于是分头四出，寻黑矮汉，寻梢长大汉，寻头陀，寻胖大和尚，寻壮妇人，寻姣长妇人，寻青面，寻歪头，寻赤须，寻美髯，寻黑大汉，寻赤脸长须。大索城中；无，则之郭，之村，之山僻，之邻府州县。用重价聘之，得三十六人，梁山泊好汉，个个呵活，臻臻至至，人马称娖而行……"

二是体验作品中的情境和形象，并能说出体验。例如，本学期，我们开展"走进名著"，请你模仿甲同学的发言，从以下两部名著任选一部，讲述一个你熟悉的故事。要求：说出书名、人名、有关情节及其感悟。同学甲：《水浒传》中嫉恶如仇的鲁提辖听了金氏父女的哭泣，毅然出手，三拳打死了镇关西，解救了金氏父女，对鲁提辖的做法我感到由衷地敬佩。

三是作品中的思想感情倾向。例如，课外阅读可以丰富我们的语言，充实我们的生活，请根据例句的句式，再仿写两个句子。读《水浒传》，我们可以领略梁山好汉劫富济贫的义举；读《钢铁是怎样炼成的》，我们可以领悟到人生的真谛和生命的意义；_____。

当然，也可以综合起来评价。例如，某某同学想买一本书，却不知道怎么选择。请你从下列书目中任选一本向她推荐。从作品特点方面向她介绍。备选书目：《钢铁是怎样炼成的》《爱的教育》《朝花夕拾》。

①书名。②介绍语设计。（可从以下作品特点中任选一点：语言特点、人物形象、主题思想、写作特点、作品题材……）后来我们把这种评价称为"导读式"评价。

每一种评价都需要相对科学的评价模式。我们以"说"和"写"这两种行为方式为准则把名著阅读的评价形式粗略地分为三类。一是"说"。这是一种以"表达"为主的名著阅读评价形式。包括"在名著导读中评价"、"在赏析交流中评价"、"在话题辩论中评价"这三种评价方式。二是"写"。这是一种以"书写"为主的名著阅读评价形式。包括"在批注展览中评价"、"在问题探究中评价"、"在阅读检测中评价"这三种评价方式。三是"说与写"。这是一种以"表达与书写"为一体的名著阅读评价形式，包括"在舞台演绎中评价"、"在习作交流中评价"、"在语文活动中评价"这三种评价方式。

第一种评价方式——"说"

一是"在名著导读中评价"。

这种评价其实是一种前置评价，以貌似评价的形式来导引学生阅读名著。目的是激发学生的阅读兴趣，是通过激发学生对某本名著的潜在的阅读认知来点燃学生的阅读欲望。我们以《水浒传》为例来看看如何通过导读评价激发学生的阅读兴趣。

走进《水浒传》 亲近英雄
—— 《水浒传》导读

板块一：激发情趣、导入文本

[导一导]

"今天这回书，说的是北宋年间，内有奸臣当道，外有盗贼横行，是天下大乱，民不聊生。却说那山东境内水泊梁山，方圆八百里，中间一处高地唤作宛子城，又叫蓼儿洼，端是块好地方。其聚集了一伙儿热血汉子，他们上应天象，下顺民意，替天行道，结义梁山。奸臣们叫他们为贼寇，百姓们称他们为好汉，秀才们唤他们为水浒英雄，实在是了不得啊！且让我们抬起头，昂起胸，大话《水浒传》，走近英雄！（拍醒木）"

板块二：呼唤旧知、指导文本

[考一考]

师："同学们，《水浒传》是我国古典名著中刻画英雄人物形象最多的一部小说，通过阅读这部小说，我们既可以领略英雄的风采，了解英雄的事迹，更重要的是我们可以从中学到很多做人的道理和人物描写的方法。"

"课前，同学们都或多或少地读过水浒故事，有的可能读的是删改版，有的可能读的是少年版，还有的可能读的是原著，现在老师想来考考大家，请看大屏幕，屏幕上出现的是《水浒传》中的一个个故事。"

（1）大闹五台山_____   （2）误入白虎堂_____

（3）风雪山神庙_____   （4）大闹野猪林_____

（5）醉打蒋门神_____   （6）怒杀阎婆惜_____

（7）大闹清风寨_____   （8）斗浪里白条_____

（9）智取生辰纲_____   （10）探穴救柴进_____

（11）浔阳楼题反诗_____   （12）血溅鸳鸯楼_____

"读懂小说就要读懂故事。这些故事你们都看过吗？喜欢吗？要想读懂《水浒传》就必须首先读懂其中的故事！"

"请大家接着往下看，他们是谁？"

（1）史大郎夜走华阴县，_____拳打镇关西

（2）赵员外重修文殊院，_____大闹五台山

(3) _____ 倒拔垂杨柳，_____ 误入白虎堂

(4) 梁山泊 _____ 落草，汴京城 _____ 卖刀

(5) _____ 押送金银担，_____ 智取生辰纲

(6) _____ 剪径劫单人，_____ 沂岭杀四虎

(7) _____ 斗法破高廉，_____ 探穴救柴进

(8) _____ 教使钩镰枪，_____ 大破连环马

(9) 宋公明夜打曾头市，_____ 活捉史文恭

(10) _____ 浙江坐化，_____ 衣锦还乡

(11) ____ 神聚蓼儿洼，_____ 梦游梁山泊

(12) 放冷箭____ 救主，劫法场 _____ 跳楼

"我们要想读懂故事就要读懂这些人物。大家都认识这些水浒英雄吗？谁能将这些水浒英雄与这些故事联系起来？"

[猜一猜]

师："那么如何读懂人物呢？这是我们需要思考的问题。请大家看大屏幕，猜一猜，这一片断描写的是谁？"

郑屠道："着人与提辖拿了，送将府里去？"鲁达道："再要十斤寸软骨，也要细细地剁做臊子，不要见些肉在上面。"郑屠笑道："却不是特地来消遣我？"鲁达听得，跳起身来，拿着那两包臊子在手，睁着眼，看着郑屠道："洒家特地要消遣你！"把两包臊子劈面打将去，却似下了一阵的"肉雨"。郑屠大怒，两条忿气从脚底下直冲到顶门，心头那一把无明业火焰腾腾的按捺不住，从肉案上抢了一把剔骨尖刀，托地跳将下来。鲁提辖早拔步在当街上。

……

鲁提辖回到下处，急急卷了些衣服盘缠，细软银两，但是旧衣粗重都弃了；提了一条齐眉短棒，奔出南门，一道烟走了。

能否用一句话概括一下这个片断讲了一个什么故事？（鲁提辖拳打镇关西）

"请同学们家读一读这个片断，找一找刻画鲁提辖'三拳'的细节，把你认为最精彩的语句勾画下来，再想一想从这些语句中能够看出鲁提辖什么样的特点，把你对词语的感受写在片断旁，做一个眉批。"这些都是文章的细节，读懂人物就要读懂细节——一拳一个落点，一拳一个比喻，一拳比一拳厉害，不仅让读者觉得解气、解恨，更在读者面前刻画出了一个英勇非凡、武艺高强的"梁山好汉"形象，可谓是尽显好汉本色。至此，一位嫉恶如仇、扶危济困、重义轻财、粗中有细、勇而有谋的肝胆英雄活生生地显现在我们的面前。

板块三：运用方法，实践阅读

［练一练］

(1) 师："请大家拿起课桌上的资料，这里有三个长片断，请大家先泛读这三个片断，然后再选择其中你最感兴趣的一个精读。读完后，再说说你读懂了哪个人物，从他的身上你读懂了什么？"

(2) 生精读，交流。

(3) 师："大家讲得非常好，能否给你所钟爱的人物写几句评语。"

(4) 生写作交流。

(5) "听了同学们的评语，老师也想给水浒英雄们写一段评语，想听吗？试看水泊梁山，英雄几多风流，百姓谁人不赞。欲想继续研讨，且听下回分解。"

板块四：趣味总结，拓展训练

［批一批］

精批《水浒传》中的三篇文章，感受文章语言，领悟文章中心，走进人物内心。

［写一写］

针对本课《水浒传》片断中你最喜爱的人物，写一段人物评析，内容、形式和字数均不限。

[演一演]

在《水浒传》中找一篇情节曲折、人物形象丰满的故事，与你的好朋友一起排练一出独幕剧。

二是在"赏析交流"中评价。

孩子们读完一本名著后，给孩子们搭建一个交流的平台，让孩子各抒己见，在对话中交换思想，有利于孩子进一步"有意味"地阅读"有意义"的经典名著。我们以"名著阅读交流课"为例来研讨如何开展名著阅读感悟的交流。

走近你 温暖我
——对话《钢铁是怎样炼成的》

板块一：激情导入

师：老师有两个问题和同学们一起交流。第一个是"同学们都读了哪些书"。第二个是"你认为读书有什么好处"。

生：古人云："开卷有益"；"书中自有黄金屋、书中自有颜如玉"；"半部《论语》治天下"；高尔基说过："书，是人类进步的阶梯"。现代人则认为："不锻炼便没有体能，不读书便没有智能"；"不阅读的民族便谈不上有民族精神、民族之魂"。

师：这都强调了读书的好处。是啊，捧一帧书册，看史事五千；品一壶清茗，行通途八百。无须走马塞上，你便可看楚汉交兵；无须程门立雪，你便可听师长谆谆教诲。莘莘学子，自幼苦读经书，不惜为此头悬梁，锥刺骨，为的是什么？没有曹雪芹"披阅十载，增删五次"，又怎能成"红楼巨著"？没有纪晓岚"饱览群书，徜徉书海"，又何得"天下第一才子"的美称？

师：感谢新课程感谢新教育让我们终于可以名正言顺、正大光明地看书了。是啊，读书最大的好处就是可以使人摆脱平庸。有人说：你一个苹果我一个苹果交换过来还是一个苹果，你一种思想我一种思想交换过来就是两种思想。今天老师给大家创设了一个交流的平台来说一说你读完《钢铁是怎样炼成的》收获与感受。（看多媒体）

板块二：激情对话

1. "七嘴八舌"话作者（幻灯）

师：同学们可以七嘴八舌地从"人、时、地、事"四个方面说说作者，然后以"奥斯特洛夫斯基，我想对你说，你是一个_____人，你给我的启示是_____"的形式直抒胸臆，说说心里话。（小组交流）

生：（略）

师：了解了他的经历你还会想起哪些人？（孙膑、司马迁、张海迪、海伦·凯勒……）你还会想起哪些名言警句？

生：一分耕耘一分收获。

生：天将降大任于斯人也……

师：如此传奇的人、可敬的人，他又给我们创造了怎样的不朽人物呢？

2. "说长道短"评人物（幻灯）

师：读完一本书后，对里面的人物总有一个最讨厌或最敬佩或最喜欢……请同学们以"你是我最_____的人，因为你_____"的形式，言之有理、持之有据地来说长道短。

生：（略）

师：人物的感动、难忘，得益于作者所描绘的难以忘怀的情节，下面我们来交流情节。

3. "娓娓而道"述情节（幻灯）

师：同学们在读书时会遇到让你或痛苦或激动或愤慨或感动的情节（片断），请同学们以"让我感到_____的情节（片段）是_____"的形式娓娓道来。

生：（略）

师：情节的感动是作者遣词造句、形象生动的语言所描述的结果，下面我们来品味语言。

4.“咀咀摸摸”品语言（幻灯）

师：从自己所作的批注里选择最精彩、最得意的一两处，以“我最喜欢的字（词、句）是_____。对此，我点评如下_____”的句式来说说。

生：（略）

5.“说说聊聊”侃心得（幻灯）

师：通过话作者、述情节、评人物三个环节后，我们引导学生把心中洋溢着的某种情感、某种感悟、某种震撼……说说聊聊，一吐为快。

生：（略）

6.“各抒己见”谈运用（幻灯）

师：“学以致用”。“读书破万卷，下笔如有神”。要求围绕“主题确定、题材选取、人物刻画、语言使用、手法运用……”几个方面，从小处着手，各抒己见，谈一谈如何借鉴运用。主要从以后的写作中自己借鉴的角度去说。

生：“钢是在烈火与骤冷中铸造而成的。只有这样它才能成为最坚硬的，什么都不惧怕。我们这一代人也更是需要在艰苦的考验中锻炼自己，并且明白了在生活面前不能颓废。”

生：小说中的许多故事都来自于作者的亲身经历，因此读来更加真实可信，亲切感人。今后写作要写真实的事例。

生：人最宝贵的东西是生命，生命属于人只有一次。一个人的一生应该是这样度过的：当他回首往事的时候，他不会因为虚度年华而悔恨，也不会因为碌碌无为而羞耻；这样，在临死的时候，他就能够说：“我的整个生命和全部精力，都已经献给世界上最壮丽的事业——为人类的解放而斗争。”

板块三：激情告白

读书可以修身养性，陶冶情操，提高人生精神境界。一纸豪迈，高歌"我自横刀向天笑，去留肝胆两昆仑"的谭嗣同，唱出了爱国的热忱之心；低吟"帘卷西风，人比黄花瘦"的李易安，编织着"婉约"一族的羞涩与怅然；浅唱"明月松间照，清泉石上流"的王维，诉说着"入禅式的境界"……浩荡的历史长河中，古人用精神激起了朵朵浪花，我们只需徜徉其中，便可感同身受。

借用冰心的一句话与大家共勉：好读书，读好书，读书好。（幻灯）

三是在话题辩论中评价。

"辩论"是一种重要的语文学习形式，也是名著阅读体会交流的最惹人喜爱的形式。经常化的辩论能使学生口齿伶俐，自信大方，思维敏捷。

名著中不乏值得辩论的话题，教师择取一两个让学生展开论辩，让学生在论辩中得到启迪，深化阅读感悟。

例如对《西游记》中的人物就可以命制这样一个话题供学生辩论。某校初三（6）班学生在阅读《西游记》时，对猪八戒这个人物有两种不同的看法，语文老师组织了一场辩论会。

反方：我方认为，猪八戒好吃懒做，见识短浅，在取经的路上意志不坚定，遇到困难就嚷嚷着要散伙。而且经常搬弄是非，耍小聪明，说谎，又爱占小便宜，贪恋女色。是个贪生怕死、自私自利之徒。

正方：我方认为猪八戒憨厚直率，对师傅师兄忠心耿耿，懂得享受生活，懂得开动脑筋，面对困难能屈能伸，同时很幽默，嘴上对大师兄每次叫自己干活的行为很不满，但是却非常重情重义。

第二种评价方式——"写"

一是在批注展览中评价。

批注是一种拥着文字的舞蹈。随文字一起跳跃的不仅仅是笔尖，还是读者的智慧、读者情感、读者的灵魂。我们以鲁迅先生给《兔和猫》写的散文《狗·猫·鼠》为例来给学生展示。

从去年起，仿佛听得有人说我是仇猫的。那根据自然是在我的那一篇《兔和猫》；这是自画招供，当然无话可说，——但倒也毫不介意。一到今年，我可很有点担心了。我是常不免于弄弄笔墨的，写了下来，印了出去，对于有些人似乎总是搔着痒处的时候少，碰着痛处的时候多。万一不谨，甚而至于得罪了名人或名教授，或者更甚而至于得罪了"负有指导青年责任的前辈"之流，可就危险已极。【这类"'负有指导青年责任的前辈'之流"，大概就是指对鲁迅报有恶意态度的陈源及其一类人了。这类人本身毛病大得很，却又对其他人嗤之以鼻，鲁迅在这里则回报以辛辣的讽刺。】为什么呢？因为这些大脚色是"不好惹"的。怎地"不好惹"呢？就是怕要浑身发热之后，做一封信登在报纸上，广告道："看哪！狗不是仇猫的么？鲁迅先生却自己承认是仇猫的，而他还说要打'落水狗'！"【这便是陈源的无理指责了。殊不知他在骂鲁迅时也正是在骂自己。鲁迅要打的正是"落水狗"，而他也在被"打"之列。那以此逻辑来看，他又是什么呢？】这"逻辑"的奥义，即在用我的话，来证明我倒是狗，于是而凡有言说，全都根本推翻，即使我说二二得四，三三见九，也没有一字不错。这些既然都错，则绅士口头的二二得七，三三见千等等，自然就不错了。

我于是就间或留心着查考它们成仇的"动机"。这也并非敢妄学现下的学者以动机来褒贬作品的那些时髦，不过想给自己预先洗刷洗刷。【此处仍然暗含讽喻。摆出一副圣人面孔，自诩有些大家风范，单是这些也就罢了，却偏偏却又对别人妄加指责，正如鲁迅所言"这些多余的聪明，倒不如没有的好罢"。】据我想，这在动物心理学家，是用不着费什么力气的，可惜我没有这学问。后来，在覃哈特博士（Dr. O. Dahmhardt）的《自然史底国民童话》里，总算发现了那原因了。据说，是这么一回事：动物们因为要商议要事，开了一个会议，鸟、鱼、兽都齐集了，单是缺了象。大家议定，派伙计去迎接它，拈到了当这差使的阄的就是狗。"我怎么找到那象呢？我没有见过它，也和它不认识。"它问。"那容易，"大众说，"它是驼背的。"狗去了，遇见一匹猫，立刻弓起脊梁来，它便招待，同行，将弓着脊梁的猫介绍给大家道："象在这里！"但是大家都嗤笑它了。从此以后，狗和猫便成了仇家。

……

现在说起我仇猫的原因来，自己觉得是理由充足，而且光明正大的。一、它的性情就和别的猛兽不同，凡捕食雀、鼠，总不肯一口咬死，定要尽情玩弄，放走，又捉住，捉住，又放走，直待自己玩厌了，这才吃下去，颇与人们的幸灾乐祸，慢慢地折磨弱者的坏脾气相同。【这一类人在作者和读者看来似乎才是最可恶的，对比自己弱小的人狠毒得很，颇有点像当时的国民党。对外，对日本侵略置之不理，对内，则对抗日爱国之人压迫迫害，形成鲜明的对比。】二、它不是和狮虎同族的么？可是有这么一副媚态！【明明是虎狼豺豹，在更大的虎狼豺豹面前却又摆出一副娇小可人的模样，国民党一些人物在此方面可谓是有过之而无不及啊！】但这也许是限于天分之故罢，假使它的身材比现在大十倍，那就真不知道它所取的是怎么一种态度。然而，这些口实，仿佛又是现在提起笔来的时候添出来的，虽然也象是当时涌上心来的理由。要说得可靠一点，或者倒不如说不过因为它们配合时候的嗥叫，手续竟有这么繁重，闹得别人心烦，尤其是夜间要看书，睡觉的时候。当这些时候，我便要用长竹竿去攻击它们。……人们的各种礼式，局外人可以不见不闻，我就满不管，但如果当我正要看书或睡觉的时候，有人来勒令朗诵情书，奉陪作揖，那是为自卫起见，还要用长竹竿来抵御的。还有，平素不大交往的人，忽而寄给我一个红帖子，上面印着"为舍妹出阁"，"小儿完姻"，"敬请观礼"或"阖第光临"这些含有"阴险的暗示"的句子，使我不花钱便总觉得有些过意不去的，我也不十分高兴。【看来要整人最好的方法是笑里藏刀。明明要占他便宜，却又摆出一副笑面孔，吃亏者明知吃亏却又不好意思拒绝。看来这些人才是真正的工于心计。】

……

这确是先前所没有料想到的。现在我已经记不清当时是怎样一个感想，但和猫的感情却终于没有融和；到了北京，还因为它伤害了兔的儿女们，便旧隙夹新嫌，使出更辣的辣手。"仇猫"的话柄，也从此传扬开来。然而在现在，这些早已是过去的事了，我已经改变态度，对猫颇为客气，倘其万不得已，则赶走而已，决不打伤它们，更何况杀害。这是我近几年的进步。【说是"进步"，实为堕落。当然，堕落的并不是鲁迅，鲁迅是鞭挞这一类堕落的人。倘"若这也算是进步的话，那陈源等指导青年"的"前辈"之所以有今天就不言自明了。】经验既多，一旦大悟，知道猫的偷鱼肉，拖小鸡，深夜大叫，人们自然十之九是憎恶的，而这憎恶是在猫身上。假如我出而为人们驱除这憎恶，打伤或杀害了它，它便立刻变为可怜，那憎恶倒移在我身上了。【这便是国人最大的劣根性之一。是非不明，善恶不辨，黑白不分，可怜的永远是弱者，而这弱者却又总是祸国殃民的。这便是他们的愚昧性和麻木性，鲁迅在此也对他们做出了批判。】所以，目下的办法，是凡遇猫们捣乱，至于有人讨厌时，我便站出去，在门口大声叱曰："嘘！滚！"小小平静，即回书房，这样，就长保着御侮保家的资格。其实这方法，中国的官兵就常在实做的，他们总不肯扫清土匪或扑灭敌人，因为这么一来，就要不被重视，甚至于因失其用处而被裁汰。【以一己之私而祸国殃民，以求得重视而不顾别人死活，这类事不是只有历史上才有的，这类人也不是只有历史上才有的。】我想，如果能将这方法推广应用，我大概也总可望成为所谓"指导青年"的"前辈"的罢，但现下也还未决心实践，正在研究而且推敲。【这里实际包含着对这类人的辛辣讽刺。要成为这类人就要是非不明，善恶不辨，黑白不分，看来对鲁迅来说，这类人还是不做的好。】

二是在问题探究中评价。

问题以及问题的探究是阅读达到较高境界的分水岭，在阅读过程中能够质疑，并对质疑精心探索，不管探索的结果是否精彩，都是个人阅读史上的一大飞跃。同时也很好地诠释了"个性化阅读与文学教育"二者之间的内涵关系。例如对《繁星》《春水》褒贬问题的探究。对于冰心的小诗，褒扬的声音很多，但也有人不以为然，比如当年梁实秋曾这样评价过冰心的小诗。

我读冰心诗，最大的失望便是她完全袭受了女流作家之短，而几无女流作家之长。我从《繁星》与《春水》里认识的冰心女士，是一位冰冷到零度以下的诗人。

《繁星》《春水》这种体裁，在诗国里面，终归不能登大雅之堂的。这样也许是最容易做的，把捉到一个似是而非的诗意，选几个美丽的字句调度一番，便成一首，句积月聚的便成一集。这是一种最易偷懒的诗体，一种最不该流为风尚的诗体。

《繁星》《春水》又有一个缺点，便是句法太近于散文的。

总结一句：冰心女士是一个散文作家、小说作家，不适宜于诗；《繁星》《春水》的体裁不值得仿效而流为时尚。

你的看法呢？

三是在检测中评价。

毫无疑问，以上评价方式无不符合新课改的评价理念。但遗憾的是唯独没有终结性评价，也就是通过考试来评价。怕是沾上"应试教育"之嫌，让人觉得不合时宜吧！但只要辩证地思索，事实上这种评价是不可或缺的。它作为名著阅读的一种评价方式，其地位举足轻重，它被扫到历史垃圾堆的时代还没有来临，更不是不能面对"新课改"的丑媳妇，只要它是以完美的形式来反映完美的内容，它就符合新课改精神。我们又怎能追求所谓的"时髦"而随意抛弃它呢？总之，终结性评价不是可有可无的。对每一部名著的阅读检测，我们一般围绕着"作者、内容、情节、人物、情感、主旨"等要点从"诵读积累"、"书海拾贝"、"探究思考"、"独抒性灵"四个板块来命题。只不过，每一个问题的设计都要有其独特的价值。

在"诵读积累"里，可以设计这样的题：读《鲁滨孙漂流记》，我们认识到它是一部"谱写一位孤独而顽强的冒险者的诗篇"；读《昆虫记》我们认识到它是一部"谱写昆虫生命的诗篇"；读《海底两万里》，我们认识到它是一部_____。也可以设计这样的题：关于中译本的译名，题为"名人传"有些欠妥。首先，作者在将三位大师汇集成册时，把其称作"_____"，并没有说是"名人传记"。其次，"名人"即所谓的"著名人物"，按老百姓的话说就是"出了名的人物"。因此称其为"名人传"不妥切，最好题名为"_____"。

在"书海拾贝"里，可以设计这样的题：在《贝多芬传》里，作者引用了贝多芬的一句妇孺皆知的名言，这句名言是"_____"。

"_____"一句出自《名人传》中的《米开朗琪罗传》，是米开朗琪罗的一句使人潸然泪下的名言。

"_____"一句出自《名人传》中的《托尔斯泰传》，是托尔斯泰的一句富有启迪的名言。

在"提纲挈领"里，可以设计这样的题：请分别列举一条贝多芬关于人生、关于音乐、关于批评的名言。

人生：＿＿＿＿＿＿＿＿＿＿

音乐：＿＿＿＿＿＿＿＿＿＿

批评：＿＿＿＿＿＿＿＿＿＿

不管是"诵读积累"还是"书海拾贝"，这样设计既注重了作家作品、名言警句等基础知识的积累，又注重了"名人"和"伟人"等情感方面的熏陶，一举两得。

在"探究思考"里，可以设计这样的题：对照地球仪或者地图，沿着小说中潜艇经历的航程，核对它经过的地点，以增加阅读的兴趣和对凡尔纳的科幻小说的认识。在有"海洋世界"的城市，可以去参观一下，以便对海底的鱼类有初步的认识，有利于想象大海里的情景。最好完整地阅读《格兰特船长的儿女》《海底两万里》和《神秘岛》，以便对故事的来龙去脉有完整的了解。

在"独抒性灵"里，可以设计这样的题：冰心的诗，曾经影响了整整一代人，她的小诗短小精悍，意味隽永，你读了之后是否也受到启发？请仿照冰心的小诗，也尝试着仿写一两首小诗。注意，要言之有物，不能太空洞。《朝花夕拾》是鲁迅所写的唯一的一部回忆散文集，原名《旧事重提》，这些文章都是"从记忆中抄出来"的"回忆文"。作品在夹叙夹议中，追忆那些难于忘怀的人和事，抒发对往日亲友和师长的怀念之情，抨击和嘲讽反动、守旧势力。在你的心底一定也埋藏着一些难以忘怀的记忆，请你向鲁迅先生学习，拿起笔来写一篇不少于600字左右的文章，借以抒发自己的情怀。

不管是"探究思考"还是"独抒性灵"，这样的读写一体考察，既是对阅读的有益补充，又是对写作的自然延展。

我们以"名著阅读综合课"为例，详细展示我们是如何在"检测"中评价的。

综合运用 提升能力
—— 名著阅读综合课

板块一：中考说明

了解教科书名著导读中所推荐名著的基本内容，并能表达个人的观点和感受。

板块二：名著篇目

著作名称	文体	作者	国籍时代
《西游记》		吴承恩	明朝
《水浒传》	小说		元末明初
《骆驼祥子》	小说	老舍（舒庆春）	
《童年》	小说		
《钢铁是怎样炼成的》		奥斯特洛夫斯基	
《爱的教育》			意大利
《海底两万里》		凡尔纳	
《简·爱》	小说		
《格列佛游记》			英国
《鲁滨孙漂流记》		笛福	
《繁星·春水》	诗歌		
《傅雷家书》			现代
《朝花夕拾》	散文		
《伊索寓言》		伊索	
《昆虫记》			法国
《名人传》	传记		

板块三：考点分析

1. 文学常识

（1）看图片填空

这个人物是（　　　　　　　　），他是《　　　　　》中的人物，作者是（　　　　　）。

（2）名著知识填空

冰心，原名_____。她在印度著名诗人_____（人名）《飞鸟集》的影响下创作的《_____》《春水》，集中体现了_____、童真、自然三大主题，是人们公认的小诗创作的最高成就。

（3）读挽联，猜人物，写作品

踏《莽原》，刘《野草》，《热风》《奔流》，一生《呐喊》；

痛《毁灭》，叹《而已》，《十月》《噩耗》，万众《彷徨》。

人物：

所学作品：

（4）下列妙语佳句出自哪部名著

一个人的生命应当这样度过：当他回首往事的时候，他不因虚度年华而悔恨，也不因碌碌无为而羞愧。《　　　　　》

其实地上本没有路，走的人多了，也便成了路。《　　　　　》

2. 主要人物

（1）填人名，补足歇后语

（　　）打黄盖——一个愿打，一个愿挨

（　　）借荆州——有借无还

（　　）的军师——无用

（　　）看书——一本正经

（　　）误闯白虎堂——单刀直入

（　　）穿针——大眼对小眼

（　　）照镜子——里外不是人

（2）请根据课外阅读的名著，补全下面的人物对联

上联：足智多谋，孔明巧借箭。

下联：_____，_____。

（3）某班同学在阅读《西游记》时，对唐僧这个人物有两种不同看法，为此组织了一场辩论。假如你是反方，针对正方辩词该怎么说？

正方：我方认为，唐僧能历尽千辛万苦去西天取经。他意志坚定，不管遇到什么困难，从来没有动摇取经的决心；他心地善良，有仁爱之心，即使误放妖魔，也不愿伤及无辜；他不求名，不贪财，是一个可亲可敬的人。

反方：_____。

3. 主要情节

（1）语文课开展"走近名著"活动，请接着甲同学的发言，也讲述一个你熟悉的名著中的故事。（要求：至少运用一个成语或名言、警句、格言）

同学甲：《水浒传》中，嫉恶如仇的鲁提辖听了金氏父女的哭诉，毅然出手，三拳打死了镇关西，解救了金氏父女。他真不愧是一位见义勇为的英雄。

你的讲述：_____。

4. 思想感悟

（1）请根据下面的句式，再仿写两个句子

读《三国演义》，我们能领略到诸葛亮舌战群儒的风采；读《西游记》，我们能领略到作者天马行空的想象；读《_____》，我们能_____；读《_____》，我们能_____。

（2）课堂内外，我们已接触了不少中外文学名著，请填写下面的读书卡片。（供选篇目：《西游记》《水浒传》《鲁滨孙漂流记》《钢铁是怎样炼成的》《格列佛游记》）

好书推荐卡

作品		作者		国别	
作品的主要内容：					
印象最深的人物：					
推荐理由：					

（3）班上准备开展题为"话说英雄"的综合性学习活动，请你阅读参考资料《感动中国2007颁奖词》，按要求做题。

李丽——残疾打不垮、贫困磨不坏、灾难撞不倒，坚强和她的生命一起成长。身体被命运抛弃，心灵却唱出强者的歌。五年时间，温暖八万个冰冷的心灵，接受、回报、延伸，她用轮椅为爱心画出最美的轨迹。

①从读过的名著中推荐一位令自己感动的英雄人物。

英雄人物姓名：＿＿＿＿＿＿＿＿＿

作品名称：《＿＿＿＿＿＿》

②写一段简短的话，向同学们介绍这位令你感动的英雄人物。要求像"颁奖词"一样简洁流畅，既能概述其主要事迹，又能反映人物的性格。

板块四：梳理总结

文学常识要明，主要人物要准，故事情节要清，思想感悟要深。

结束语：让名著与我们同行！让名著伴我们成长！

第三种评价方式——"说与写"

一是在舞台演绎中评价。

名著阅读说到底是课外阅读，对于名著阅读评价除了在课堂上"赏析交流"外，还应把评价的视线重点放在"语文课外活动"上，"名著汇演"无疑是最具有语文特色的课外活动，也是令学生心花怒放的"语文课外活动"，更是名著阅读效果的最高评价方式。我们积极给孩子们搭建"名著汇演"的舞台，以"演"促"写"、以"写"促"评"、以"评"带"读"。

在"名著汇演"的过程中，有的孩子要当导演，有的孩子要创作剧本，有的孩子要准备道具，有的孩子在舞台上当主角，有的孩子在舞台上当配角；有的孩子风光，有的孩子"受气"……让孩子们在"分、选、编、排、演、评"六个环节中，人人都参与，人人都快乐，人人都成功。"分"就是让孩子们自由结合，分成几个小组，每个小组分配好导演、编剧、剧务和角色。"选"就是从名著里选出精彩的片段，每个组自由选择演出内容。"编"就是改编剧本，由编剧组织小组成员合作讨论编写剧本。"排"就是导演组织演员充分发挥集体的智慧，根据剧本精心进行排练。"演"就是各组把自己精心排练的名著在课外活动时开展名著舞台汇演。"评"就是演出后先由导演自评，再由评委（孩子们）进行点评，可以谈课本剧改编的得失——细节处理得是否有新意，剧本语言编写得是否精彩，剧本的结构是否合理等；也可以评表演的得失——是否符合人物身份，演出是否出现冷场，演员能否随机应变；还可以评价道具是否与剧情浑然一体，成员之间是否团结合作，分工是否合理……

文学剧本：《阿长与山海经》

迅哥儿家的院子。傍晚。

一只拇指般大的隐鼠在院子里流窜。一个生得黄胖而矮的女工急匆匆地来到院子里。正在觅食的隐鼠受到惊吓，慌不择路的隐鼠撞在了女工的脚面上。女工飞起一脚，隐鼠"吱"的一声飞出院子。

"长妈妈，长妈妈。你看到我的隐鼠了吗？"迅哥儿气喘吁吁地跑进院子。

"隐鼠？没看见！没看见！"长妈妈那右手竖起的第二个手指，便在空中上下摇动着边回答。

找不到隐鼠的迅哥儿懊恼地站在院子里。

阿长看在眼里，对迅哥儿道："哥儿，你怎么就忘了老爷的教导：玩物丧啥来？""志。""对对对！玩物丧志。"阿长那竖起的手指上下晃动着，与三个"对"字配上了节拍。"我不是也告诉过你嘛！人死了，不该说死掉，必须说'老掉了'；死了人，生了孩子的屋子里，不应该走进去；饭粒落在地上，必须拣起来，最好是吃下去；晒裤子用的竹竿底下，是万不可钻过去的……此外……"迅哥儿悻悻离开院子。

卧室。除夕。

到处张灯结彩。一派新年的景象。

"哥儿，你牢牢记住！"阿长极其郑重地说。"明天是正月初一，清早一睁开眼睛，第一句话就得对我说：'阿妈，恭喜恭喜！'记得么？你要记着，这是一年的运气的事情。不许说别的话！说过之后，还得吃一点福橘。"她又拿起那橘子来在我的眼前摇了两摇，"那么，一年到头，顺顺流流……"

第二天早上，迅哥儿一夜醒来。就在正要坐起的时候，阿长立刻伸出胳膊，一把将迅哥儿按住，惶急地看着迅哥儿，摇着迅哥儿的肩膀。

"阿妈，恭喜……"迅哥儿被摇得受不过，恍然大悟地道。

"恭喜恭喜！大家恭喜！真聪明！恭喜恭喜！"阿长十分欢喜似的笑将起来，将福橘塞进迅哥儿的嘴里。迅哥儿大吃一惊，趁阿长不注意偷偷地吐掉。

书店。中午。

阿长颠着小脚，在一个叫咸亨书店的门外张望。一会儿，一个先生模样的拿着几本新书从咸亨书店走出来。她小心翼翼地走进咸亨书店。东瞧瞧西看看，对一个坐在柜台后面的花白胡子的老者，怯怯地问道："先先……先生，可有《三哼经》卖吗？"花白胡子的老者抬头望了望。误以为对方没听清的阿长提高了声音道："可有《三哼经》卖吗？"引得其他顾客纷纷看她。"三哼经？什么三哼经？见也没见过？"阿长切切查查地道："难道不叫《三哼经》？那叫什么？《三字经》？对，就是《三字经》。"花白胡子的老者见她兀自絮叨，赶她道："这里没有《三哼经》，你到其他店看看吧！""那有《三字经》吗？""《三字经》？《三字经》倒是有的！""拿来我看！"阿长接过《三字经》一张一张翻看着，似乎在寻找什么，神情越来越惶惑。花白胡子的老者看她迟迟不付钱，不耐烦起来，轻蔑地道："从书里找黄金吗？"

"我找那什么画儿呢。你的《三字经》怎么没有'戴着人皮面具的兽，九头的鸟，三脚的蛇，长着翅膀的人……'？""那分明是'人面的兽，九头的蛇，三脚的鸟，生着翅膀的人，没有头而以两乳当作眼睛的怪物……'，那是《山海经》。""是了，是了。在哪里？""到隔壁书店里看看吧！"

卧室。十几天后。

穿着新蓝布衫的阿长告假回来了。一见面，就将一包书递给迅哥儿，高兴地说道："哥儿，有画儿的《三哼经》，我给你买来了！"迅哥儿似乎遇着了一个霹雳，全身都震悚起来；赶紧去接过来，打开纸包，是四本小小的书，略略一翻，人面的兽，九头的蛇……果然都在内。迅哥儿对阿长产生了新的敬意。

（画外音。多年以后。迅哥儿在一个风雨交加的夜晚。神情肃穆地呼喊：仁厚黑暗的地母呵，愿在你怀里永安她的魂灵！）

二是在习作中评价。

朱熹对前人写作经验进行过总结，他说："古人作文作诗，多是模仿前人而作文。盖学之既久，自然纯熟。"仿写是写作的开始，是观察的基础，是酝酿的基础，是想象的基础，是积累的基础，也是创新的基础。"读名篇，仿佳作，创新章"是我们为了让学生站在古今中外经典名著这个"巨人"的肩上，学会从读到写的问题，实现从"品读—感悟—仿写—创新"的读写一体化的教学目标。

仿写就是跟着名著学写作。读完《爱的教育》，我们让学生以"爱"为话题仿写一篇记叙文，体会"爱"的伟大；读完《伊索寓言》，我们让学生学写一事一议的读后感，感悟现实生活的真谛；读完《童年》，我们让学生以"童年"为话题写一篇回忆性散文，重温儿时点滴的快乐；读完《繁星·春水》，我们让学生仿写小诗，体味诗意的人生；读完《昆虫记》，我们让学生观察某种昆虫，仿写一篇说明文，探索自然的奇趣奥妙；读完《海底两万里》，我们让学生以"跟随尼摩船长遨游南海"为题仿写科幻小说，展示自己的奇思妙想；读完《傅雷家书》，我们让学生以"给……的一封信"为题学写书信，感恩他人和社会；读完《水浒传》，我们让学生学写人物评论，感受英雄的壮举……这样就给学生历练写作技能、提升思维品质搭建了一座桥梁。

仿写《海底两万里》

同学们，老师在阅读《海底两万里》时候，发现书中并没有涉及"对中国海，例如南海海底的探险"。从某种意义讲这是一种遗憾，现在就请同学发挥想象，跟随尼摩船长到南海海底去探险。请把探险的过程写下来，字数不少于 600 字。

跟随尼摩船长漫游南海

从尼摩船长口中得知去中国是午后的事了。为了避免与频繁的令人吃惊的船只相撞，尼摩船长不得不下令沉入 50 米的深海中，而事后我才得知这是在马六甲海峡。

"先生，我们要去中国呢！"当我吃过午饭，正坐在沙发上闭目养神时，康赛尔兴冲冲地跑了进来，脸上没有惯有的冷漠神态，而是泛出红晕，手里举着一张纸条，是尼摩船长所惯有的哥特式字体，条文如下：

"阿龙纳斯先生：我们诚恳地请求您一同去南海沿岸游览，请自备兰可夫灯，时间定在三天后。谨此。"

"鹦鹉螺号"的确是一艘伟大的船，我在舱内也感到了这种突然的加速。尽管舱内器物一动不动，我却觉得自己会不断跌倒。我摇摇晃晃走到压力操纵室，上面的电控压力计显示现在的时速是四十五海里每小时。

"真见鬼！"加拿大人嘟囔道，他此时也遭受着同样的折磨，但他也被去南海的消息震惊了，他并没有怀疑这件事的真实性，因为那边暗礁不多，很容易到达，他甚至没有跟我唠叨他的逃跑计划。而加拿大人的愿望是捕一条火鲨。

"嘿，我还没在这一带捕过这个呢！"

我可不赞成这种想法，我担心尼德·兰的手臂是否比火鲨的牙齿粗，但我也有自己的愿望，就是亲手捕捉一只活的中国鹦鹉绿贝，并带回博物馆作展品，因为迄今为止，我才只在尼摩船长的展览室见过一次呢！

两天漫长的等待过后，我感到"鹦鹉螺号"明显减速了，直至完全停止，但如果一个庞然大物贸然游来，是不会有多少鱼继续留在这儿的。因此，我们决定步行到海底，并一直走到沿岸。幸好这儿的海底并不深，我们的潜水服还能够承受这样的压力。

尼摩船长在前面带领，我和康赛尔、尼德·兰在后面跟着。这里海底的细沙几乎是成粉末了，攥在手里毫无感觉。我和康赛尔都低着头寻找梦寐以求的鹦鹉绿贝，而尼德·兰则不停地四处张望，仿佛随时会有巨大的火鲨袭来似的。直到尼摩船长拍拍我的肩，向前伸出一根手指，意思是继续前进时，我才恋恋不舍地抬起头来，而尼德·兰随时被几十米长的海藻绊倒。

走了一段时间后，尼摩船长才示意停下，我才意识到刚才在那儿停留简直是个错误。这儿的生物简直是太丰富了，银白色的梭形鱼不住地成群来回游动，仿佛是巨大的影子；黑、黄条纹的虎皮鱼在珊瑚丛内休憩；几只龙虾悠闲地散步；鲜红的大闸虾威胁性地挥动大钳，它太红了，以至于外界有人传它能喷火；几只酷似鲨鱼的鱼类冲我游来，吓了我一大跳，定睛一看，原来是一类鲟鱼；远处有几只庞大的身团笨拙地游动，我走过去，才发现这是珍贵的玳瑁，这种龟类动物甲制成的饰品，起码值一千法郎以上，想抱起它，却怎么也抱不动。

尼摩船长指了指我几步远的地方，我回头一看，如果不是在水里，我会惊讶地跳起来。是鹦鹉绿贝！它约有盘子大小，壳很厚，上面长满藻类，我拂去这些杂草，露出来的一小块闪着幽幽的光，如中国古代的绝妙瓷器，这只绿贝价值超过了尼摩船长的那一只。

我小心翼翼地捧着这件珍宝（同时也是很吃力的），进了舱房，尼德·兰、康赛尔都已经回来了，康赛尔见到我手里的绿贝，惊讶可想而知，加拿大人则打起了响亮的鼾声。

次日，我见到尼摩船长，他笑着说："教授先生，您已经参观过海底，那么有没有兴趣看看陆地呢？"

我自然不会推辞。我和尼摩船长站在平台上，看着那古典的、屋檐飞扬的东方古典建筑，夹杂着西洋建筑，显得有些不伦不类。我望着这光辉渐渐被巨大的黑暗笼罩，这时，尼摩船长开口了：

"先生，要有风暴了。"

"一片风平浪静，哪有什么风暴？"我感到迷惑不解。

"先生，您还没看出来吗？如果这是一个不甘压迫的民族，侵略者们会无所阻挡吗？这不是一场巨大的风暴吗？"

（33 级 9 班　张叶青）

三是在语文活动中评价。

当然，这里的语文活动，主要指与阅读相关的活动，例如读书演讲、读书报告、名著推介、语文综合性学习等丰富多彩的语文活动。这样的活动，不仅能激发学生学习语文的兴趣，还能拓展学生学习语文的素材，有利于学生语文素养的提升。

下面是一节语文活动课的过程设计，请按要求答题。走进名著——《钢铁是怎样炼成的》《爱的教育》《朝花夕拾》读书报告会。

首先，主持人宣布活动开始。其次，各小组推荐的代表上台发言。可选择以下话题：①向大家介绍作品中最能撩拨自己情感的人物或印象最深的情景。②××作品给我带来的启示。第三，主持人根据评委意见宣布结果。第四，老师对本次活动的总结。

请给主持人设计一段开场白。假如你是被推荐的代表，请从以上活动设计提供的两个话题中任选一个话题，概述你发言的内容。当然，还可以设计很多饶有趣味的形式，例如，台词式、卡片式、"感动中国"评价式，在这里就不一一赘述了。

意 见

"意见"一词的含义是"对事情的一定的看法或想法"。（《现代汉语大辞典》第5版）当下，对于某些现象、做法、动态，谁最有发言权？毫无疑问，专家最有发言权。但我们认为，对于阅读，除了大方之家有发言权外，积淀了一定的阅读经验以及负有指导义务的教师最有发言权。因为他们最有心得、最有感悟，因而他们的看法也最有价值。

读书就要学会圈点批注。翻开每一位学者的书籍，无不见密密麻麻的批注，批注将内心灵光一闪的感悟记录下来，作用不小。唐宋八大家之一的韩愈在谈到读书问题时说，"记事者必提其要，纂言者必钩其玄"。也就是读书时要随时提炼书中的精华，加上自己的理解，就能有一段精华的文字。将它们记录在书上，天长日久地累积起来，就是一种财富。

需要指出的是，"批注"不是读书的唯一可行的方法，更不是僵化的教条。真正会读书的人会在不同的环境下选择不同的读书方法。采用何种读书方法要因人而异、因书而异、因时而异、因地而异，不可千篇一律，落入窠臼。因此，要成为一个真正的读者，还要学会其他的阅读方式方法来拓宽自己的阅读之路。

学会读书还要学会"主次分明"地读。"有比较才能有鉴别。"不同的人对于书籍有不同的需求，要通过比较将所要读的书分为：必读书、应读书、可读书、拒读书。当代著名作家秦牧读书讲究"牛嚼鲸吞"。所谓"牛嚼鲸吞"也正是说读书既要分精读，如老牛反刍，也要分粗读，亦似须鲸的狼吞虎咽。如此这般，两者有机地结合，既节省了时间，又真正品读了经典，何乐而不为呢？

学会读书还要学会"不求甚解"地读。"不求甚解"出自东晋陶渊明的《五柳先生传》，是说读书方法要灵活，不拘泥于咬文嚼字，而重领悟要旨，求其真谛。陶渊明在回忆自己少时读书的情景时说，"少年罕人事，游好在六经"。可见他少时便攻读经史子集。读经典，必作批注，而汉代有的经学家所作注释，空虚烦琐。这些学究式的寻章摘句，牵强附会，对读书又能有何用呢？非但无益，反而有害，会干扰对书整体的认知解读。古今中外的经典浩如烟海，书海茫茫，哪能处处求甚解！因此，不求甚解也是大量接收外界消息的必要条件。

学会读书还要学会"见缝插针"地读。每位同学在紧张的学习生活中，不能大量阅读经典，可以挤时间来读，只有见缝插针，才能化整为零。隋朝末年的李密家境贫寒，靠放牛为生，为了能读书，就把书挂在牛角上来读。后来，他也闯出了一片自己的天地。鲁迅说过，"时间像海绵里的水，只要你愿意挤，总还是有的"。经典不易得，一有机会就要及时涉猎。

学会读书还要学会"寻根问底"地读。凡有创造者，无不以怀疑发问开始。你对前人的著作敬若神明，高山之下，自己便成了一抔黄土，还能有什么创造呢？明代著名医药学家李时珍，正是对前人记载的医药知识产生疑问，再加上亲身实践，对古人的说法一一修正，写成了登峰造极的著作《本草纲目》，沿用至今。明人陈献章说："前辈谓学贵有疑，小疑则小进，大疑则大进。"读完一本书，倘若一个问号也没有，就不能说有真正的收获。

学会读书还要学会"熟读成诵"地读。古人云：熟读唐诗三百首，不会作诗也会吟。熟能成诵，也就是对自己喜欢的诗文佳作、优美文段，读熟直至倒背如流。读是吸收，是积累，而背则是最好的吸收，最好的积累。在熟读背诵经典时，切勿死记硬背，应在理解的基础上，边读边思，直至背诵。陆游说："书到用时方恨少。"因此，我们要养成好习惯，持之以恒。

学会读书还要学会"动用笔墨"地读。所谓"勤于动手"就是要"写"。徐特立有一句名言，"不动笔墨不读书"。读书是吸收，记笔记是消化，写作是倾吐，只有多读书，多记笔记，积累了丰富的知识，肚子里有了"墨水"，写出的文章才会出色。也就是所谓"读书破万卷，下笔如有神"。总之，读书有了收获就记下，倘若这笔收获很有价值，不待修炼，已自成佛。从古至今，哪一位文豪的著作不是建立在读万卷书之上的？

学会读书还要学会"探讨交流"地读。就是同学间或师生间在读书的过程中相互交流心得体会的方法。这种方法可以在探讨和交流之中互通有无，取长补短，从而同时提高欣赏水平，美不胜收。萧伯纳曾说："如果你有一个苹果，我有一个苹果，彼此交换，我们每个人仍只有一个苹果；如果你有一种思想，我有一种思想，彼此交换，我们每个人就有了两种思想，甚至多于两种思想。"

经典是经过千锤百炼的精华。让我们走进经典，学会读书，钟爱读书。钟爱读书，给自己的心灵加点"钙"吧！钟爱读书，给自己的精神家园构建屋宇吧！钟爱读书，给自己一点自信，昂首挺胸地走过每一个驿站！

第七章

行道二：文本解读，心灵的对话

　　精彩的文本解读应是直达灵魂深处的，不仅正确、新颖，还应情真意切。

　　倘若我们把语文教师看作是解牛的庖丁的话，那么，一篇篇文质兼美的文章就是庖丁剔骨弯刀下健硕的牛，文本解读自然就是庖丁解牛了。语文教师只有把自己锻炼成解牛的庖丁，才能自如地运用解读这把刀对教材进行恰到好处的解剖。

文本解读要符合情理合乎逻辑

——《西游记》"真假美猴王"文本细读

文本中的情节必须符合逻辑，合乎情理，倘若我们觉得某个情节不合乎逻辑，不合乎情理，那它必有深意。我们以《西游记》中"真假美猴王"（56—58 回）为例，揭秘那些看似违背了逻辑，违背了情理，实则奥妙无穷的细节。探究的结果往往是看似不合乎逻辑、不合乎情理的情节最终依然是符合逻辑的。

第一个疑点：既然阎罗殿的谛听能够分辨得出真假，孙悟空有与所谓的妖精一样大的本事，只要谛听说出哪个是假的，十大阎罗和孙悟空就可以抓住妖精，谛听为什么不敢说？他究竟怕什么？

第二个疑点：既然六耳猕猴"善聆音，能察理，知前后，万物皆明"，当然就应该十分清楚佛法无边，如来佛祖是个厉害角色，他为什么还要到雷音寺去送死？这不是脑子进了水么？

第三个疑点：为何他们两个在观音菩萨、天庭、唐僧、地狱处都要求辨别真假，在如来处却要求辨明邪正？

第四个疑点：如来正要说破，为何菩萨来了却和菩萨演绎起"六耳"之谜来？

第五个疑点：为什么所有的神仙包括菩萨都不知道有"六耳猕猴"这一类物种，只有如来佛一个人知道这一类物种？是真有如此物种，还是如来杜撰的？

第六个疑点：如来要捉住已变成小蜜蜂的六耳猕猴，那是易如反掌，可以说一伸手就能捉住，为何偏偏撇起自己的金钵盂去盖小蜜蜂？在金钵盂下又有怎样的猫腻？

第七个疑点：大众根本就没说话，如来为何笑云："大众休言，妖精未走，见在我这钵盂之下"？

第八个疑点：六耳猕猴只不过打昏唐僧，既没有要吃唐僧肉，也没有打死唐僧，最多论个行凶抢劫罪，怎么说也罪不至死，为什么孙悟空就那么急切地把他打死了？

第九个疑点：为何孙悟空仅仅打死了一只六耳猕猴，作者却说至此绝此一种？

第十个疑点："上告如来得知，那师父定是不要我，我此去，若不收留，却不又劳一番神思！"这个"又"字说明了什么？"那师父"三个字怎么理解？

……

这件事情的真相到底是什么？其中究竟隐藏着怎样的内幕？我无意为所谓的妖怪——"六耳猕猴"申冤，只是因为真假美猴王的好戏欺骗了太多的人，所以，我们今天就揭秘。

开端——结怨生怒 面是背非

这里有一个句子需要注意："那长老只得怀嗔上马。孙大圣有不睦之心，八戒、沙僧亦有嫉妒之意，师徒都面是背非。"这个句子是点睛之笔，是整个情节发展的动力。

事情的起因是，天色将晚，师徒四人自上山行了这一日，猪八戒肚里饿了，好吃的他怕天晚了找不到吃饭的地方，想让马快走。那马只是缓行不紧。孙悟空就把金箍棒晃了一晃，喝了一声，那马害怕曾经是弼马温的孙悟空，脱了缰，驮着唐僧如飞似箭往前去了，致使唐僧落了单。突遇一伙强盗，拦住路口道："和尚！哪里走！"唬得个唐僧战战兢兢，坐不稳，跌下马来，蹲在路旁草窠里，只叫："大王饶命，大王饶命！"那为头的两个大汉道："不打你，只是有盘缠留下。"唐僧合掌当胸道："……出家人专以乞化为由，哪得个财帛？"那两个贼率众向前道："……你果无财帛，快早脱下衣服，留下白马，放你过去！"三藏道："……你若剥去，可不害杀我也？只是这世里做得好汉，那世里变畜生哩！"

　　当读到这里，我产生了一个疑惑，唐僧刚见到强盗时，吓得跌下马来。此时竟敢诅咒强盗"变畜生"，难道唐僧吃了豹子胆了吗？我们可以换位猜测一下，假如我们是唐僧，此时他内心最有可能想什么？他最有可能想的是，"我吓得跌下马来的原因是独自遇上了强盗，我独自遇上强盗的原因是那两个惹祸精——一个是好吃喝的猪八戒，一个是好逞能的孙悟空。尤其是好逞能的孙悟空，倘若他不逞能，猪八戒再好吃再好喝也对缓行不紧的白龙马无可奈何"。他心里在恼怒那两个惹祸精，尤其是恼怒孙悟空呢。"你，孙猴子，只想做好汉，让我受罪，你要遭到报应，你要变畜生。"俗话说，言为心声，唐僧心里这样想，嘴里就不由自主地说。如果没有这个心理活动，唐僧那是绝对不敢骂强盗的。这一骂招来的却是棍棒之祸——那贼闻言大怒，掣大棍，上前就打。这长老口内不言，心中暗想道："可怜！你只说你的棍子，还不知我徒弟的棍子哩！"挨打的唐僧不说话了，为什么不说话，不能再说了，正是一不小心说漏了嘴，把心里的话说出来了，才挨得打啊！可心理活动还在继续着，而且唐僧的这个心理活动有点奇怪，"可怜！你只说你的棍子，还不知我徒弟的棍子哩"。

　　这里的"你"当然指强盗，可强盗根本就没说什么"拿棍子"之类的话，只是用棍子打，那打在唐僧身上的棍子啊，唐僧都算在了孙悟空在白龙马面前晃动的金箍棒上了。所以,此时他心里想的仍然是孙悟空的棍子,就是孙悟空的棍子惹的祸啊。和上面那一句联系起来,唐僧心里在想:"你逞能,你把棍子一晃,就让我挨了强盗无数棍,可倒霉的是我唐僧啊。"所以接下来,怨恨孙悟空的唐僧只得打个诳语道:"……我有个小徒弟……他身上有几两银子,把与你罢。"要知道,唐僧口口声声地说"出家人是不打诳语的"。这是出家之人的大忌啊。这说明唐僧已方寸大乱,二心已起。

那孙悟空是什么时候起的二心?当唐僧被强盗吊起来,孙悟空化作一个小和尚和唐僧见面时,三藏道:"只等你来计较计较。不然,把这匹马送与他罢。"唐僧挨打都不愿把马送给强盗,为何在这里对孙悟空说送给强盗呢?其实他心里应该明白,善能降妖的徒弟一到,区区几个蟊贼是很容易摆平的。他心里还在恼怒着呢,"你,孙猴子惹的祸,你来处理。"按理说,不管谁一听到这种泄气的话都会生气,可孙悟空却闻言笑道,这个笑含义深刻,我想是在嘲笑唐僧,讥笑自己的师傅"不济"、"皮松",也就是说唐僧是个窝囊废。原文是——行者闻言笑道:"师父不济,天下也有和尚,似你这样皮松的却少。唐太宗差你往西天见佛,谁教你把这龙马送人?"

当三藏道:"……把你供出来也。"行者道:"师父,你好没搭撒,你供我怎的?"这个时候孙悟空内心是多么反感啊。三藏道:"我说你身边有些盘缠……"行者道:"好,好,好!承你抬举……"孙悟空连用了三个好,其实是反语,是气话,是气唐僧,一是觉得唐僧"脓包",二是觉得唐僧"混账"。他觉得唐僧不应该为了自保而撒谎,并且把祸端引向自己的徒弟。我们可以从他回答强盗的话看出来:"列位长官,不要嚷。盘缠有些在此包袱,不多,只有马蹄金二十来锭,粉面银二三十锭,散碎的未曾见数。要时就连包儿拿去,切莫打我师父……"其实这也是反语,是气话,言外之意是,我跟你到处化缘,哪来的钱啊?"马蹄金"如果有二十来锭能装满一个大袋子了，"粉面银"如果有二三十锭也能装一个大袋子了，金子和银子如果有两大袋子了，谁还跟着你去取经啊？悟空有了不敬之心。

　　孙悟空的不敬之心让唐僧非常反感，尤其是说他"不济"、"皮松"，这是大不敬，唐僧毕竟是孙悟空的师父，唐僧虽然没办法，但怀恨在心。不信，你看，当强盗把唐僧放下来后，唐僧什么表现，"那长老得了性命，跳上马，顾不得行者，操着鞭，一直跑回旧路"。唐僧只顾逃命，连一句嘱咐小心的话都没有，根本不管孙悟空死活，为何？他心里怨恨悟空啊！孙悟空看在眼里气在心里，这气向哪里发，自然是强盗身上。孙悟空打死了强盗头子，唐僧一听就恼起来，口里不住地絮絮叨叨，"猢狲长，猴子短"地侮辱起来。当唐僧为强盗祷祝而诅咒悟空，师徒之间的矛盾爆发了，我们先欣赏祷辞，"……你到森罗殿下兴词，倒树寻根，他姓孙，我姓陈，各居异姓。冤有头，债有主，切莫告我取经僧人"。唐僧的祷祝不是超脱强盗，而是洗脱自己的罪责，孙悟空听后勃然大怒，质问师父，原文是——大圣闻言，忍不住笑道："师父，你老人家忒没情义。为你取经，我费了多少殷勤劳苦，如今打死这两个毛贼，你倒教他去告老孙。虽是我动手打，却也只是为你。你不往西天取经，我不与你做徒弟，怎么会来这里，会打杀人！索性等我祝他一祝。"攥着铁棒，望那坟上捣了三下，道："遭瘟的强盗，你听着！我被你前七八棍，后七八棍，打得我不疼不痒的，触恼了性子，一差二误，将你打死了，尽你到那里去告，我老孙实是不怕：玉帝认得我，天王随得我；二十八宿惧我，九曜星官怕我；府县城隍跪我，东岳天齐怖我；十代阎君曾与我为仆从，五路猖神曾与我当后生；不论三界五司，十方诸宰，都与我情深面熟，随你那里去告！"这绝对是在恐吓唐僧，把老子惹火了，连你也打死，你去告吧！三藏见说出这般恶话，却又心惊道："徒弟呀，我这祷祝是教你体好生之德，为良善之人，你怎么就认真起来？"行者道："师父，这不

是好耍子的勾当，且和你赶早寻宿去。"言外之意是说，开什么玩笑，
"你说的话是让我为善吗？是为我好生之德吗？"师徒二人的矛盾彻底公
开了。

当唐僧师徒在杨老汉家里安顿下来时，孙悟空就直接找茬生事了。
当唐僧问杨老汉的儿子何方生理时，老者点头而叹："可怜，可怜！若肯
何方生理，是吾之幸也！那厮专生恶念，不务本等，专好打家劫道，杀
人放火！相交的都是些狐群狗党！自五日之前出去，至今未回。"从杨老
汉的所言，可以看出，这伙强盗并非仅仅是抢夺财帛，还杀人放火。孙
悟空打死他们，也在情理之中。唐僧听到这话应该甚是宽慰，可事实不
是这样，唐僧闻言，不敢言喘，心中暗想道："或者悟空打杀的就是也。"
有的版本这里有个省略号，也就是说唐僧的心理活动作者并没有全部写
出来，那神思不安的长老还有什么样的心理活动使作者不便于写出来呢？
就在于唐僧下面这句话："善哉，善哉！如此贤父母，何生恶逆儿！"在
唐僧看来取经成功的关键在于布道，就是只说不做，只有扬善，才能除
恶，才会普度众生。在唐僧看来悟空打死了"贤父母生的恶逆儿"仅仅
是除恶而非扬善，这样做，经是取不来的。此时唐僧对取经既踌躇满志，
又忧心忡忡，对孙悟空既恨之入骨，却又无可奈何。然而在孙悟空看来
取经成功的关键在于除恶，就是只做不说，只有除恶，才会扬善，才会
普度众生。

这是师徒二人的矛盾所在，观念的冲突导致一个离奇的细节发生了，
悟空打杀了杨老汉的儿子，还割下他的头，割下他的头还要让唐僧看。
原文是——就行者上前，夺过刀来，把个穿黄的割下头来，血淋淋提在
手中，收了铁棒，拽开云步，赶到唐僧马前，提着头道："师父，这是杨
老儿的逆子，被老孙取将首级来也。"这其实是孙悟空和唐僧直接对着干
了，你认为我打死强盗不对，我偏偏不仅打死他，还得让你看看就是这
个人，他想要你的命，如果不能除恶务尽，经是取不来的。可唐僧不这

样想啊！一看见这血淋淋的人头就大惊失色，慌得跌下马来，骂道："这泼猢狲唬杀我也！快拿过！快拿过！"其实唐僧害怕的不仅仅是一个人头，他害怕的是孙悟空这样"枭他首"是一种恶，他在训斥悟空的时候说了，"及晚了到老者之家，蒙他赐斋借宿，又蒙他开后门放我等逃了性命，虽然他的儿子不孝，与我无干，也不该就枭他首（古代刑罚，把头割下来悬挂在木上：～首。～示（枭首示众））……"他认为孙悟空"枭他首"这种恶行，已不配取经，所以唐僧爬起来，二话不说，趁悟空不备，心里念起了紧箍咒，而且念了十余遍，可见恨之入骨，直到孙悟空求饶，才住口。然后把孙悟空逐出师门。师徒二人彻底决裂。

其实，唐僧和孙悟空的矛盾主要是思想认识上的对立。可见，统一思想很重要，什么时候唐僧和孙悟空的思想一致了，也就是说惩恶扬善既要表现在口头上，也要落实在行动上，取经大业就顺利了。

发展——分身扁师 二心竞斗

唐僧把孙悟空逐出师门后，孙悟空心神不定，在取不取经的问题上，左右为难啊！"欲待回花果山水帘洞，恐本洞小妖见笑，笑我出乎尔反乎尔，不是个大丈夫之器；欲待要投奔天宫，又恐天宫内不容久住；欲待要投海岛，却又羞见那三岛诸仙；欲待要奔龙宫，又不伏气求告龙王。真个是无依无倚，苦自忖量道：'罢！罢！罢！我还去见我师父，还是正果。'"孙悟空最终理智战胜了情感，他不得不选择回到唐僧这里，可唐僧一看到悟空就气不打一处来，一个劲儿地念紧箍咒，把孙悟空的头都念成太上老君的葫芦了。孙悟空忽然省悟到，这唐僧是吃了秤砣了，铁了心不要他了，是到了分道扬镳的时候了。可孙悟空为了"前程"，取经的意念不仅没有消失，而且非常坚定。他该怎么办呢？我们替他想一想：要么找观音菩萨去。解铃还须系铃人，想当初是观音菩萨让他保唐僧去取经的，唐僧不要他了，怎么办？当然得找菩萨去！让菩萨想办法来解决。要么自己去取经。经总得要取。但没有孙悟空，唐僧是绝对取不来经，怎么办？要不取而代之，自己去取经？

既然孙悟空起了二心，那他会不会就用分身术，把自己一分为二，一身留在了唐僧身边再图打算，一身留在了菩萨身边呢？

我们还得一起来探究那些表面看来不合逻辑、不合情理，事实上却暗藏着玄机的情节，看一看到底是妖精扁的唐僧，还是孙悟空扁的唐僧？

1."跪"与"砑"

当八戒去打水，唐僧和沙僧左等左不来，右等右不来，饥渴难忍之际，沙僧也离开唐僧去找八戒。就在这个时候，一个和孙悟空一模一样的家伙突然出现了，作者称呼他为"孙行者"。

原文是这样描写：那师父独炼自熬，困苦太甚，正在怆惶之际，忽听得一声响亮，唬得长老欠身看处，原来是孙行者跪在路旁，双手捧着一个磁杯道："师父，没有老孙，你连水也不能够哩。这一杯好凉水，你且吃口水解渴，待我再去化斋。"长老道："我不吃你的水！立地渴死，我当认命！不要你了！你去罢！"行者道："无我你去不得西天也。"三藏道："去得去不得，不干你事！泼猢狲！只管来缠我做甚！"于是那行者变了脸，发怒生嗔，喝骂长老道："你这个狠心的泼秃，十分贱我！"轮铁棒，丢了磁杯，望长老脊背上砑了一下。那长老昏晕在地，不能言语，被他把两个青毡包袱，提在手中，驾筋斗云，不知去向。

这个细节太不合逻辑了。这个细节令人困惑：怎么这个妖精起先是那么温柔，那么善良，那么有礼貌。他竟然双手还"捧着一个磁杯"，而且"跪"在那里，那么恭敬地哀求唐僧喝水。如果我们是妖精，我们有必要"跪"唐僧吗？有必要双手"捧"着"磁杯"吗？如果我们就是那个妖精的话，充其量就是以"嗟来之食"方式，道"喂！和尚，喝水"，绝对不会"跪在路旁，双手捧着一个磁杯"。我就怀疑，"跪"在这里的怎么可能是所谓的妖精——六耳猕猴？

那么是谁呢？我们还是从"跪"字入手？"跪"，形声，从足，危声。本义：屈膝，单膝或双膝着地，臀部抬起，伸直腰股。在我们中国的传统文化里，可不是随随便便就下跪的，下跪是臣服、崇拜或高度恭敬的表示。通常只给天地君亲师下跪。那，问题就出来了，唐僧是天吗？不是！唐僧是地吗？不是！唐僧是君吗？不是！唐僧是亲吗？不是！唐僧是师吗？是！对了！如果不是自己的亲师父，谁也不会这么做。所以下跪者乃是如假包换的孙悟空。

可唐僧不知好歹啊！死活不要孙悟空。而且说了一句话让行者很不受用，让那行者一听，勃然大怒。这句话就是"只管来缠我做甚"。"只管"的意思是"只顾；一直；一味"。言外之意就是说行者除了求唐僧收留之外无路可走了。那行者当然听得出这弦外之意，觉得唐僧实在太可笑。在孙悟空看来，他唐僧能干啥？肩不能扛，手不能提，走路还得马驮着，其实很"皮松"，还大言不惭地说什么"只管"，好像离了你唐僧就不能取经似的，太可笑了；动不动就念紧箍咒，除了念念紧箍咒，还能干啥？求他干什么？取而代之，自己去取经，有何不可呢？

行是行，不过得有"通行证"才行！那"通行证"好弄吗？不好弄？怎么办？只有一个办法，那就是"抢"。于是，那行者就扁唐僧，只把唐僧"砑"昏，抢夺两个青毡包袱，拿着通关文牒，自己去取经。

可我总觉得那行者扁唐僧扁得太不合逻辑、不合情理。他仅仅是"砑"了一下唐僧，把唐僧"砑"昏了而已。我们得先看看砑的含义。"砑"，轻轻地接触、碰撞。这个所谓的妖精——六耳猕猴，他的金箍棒杀伤力应该和孙悟空的金箍棒一样，"汤着的就死，挽着的就亡；搕着的骨折，擦着的皮伤"。他为什么那么温柔地把唐僧"砑"了一下，仅仅是让唐僧昏过去，不一棍子打死唐僧，以绝后患呢？

我认为只有孙悟空本人才舍不得对师父下毒手，孙悟空只是觉得唐僧太可恨了！想教训教训他——不要动不动就念紧箍咒。孙悟空想打唐僧的想法不是一天两天了。第一次，也就是在第十四回《心猿归正六贼无踪》，孙悟空打死"六个毛贼"的时候，唐僧不但驱逐孙悟空，而且设计给孙悟空戴上紧箍，那个时候孙悟空就做出了扁唐僧的举动，只不过唐僧一个劲儿地念紧箍咒，孙悟空扁师未遂；第二次，也就是在第二十七回《尸魔三戏唐三藏　圣僧恨逐美猴王》，孙悟空三打白骨精的时候。再一再二不再三，这是第三回了，必须得给唐僧点颜色看看了，要不然，动不动就念紧箍咒，那可不行！

2. 念了从头又念

接下来的一个情节更离谱，打昏了唐僧，抢夺两个青毡包袱，拿着通关文牒的孙行者却没有立马弄个假唐僧、假八戒、假沙僧去取经，反而跑到孙悟空的花果山，而且还"高坐在石台上，右手扯着一张纸，朗朗的念道……"。"念了从头又念？"他这反常的举动，不怕自己完全暴露了吗？跑到花果山，不怕沙僧找得到吗？"高坐在石台上"，不怕沙僧看得见？"朗朗的念道"，不怕沙僧听得见？"善聆音，能察理，知前后，万物皆明"的所谓的六耳猕猴有必要"念了从头又念"吗？他当然不怕沙僧找得到，不怕沙僧看得见，不怕沙僧听得见。"念了从头又念"，怎么还不来啊，盼望的就是你沙僧，只不过这个"他"就是孙悟空本人啊！

3. 如意金箍棒

沙僧终于来了，紧接着，他就看到了两个一模一样，长相、声音、本领都是一样的孙悟空打得不可开交，顿时傻了眼，只见：二行者在一处，果是不分真假，好打呀——两条棒，二猴精，这场相敌实非轻。都要护持唐御弟，各施功绩立英名。真猴实受沙门教，假怪虚称佛子情。盖为神通多变化，无真无假两相平。一个是混元一气齐天圣，一个是久炼千灵缩地精。这个是如意金箍棒，那个是随心铁杆兵。隔架遮拦无胜败，撑持抵敌没输赢。先前交手在洞外，少顷争持起半空。

"这个是如意金箍棒，那个是随心铁杆兵。""如意金箍棒"就是"随心铁杆兵"。如果说，长相、声音、本领妖精可以变化的话，可那"如意金箍棒"只有一个，而且是孙悟空的招牌，所谓的妖精——六耳猕猴又是从哪里弄的金箍棒呢？其实作者吴承恩暗示我们了。文中有一句话点出了问题的实质，这句话是"盖为神通多变化，无真无假两相平"。"盖"，原来，"为"，是。意思是没有真，也没有假，原本就是孙悟空本人，之所以出现真假之说，"盖为神通多变化"，原来是孙悟空有神通，会变化，能分身。

4. 金紧禁

不仅金箍棒是孙悟空的招牌标志，紧箍也只有孙悟空独家所有。原文是这样描写的：于是两个行者，且行且斗，直嚷到南海，径至落伽山，打打骂骂，喊声不绝。菩萨暗念真言，两个一齐喊疼，都抱着头，地下打滚，只叫："莫念，莫念!"紧箍咒无论如何妖精也不可能具备，如来一共给菩萨"金紧禁"三个箍儿。紧箍儿，先与孙悟空戴了；禁箍儿，收了黑熊精做守山大神；金箍儿，一直舍不得用，最后收服了红孩儿。这金箍儿是这三个箍里最厉害的一个，一个抵五个，套着红孩儿的头顶，双手与双脚。这就说明根本没有所谓的妖精——六耳猕猴，明摆着是孙悟空使的分身法嘛!

接下来情节让人哭笑不得。这大圣呵呵冷笑，那行者也哈哈欢喜，揪头抹颈，复打出天门，坠落西方路上道："我和你见师父去，我和你见师父去!"很多人提出了这样的疑问，唐僧能辨认吗？很显然，不能。菩萨都不能，唐僧肯定不能。那为何还找师父去。要知道，这场戏就是演给唐僧看的。必须在唐僧面前表演一番，孙悟空在教训了唐僧之后，还得让唐僧相信打他的的确确不是自己，而是妖精。为后来回归做铺垫，同时让唐僧必须明白没有俺老孙，你唐僧寸步难行，处处有妖精要你的小命。

5. 照妖镜

菩萨不能分辨，玉皇大帝能分辨吗？按理说能行。因为玉皇大帝的手下托塔李天王有个照妖镜。托塔李天王的照妖镜有个特点，只要是妖精必现原形。不管是男妖女妖，丑妖俊妖。

原文是这样描写的：二人扯扯拉拉，口里不住地嚷斗，径至南天门外，玉帝即传旨宣托塔李天王，教："把照妖镜来照这厮谁真谁假，教他假灭真存。"天王即取镜照住，请玉帝同众神观看。镜中乃是两个孙悟空的影子，金箍衣服，毫发不差。也就是说，经照妖镜照过的二行者，没有现原形，一模一样，没看到哪一个猴子长着六个耳朵。二者完全相同，玉帝当然辨不出哪个假，哪个真。

"这大圣呵呵冷笑，那行者也哈哈欢喜"，就说明他正在暗自得意：嘿嘿！你们谁都想不到吧！根本就没有真假。

6. 谛听

真的就没有知道真相的吗？或者说能辨认的？错！谛听就能辨认。那"谛听"的含义是什么？"谛听"，又称"地听"、"善听"。因其头部生有独角，民间又俗叫"独角兽"。"谛"，佛教名词，谓真实无谬的道理。"谛听"，顾名思义，真理即听。

可心知肚明的谛听讳莫如深，不敢说，他忌惮什么呢？原文是——须臾，抬起头来，对地藏道："怪名虽有，但不可当面说破，又不能助力擒他。"地藏道："当面说出便怎么？"谛听道："当面说出，恐妖精恶发，搔扰宝殿，致令阴府不安。"又问："何为不能助力擒拿？"谛听道："妖精神通，与孙大圣无二。幽冥之神，能有多少法力，故此不能擒拿。"既然阎罗殿的谛听可以分辨出真假，却为什么不敢说出来？即使六耳猕猴与孙悟空的本事是一样大的，只要谛听说出哪个是假的，十大阎罗是可以帮孙悟空抓住所谓的六耳猕猴的，谛听为什么不说？他怕什么？

谛听投鼠忌器啊！倘若谛听道破了真相，说没有妖精，就是孙悟空变的。那样，孙悟空就会恼羞成怒，发起恶来，打死谛听又来个大闹地府，把阎罗殿都拆了！地藏道："似这般怎生祛除？"谛听言："佛法无边。"地藏早已省悟。只有如来才降得住孙悟空，想当年，孙悟空大闹天宫的时候，就是如来收服的，孙悟空跳不出如来的手掌，如来把他压在五行山下。

这正是"假作真时真亦假；无为有处有还无"（曹雪芹撰，太虚幻境联）。

高潮——如来圆谎　六耳暗语

1. 辨明邪正

"他两个在那半空里，扯扯拉拉，抓抓挜挜，且行且斗。直嚷至大西天灵鹫仙山雷音宝刹（chà）之外。"读到这里很纳闷啊！开头讲了，既然所谓的妖精"善聆音，能察理，知前后，万物皆明"，当然就应该十分清楚佛法无边，如来佛祖是个厉害角色，他为什么还要到雷音寺去送死呢？这就很蹊跷，如果真有所谓的六耳猕猴，他怎么会做这样的蠢事？

问题的关键在于这句话，"与弟子辨明邪正"，在其他地方，他两个都是要求"辨个真假"，走到哪儿都问得理直气壮："你们看我两个谁是假的！"都辨不出，因为根本没有假的。而在这里说的是"辨明邪正"，这个区别是相当大的，"真假"，是指两个人谁真谁假；"邪正"，是问俺老孙打死那"打家截道，杀人放火"的强盗到底对不对？俺老孙打死了阻碍取经的强盗有何不对？孙悟空认为自己是在除恶。可唐僧却认为孙悟空是在作恶，所以唐僧就不让孙悟空去取经了。虽然，你唐僧是钦定的取经人，没有你唐僧，经取不来，但没有俺老孙，经也取不来，

离开了俺老孙，你随时随地都会碰上妖精，这一点，天、地、神、人、鬼都知道。所以，你唐僧不让俺老孙取经，你就是变相地阻碍取经，你阻碍取经是错误的，犯了错就要受到惩罚！——俺老孙和唐僧，谁对

谁错，谁正谁邪？请如来公断！

孙悟空这点小算盘，又岂能瞒得了如来佛？在他还没来之前，如来佛就已经对大众说了，"汝等俱是一心，且看他二心斗来"。"二"通"贰"，变节，背叛。还可以当动词讲，意思是"一分为二"。

如来非常明确地表态了，你们呀，一心要看谁真谁假，又岂能识破他的二心呢？是孙猴子生了二心，二心生二身，你们却以为是妖怪打的唐僧，其实是悟空的替身打的唐僧。

但是，这能说吗？不能！一说破，就无法收场了，这个经就彻底取不成了！如来的计划就破产了！那如来为何在菩萨未到之前，想要道破真相，看到菩萨来了却和菩萨演绎起六耳猕猴来了呢？我想原委是这样的，当时如来正在给大众讲解佛法，正讲到"一心"与"二心"之间的区别，突见两个行者且打且来，如来发现，这是一个印证二心的活生生的教材，于是想道破。作为取经故事的执行导演——菩萨的突然造访，让如来如梦方醒，真相不能道破啊！取经要紧啊！所以如来不但没有说破，反而还演绎出一个谁也没听说、没见过、根本就不存在的六耳猕猴来，而且很默契地配合孙悟空假戏真做！

2. 莫须有

我们看如来是如何演绎出根本就不存在的六耳猕猴来的。原著中这样写道，如来笑道："汝等法力广大，只能普阅周天之事，不能遍识周天之物，亦不能广会周天之种类也。"菩萨又请示周天种类，如来才道："周天之内有五仙，乃天地神人鬼；有五虫，乃赢（luǒ）鳞毛羽昆。这厮非天非地非神非人非鬼，亦非赢非鳞非毛非羽非昆。"

同学们要注意，既然能够"普阅周天之事"，就应该"遍识周天之物"，因为事和物是连在一起的，所有的事都是和所有的物连在一起的。既然所有的事物能"遍识"了，那物之种类自然可以"广会"。可如来却认为佛法无边的大众未能"广会周天之种类"，这让大众感到糊涂，心里犯嘀咕：周天种类难道除了五仙、五虫这十类外还有别的不成？

　　果然，如来说，"又有四猴混世，不入十类之种"。我们来分析一下这四类猴子，第一是灵明石猴，通变化，识天时，知地利，移星换斗。灵明石猴，顾名思义，就是灵敏聪明的石头猴子，石猴不稀罕，但拥有智慧的石猴只有一个，这就是孙悟空。我想当如来一提到灵明石猴，大众就顿悟了，对，孙猴子就不入十类吗？如来接着说，第二是赤尻马猴，晓阴阳，会人事，善出入，避死延生。赤尻马猴，是马猴的一种，屁股红红的，孙悟空的马、刘二元帅就是赤尻马猴。第三是通臂猿猴，拿日月，缩千山，辨休咎，乾坤摩弄。通臂猿猴是猿猴的一种，这种猴子手臂很长，孙悟空的崩、芭二将军就是通臂猿猴。这两类猴子花果山上遍地是，能耐一般。第四是六耳猕猴。善聆音，能察理，知前后，万物皆明。那花果山有没有六耳猕猴呢？先不下结论，有一点很明确，六耳猕猴理所当然地是猕猴的一种，那花果山有没有猕猴呢？满山遍地是，而且猕猴的大王还是孙悟空的七兄弟之一的猕猴王。我想此时此刻，如来的信徒也糊涂了，怎么从来没听说，那漫山遍野的马猴、猿猴、猕猴是异类？那花果山上满山遍野的浑身长满了毛的马猴、猿猴、猕猴都是猴子，他们应该属于十类中的"毛"类！我想也是。

　　如果这样分析合情合理，那混世的四猴就只有第一类——灵明石猴，也就是孙悟空不入十类了。那么，如来的这句话，"这厮（对男子轻蔑的称呼）非天非地非神非人非鬼，亦非赢非鳞非毛非羽非昆"，其实就是在暗示大家，打唐僧的是孙悟空。我们知道"这"是代词，那"这"指代什么呢？当然是指打唐僧的那个浑小子啦。具备"非天非地非神非人非鬼，亦非赢非鳞非毛非羽非昆"这个条件的，只有孙悟空。

　　既然如来已经暗示了就是孙悟空打的唐僧，为何还煞费苦心地、生拉硬扯地杜撰出一个"又有四猴混世，不入十类之种"的说法呢？目的何在？目的就是通过赤尻马猴、通臂猿猴扯出六耳猕猴，进而把打唐僧的责任推到所谓的六耳猕猴身上，即"我观假悟空乃六耳猕猴也"。

3. "六耳"之谜

不过，我还是纳闷，如来为何偏偏杜撰"六耳"却不杜撰"四耳"或"八耳"呢？其实如来也绝不是凭空捏造，这里有玄机。这里涉及一个秘密，就是孙悟空的师父到底是谁，也就是说，菩提祖师到底是谁？有人说是太上老君，有人说是燃灯古佛，有人说是准提道人，有人说是元始天尊，有人说是如来佛祖等等——我认为是如来佛祖。

在第二回《悟彻菩提真妙理 断魔归本合元神》中作者写道——祖师听说，暗自寻思道："这厮果然是个天地生成的！就打破我盘中暗谜。"悟空道："此间更无六耳，止只弟子一人，望师父大舍慈悲，传与我长生之道罢，永不忘恩！"祖师道："你今有缘，我亦喜说。既识得盘中暗谜，你近前来，仔细听之，当传与你长生之妙道也。"

因为说出"六耳"，就是说出了"本象"！"本象"就是真相，真相就是"六耳"，"六耳"就是"三人"，三人为众，人多嘴杂。"六耳"一词，是孙悟空和如来两人间的秘密对话，只有孙悟空和他的师父知道，绝不可能有第三个人知道！也就是说"六耳"者，乃悟空也。在这里六耳猕猴和孙悟空彻底画上等号，如来是孙悟空的师父，孙悟空是如来的徒弟，按理说孙悟空知道了师父的"本象"应该高兴啊，为何胆战心惊，急纵身，跳起来就走呢？其实孙悟空"心惊"的是自己的师父竟是如来，"胆战"的是如来竟通过暗语来告诫自己，此处人多嘴杂，万万不可泄露打唐僧的真相。

那怎么办？三十六计，走为上策。走，跑的意思。俺老孙还不快跑，还等什么啊？可没想到，"如来见他走时，即令大众下手……一齐围绕"。孙大圣也要上前，如来道："悟空休动手，待我与你擒他。""那猕猴毛骨悚然，料着难脱，即忙摇身一变，变作个蜜蜂儿，往上便飞。""孙大圣也要上前"，他上前要干什么？如来明白，赶紧告诫，"悟空休动手"，表面上是告诫圈外的孙悟空不要动手，实际上是怕圈内的孙悟空动手反抗，同时也是告诫众人不要动手，如来知道，一动手真相必将水落石出。孙悟空也认为真相即将败露，自然毛骨悚然，心想既走不了，又不让动手，怎么办？料着难脱时，急中生智，就变个蜜蜂儿，往上飞吧。这个时候的孙悟空仍然是稀里糊涂的，不知如来葫芦里到底卖的什么药，只能让替身配合如来假戏真做了，当然不能两个一起心惊，一起胆战，一起逃跑了，那样戏不用演真相就自然败露了。

接着看，如来将金钵盂撇起去，正盖着那蜂儿，落下来。大众不知，以为走了，如来笑云："大众休言，妖精未走，见在我这钵盂之下。"大众一发上前，把钵盂揭起，果然见了"本象"，是一个六耳猕猴。孙大圣忍不住，抢起铁棒，劈头一下打死，至今绝此一种。如来不忍，道声："善哉，善哉！"大圣道："如来不该慈悯他，他打伤我师父，抢夺我包袱，依律问他个得财伤人，白昼抢夺，也该个斩罪哩！"

当如来的金钵盂撇起的时候，孙悟空顿时明白了，原来是给俺老孙提供一个"此间无六耳"地方，就势被金钵盂盖个正着，顺势拔根毫毛变成一个六个耳朵的猴子在里面，元神已走。"大众不知，以为走了"这句话实在是妙极了，看似闲笔，实则是点睛之笔。"大众不知"，真的不知吗？其实未必，大众心知肚明，真孙悟空已经跑了。如来当然知道大众所想，就讪笑着说，"大众休言"，其实大众一言未发，如来这样说的意思是想告诉大众不要揭穿真相。接着说，"妖精未走，见在我这钵盂之下"，就是让大众掀开钵盂，亲眼看看所谓的六耳猕猴。孙大圣忍不住，将其打死。"忍不住"这三个字用得好啊，孙悟空那么急切地打死罪不至死的所谓的"妖精"，为何？就是想来个死无对证，而且打得地方也很奇特，劈头一下打死，孙悟空那金箍棒打到一个猴子的头上，那猴头还会存在吗？大众还会清清楚楚看见这个猴子长着六个耳朵吗？

佛法无边的如来总算帮神通广大的孙悟空把这个弥天大谎撒圆了，

皆大欢喜。"至今绝此一种"更是神来之笔，也就是说，六耳猕猴，只有一只啊？悟空打死了这一只，也就绝种了？我想也就是一只，如果当时很多，假唐僧、假八戒、假沙僧也不会用花果山的猴子了，直接用六个耳朵的就行，可是没有，既然没有，哪来的如来所说的六耳猕猴啊？可见六耳猕猴一只也没有，是如来帮孙悟空撒的弥天大谎，孙悟空又帮如来圆了这个弥天大谎。

结局——皆大欢喜 合心同意

如来道："你自快去保护唐僧来此求经罢。"大圣叩头谢道："上告如来得知，那师父定是不要我，我此去，若不收留，却不又劳一番神思！望如来方便，把松箍儿咒念一念，褪下这个金箍，交还如来，放我还俗去罢。"这里有两个字请注意一下，一个是"那"，就是"那师父定是不要我"的"那"，既然有"那"师父，就应该有"这"师父，那"这"师父是谁啊？当然指眼前的如来。另一个是"又"字，"又劳一番神思"，也就是说已经劳了一番神思了，什么事让孙悟空劳了一番神思，当然是"真假美猴王"的事啊！从南海打到天上，从天上打到地上，从地上打到地狱，从地狱打到西天。期间，还挨了观音和唐僧的诅咒，能不劳神吗？

如来道："你休乱想，切莫放刁。我教观音送你去，不怕他不收。好生保护他去，那时功成归极乐，汝亦坐莲台。"

莲台可不是随便坐的，没有级别，是不能坐的，最起码是菩萨以上级别的才有资格坐莲台。如来告诉孙悟空，"汝亦坐莲台"，就是向孙悟空承诺，只要你保唐僧来西天取经，你将来不是菩萨就是佛。后来，孙悟空果然被如来封为佛，叫斗战圣佛，如来一共封了四十八位佛，孙悟空就是第四十八位佛，也就是最后一位佛。第四十七位佛是旃檀公德佛，就是唐僧，第四十九位是观音，不过不是佛，而是菩萨。如来一共封了

十六位菩萨。观音菩萨位列第一，不过观音不是佛，悟空却是佛，这与
孙悟空自导自演的这出戏不无关系，也与孙悟空是如来的徒弟不无关系。
这出戏的真相大众皆知，就猪八戒不知道，所以他被称为呆子——他十
分欢喜，称谢不尽。自此唐僧师徒四人洗冤解怒，合心同意，继续取经。

文本解读不等于教材解读

曾有幸在一场"初中语文新课改同步研讨会"上观摩了一位女教师执教的示范课，课题是鲁迅先生的《风筝》。该课以独到而新颖的教学设计、流畅而灵动的教学过程、平等而和谐的师生对话，尤其是激情洋溢的师生互动，让课堂充满了活力和张力，的确起到了很好的示范作用。但令人遗憾的是，这种精彩的背后也掩藏着人文教育的尴尬，折射出语文教学"忘本"和"丢人"。

请看案例。

一上课教师投影出示："考考你，看看谁最聪明——世界上偷什么的'贼'最可恶？"当时，我眼睛一亮，心想："精彩，开篇不俗，这样一下子就把学生的学习欲望调动起来。"一生答偷"时间"的贼最可恶；一生答偷"理想"的贼最可恶；一生答偷"梦"的贼最可恶。这个学生的话音刚落，老师马上用多媒体出示"偷梦贼"三个字，顺而引入正课："同学们！今天我和大家一起学习伟大的文学家、思想家、革命家鲁迅先生的《风筝》，请大家用自己喜欢的方式读课文，想一想鲁迅是'偷梦贼'吗？"

课文读完后一生答："鲁迅是'偷梦贼'！因为他无情地践踏了他弟弟的风筝，虐杀了他弟弟的梦，所以他是'偷梦贼'！"老师首肯！我旁边的一位老师嘀咕："怎么能给鲁迅冠以'贼'的帽子呢？"我亦有同感，却不明白上课的老师这样引导的用意，也不知道这节课结束后学生对鲁迅持怎样的态度。作为初一的新生，在对鲁迅先生了解不多的情况下，如果"偷梦贼"一词在他们的心中扎了根，其后果是可想而知的。果然，仅就此节课来看，只要学生一回答问题，"偷梦贼"一词就脱口而出，前前后后将近30次。

接下来教师又投影出示学习要求：（1）人物批注：从多角度用不同的方式对人物进行评论，以表达你的情感。（2）为醒目区分不同的人物，可以用以下方法：①不同的比喻；②不同的符号；③不同的色彩；④不同的乐曲。

8分钟后，一生说："我选用的方法是不同的比喻——哥哥是老鹰，弟弟是小鸡，他们之间的关系是弱肉强食。"一生说："我选用的方法是不同的色彩——哥哥是黑色，弟弟是绿色，黑色一出来，便掩去了生机盎然的绿。"接下来，有说"哥哥是豹子，弟弟是羊"的；有说"哥哥是闹钟，弟弟是熟睡的婴儿"的；有说"哥哥是猎人，弟弟是百灵鸟"的……最后一个学生选用了"不同的符号"来表达情感，他说："哥哥是箭，弟弟是心，哥哥这支箭射中了弟弟这颗心。"老师纠正说："不是射中，而是穿透！"并随手在黑板上画了一颗心，心的下面用白色粉笔点了六七个点。当时我想："这个地方要是用红色粉笔画会更好。"那时只沉浸在学生的精彩表述之中，无暇他顾，现在想想这是多么幼稚、多么荒唐的想法啊！

如果前一个环节把鲁迅说成"偷梦贼"还可以原谅的话，那么这个环节把文中的"哥哥"说成刽子手、屠杀者、恶魔等等邪恶事物的象征，把"弟弟"说成任人宰割、任人欺凌、任人蹂躏等等弱小事物的代表，则是无论如何也不能原谅的。因为，不管课堂设计多么艺术，学生回答多么精彩，师生交流多么默契，课堂教学毕竟不是演戏，语文教学毕竟担负着对学生的情感、态度和价值观的潜移默化式的熏陶任务。文中的

"哥哥"和"弟弟"是一奶同胞的亲兄弟，他们之间的误会只是人生历程中的一个插曲，不是你死我活的斗争。可在我们师生口中，兄弟手足之情荡然无存，幻化成恶狠狠的"箭"穿透血淋淋的"心"。这种可怕的比喻，就像一粒粒仇恨的种子，如果在学生心中扎了根，对他们的一生又是一种怎样的戕害呢？我们岂不成了罪人？

教师是一流的教师，课堂是"精彩"的课堂，可为什么就偏偏忽视了对学生的情感、态度和价值观的培养呢？

原因就在于混淆了文本解读和教材解读的根本区别，致使备课时忘了"本"，教学时丢了"人"。文本解读与教材解读是两个概念，不能混淆。文本解读是一种仁者见仁、智者见智的个性化解读，解读的主体是宽泛的，任何人都可以有自己的理解。也就是鲁迅先生所说的：一部《红楼梦》，经学家看见《易》，道学家看见淫，才子看见缠绵，流言家看见宫闱秘事。但这个文本一旦编入教材，就由文本解读转化为教材解读，解读的主体是师生。对于《风筝》这篇文章，从文本的解读角度来看，既可以解读出鲁迅的自省，也可以解读出封建礼教钳制儿童的天性，还可以解读出兄弟友爱。但作为教材来解读，就必须把本文放在该单元甚至本册教材来解读，然而本单元的主题是"爱"，所以对"风筝"的解读就必须在关涉到编者的编写意图、教师自我对课堂的驾驭水准、学生对教材的接受水平等种种要素的基础上，密切关注文章所隐含的"亲情"这一主题。当然，在课堂教学中，学生解读出的其他含义也应接纳，不能排斥。

教材解读要有儿童立场

胡适的《我的母亲》第七自然段有这样一段话："这时候我母亲的妹子玉英姨母在我家住，她怕我冷了，拿了一件小衫出来叫我穿上。我不肯穿，她说：'穿上吧，凉了。'我随口回答：'娘（凉）什么！老子都不老子呀。'我刚说了这一句，一抬头，看见母亲从家里走出，我赶快把小衫穿上。但她已听见这句轻薄的话了。"这一段中的"娘（凉）什么！老子都不老子呀"一句，看似通俗易懂，实则只可意会，不可言传。后半句"老子都不老子呀"，课文有解释，意思是说"父亲去世了"。前半句"娘（凉）什么"理论上分析也不难，联系后半句来推测，应该就是"娘管什么"。整个句子的含义就是"跟我提娘有啥用，我爹都不管我了"。

仅仅这样讲解，孩子会明白吗？怎样让孩子明白文字背后所隐含的韵味才是重要的。我们可以想象：一个顽童在玩兴正浓的时候，小姨却让他穿上小衫，这是不是败坏了他的兴致？如果是，他自然不耐烦，自然拒绝穿小衫。如果这个时候，小姨强行让他穿，他自然躲躲闪闪地不想穿，越不想穿，小姨越让他穿，还不停地唠叨让他穿上小衫的原因，"天凉了，天凉了……"这让他更加烦躁了。为何？有人说，在南方，"L"和"N"不分，他故意曲解"凉"和"娘"。可他为何故意曲解呢？我想，主要的原因是他误以为小姨用"娘"来吓唬他，逼他就范。这就体现了，他对"娘"平时对他的严厉管教已经产生反感了，尤其令他反感的是，"娘"动不动就把他从未见过的"完人"老子搬出来约束他。

这样的情绪就在这件小事中，借"凉"与"娘"的谐音发泄出来了。

这个顽童的"精致的调皮，无意的刻薄"令母亲气得发抖。胡适的母亲是不是有点小题大做了呢？不是！在母亲看来，这不是小事。为何？我们先看"轻薄"一词含义，"轻薄"的意思是"言行不庄重、不敦厚，常含贬义色彩"。

那么这个顽童轻薄了谁？表面看来是对以下三种人的轻薄。一是对姨母的轻薄，不尊重；二是对母亲的轻薄，对管束的反抗；三是对父亲的轻薄，不避讳。还有没有第四种？有！那就是对自己的轻薄。可文本为何对"姨母、母亲"的轻薄不着一字，只述母亲的训斥——她说："你没了老子，是多么得意的事！好用来说嘴！"在母亲看来，这个顽童竟然对故去父亲不当回事了。这还了得！这样的言行不仅仅是大逆不道的问题，更重要的是这句话打碎了她用丈夫这一完人的标准来引导儿子成长的梦想。

她所有的付出其实就是想把这个顽童培养成像她丈夫那样的完人。正如在前面她对这顽童所说的那样——"你总要踏上你老子的脚步。我一生只晓得这一个完全的人，你要学他，不要跌他的股。"在母亲看来，这句轻薄的言辞，貌似轻薄父亲，骨子里轻薄的是顽童自己。只有轻薄的人才能说出轻薄的话，说出这样话的人已经偏离了踏上他父亲的步子，不会成为一个完人了。这还了得，必须严惩才有可能让这个顽童踏上他父亲的步子。

只有这样解读，教学时才能入学生的心。

再如关于《论语》的教学，通常就是这样讲——读一读，读得朗朗上口；背一背，背得滚瓜烂熟；译一译，译得文从字顺；讲一讲，讲得条分缕析。尽管也有声有色，但总是不能入情入境。问题出在哪里？备课时忽略了儿童的立场。如果从儿童的立场来备课，就应该考虑让《论语》中的人物站起来，在一定的情境中活动。这样做是否可行？那是当然！我们都知道，《论语》是记录孔子和弟子言行的书。言，语言；行，动作。也就是说，某一则是语言描写，某一则是动作描写，抑或某一则既有语言描写又有动作描写。有了言行，人物就活了。人物活了，学起来就有情趣了。

以言为例。谁说的话？在什么环境下说的话？说这话时的语气是怎样的？说这话时的神态是怎样的？说这话时的动作是怎样的？说这话时的心理是怎样的？如果揣摩了以上几个问题，一个有血有肉、情感丰满的人就立起来了。

其实，不仅仅是这两篇文章需要教师站在儿童的立场上来解读，很多文章都需要教师解读时有儿童的立场。例如：《走一步，再走一步》《童趣》《从百草园到三味书屋》《智子疑邻》《羚羊木雕》《阿长与山海经》《我的母亲》《陈太丘与友期》《金色花》《盲孩子和他的影子》《孤独之旅》《心声》《致女儿的信》《再塑生命的人》《两小儿辩日》《最后一课》《丑小鸭》《爸爸的花儿落了》《伤仲永》《社戏》《我的老师》……因为这些文章的题材来源于儿童，更重要的是，这些课文是写给儿童读的。其实，哪一篇课文的阅读对象不是儿童呢？所以从这个角度讲，所有的教材解读，都必须有儿童立场。

总之，我们进行教材解读时，如果缺失了儿童立场，也就是说仅仅从成人的视角，而不从儿童的视角来解读教材，教学时，教学难点就很难突破，只能在无奈中架空分析，致使课堂了然无趣。

闷葫芦："小兄弟"人物形象解读

"**小**兄弟"是鲁迅《风筝》中一个小人物。人物虽"小"，但事关重大。不仅鲁迅因其纠结，也有部分读者因其纠结。最近就看到一道与"小兄弟"形象有关的试题：题干是"你觉得《风筝》一文中的'小兄弟'是个怎样的人"；答案是"'小兄弟'是一个动手实践能力强的人"。仅从题干来看，此题也无可厚非。但该问题的答案却很荒谬！难道仅仅因为"小兄弟"会做风筝，就可以说他是一个动手能力强的人？退一步说，即便如此，这样的解读也是毫无意义的。因为此种解读，不仅浅陋，而且可鄙，是一种完全脱离了文学作品所蕴含的美学价值而一味乱解的行为。

那么，文中的"小兄弟"究竟是一个什么样的人？"闷葫芦！"什么是"闷葫芦"？闷葫芦是俗语，指"不说话，什么事情都藏在心里，不喜欢和别人分担自己的喜怒哀乐"的人。常比喻那些"沉默寡言不说话的人或者令人纳闷的话或事"。

下面，我们就从"闷葫芦"的比喻义入手来分析"小兄弟"的"闷葫芦"的形象。

一、"闷葫芦"通常用来比喻那些"沉默寡言不说话的人"

"小兄弟"是一个"沉默寡言不说话的人"吗？毫无疑问！这可以从文中"我"毁坏"小兄弟"正在制作的风筝这一细节看出来。当"小兄弟"精心制作的风筝被"我"恶狠狠地踏扁时，"小兄弟"居然既没有哭也没有闹，只是"绝望地站在小屋里"。这就令人生疑：此情此境的"小兄弟"为何不哭不闹呢？通常，一个儿童受到这般委屈，定会闹翻天的！因为哭闹无疑是儿童最好的武器。鲁迅有过这样的经历。1919 年 8 月底 9 月初，鲁迅曾以"神飞"为笔名，在《国民公报》副刊"新文艺"栏内，发表过 7 篇短小散文诗，其中《我的兄弟》与《风筝》一文不管是题材还是人物都相同。然而不同的是，《我的兄弟》一文却写到了"小兄弟"的哭。原文是这样写的："我的兄弟哭着出去了，悄然地在廊下坐着……"《风筝》一文中却既没有写"小兄弟"的"哭"，也没有写"小兄弟""出去"。仅仅用"留他绝望地站在小屋里"这极其省俭的话语来刻画他的"小兄弟"。这是鲁迅的疏忽还是刻意为之？自然是后者。鲁迅有意识地刻画了一个在委屈面前"不哭不闹"的"小兄弟"，塑造了一个"闷葫芦"形象。此形象绝不是鲁迅凭空捏造的，而是深深地镌刻着他现实生活的印痕。人生在世，总会有这样那样的误会。消解误会的唯一途径就是沟通。然而，"闷葫芦"的性格特征恰恰不愿或不善于沟通。这就使得误会不能消除，甚至越来越深，乃至矛盾激化。1923 年 7 月 19 日，周作人把一绝交信甩给鲁迅，那一刻，鲁迅的心是何等的痛啊！当天，鲁迅想和周作人沟通，但被周作人断然拒绝。那一刻，鲁迅的心又岂止是一个"痛"字所能形容的啊！无奈之下，鲁迅在满腔的悲哀中搬出八道湾。兄弟二人分道扬镳了。

　　二、"闷葫芦"通常用来比喻那些"令人纳闷的话或事"

　　"神对人说：'我医治你所以伤害你，爱你所以惩罚你。'"（泰戈尔）但惩罚就是惩罚，没有谁喜欢被惩罚。当鲁迅意识到自己的爱是对弟弟的一种"精神的虐杀"，是一种糊涂的做法时，就希望讨得"小兄弟"的宽恕，渴望"小兄弟"说一句"我可是毫不怪你啊"这类宽恕的话，以此聊以自慰。如果"小兄弟"说了这句话，就表明了他懂得哥哥的良苦用心，理解哥哥惩罚他，是因为爱他。这样鲁迅就能觉得兄弟二人依旧是"分形连气之人"。

然而"小兄弟"不仅没这样说，反而说了一句令鲁迅不仅"纳闷"而且"郁闷"的话，"有过这样的事吗？"就是这样一句漫不经心的话，让鲁迅的心"很重很重地堕着，堕着"。

"有过这样的事吗？"这句伤人于无形的话，只有在两种情况下才会这样说。一种是的确忘了，不记得有这回事；一种是情感隔绝到无以复加时的刻意撒谎。

此事如果忘了，也就是说成年后的"小兄弟"没有把这件事以及这件事的肇事者放在心上。这让鲁迅很受伤，觉得自己在"小兄弟"的心中竟然没有一席之地，只不过是一个毫无关系的局外人罢了。

此事如果没忘，就是撒谎。撒谎背后的真相是什么？是隔阂！是误会！是矛盾！矛盾源于误会，误会源于不沟通。不沟通的结局只有一个——决裂。这些都与"小兄弟"的"闷葫芦"的性格脱不了关系。事实也是如此。当鲁迅回八道湾取书及什器时，一件令人"纳闷的事"发生了，他回家取自己的东西，居然遭到周作人夫妇的谩骂与殴打。这是他做梦也想不到的啊！兄弟二人至此彻底决裂，走上了陌路。那一刻，他的心又岂止是在流血啊！即便是这样，鲁迅的心在"又不竟堕下去"的时候，也不想"至于断绝"。

诚然，周氏兄弟决裂的原因是一段说不清的公案，但谁敢说这与"小兄弟"的"闷葫芦"性格没有直接关系呢？俗话说，性格决定命运。具有"闷葫芦"性格的人，不听劝，很容易走向偏执。这恐怕也是周作人后来走向"歧路"的重要原因吧！

一个艺术形象，须是审美的，这个审美在于它能够给读者带来精神上的洗礼；一个艺术形象，须是独特的，这个独特在于形象所蕴含的美学价值是这一个而非其他；一个艺术形象，须是可感的，这个可感在于一提到它，读者就会形成影像，产生共鸣。由此观之，"小兄弟"的艺术形象就是一个"闷葫芦"，而非什么"动手能力强的人"诸如此类的荒谬的说法。

不过，需要指出的是，解读这篇文章，不要老是把文中的"我"和鲁迅完全等同起来，不要老是纠结于"小兄弟"是二弟周作人还是周建人。毕竟《风筝》是一篇文学作品。对于文学作品的解读，是讲究"知人论世"，但不能完全用实证的方法来解读它。正如鲁迅先生所言，"所写的事迹，大抵有一点见过或听过的缘由，但绝不全用这事实，只是采取一端，加以改造，或生发开去，到足以几乎完全发表我的意思为止"。

令鲁迅"悲哀"的还有"丫杈"

人教版教材七年级上册第21课《风筝》一文，作者鲁迅开篇写道："北京的冬季，地上还有积雪，灰黑色的秃树枝丫杈于晴朗的天空中，而远处有一二风筝浮动，在我是一种惊异和悲哀。"这是典型的环境描写。它在渲染了一种"悲凉"的气氛的同时也烘托出了鲁迅心间的"悲哀"。

这悲哀是有缘由的。教材的编写者专门设计了一道题共师生研讨与练习——"作者看到'远处有一二风筝浮动'，就感到'惊异和悲哀'，这是为什么？"《教师教学用书》在"练习说明"里对该问题中的为何"悲哀"给出了参考答案："鲁迅见到风筝，就想起小时候精神的虐杀的一幕，而且无从补过，心头不禁悲哀。"从练习的设计和解答可以看出：编者的意图是把"鲁迅'悲哀'的焦点仅仅放在'风筝'一词上"，可仔细研读教材就会发现，令鲁迅"悲哀"的还有"丫杈"。

一切景语皆情语。在寒气袭人，"积雪"尚未融化的冬季，在"晴朗"的天空里，"灰黑色"的秃树枝"丫杈"着……鲁迅看到的这一幕，色彩是冷色调的"灰黑色"，形状是"歧出"也就是"变态"的"丫杈"，而且还是"秃"的，毫无生机而言。这样的景色由眼入心，导致鲁迅的心间不禁"悲哀"起来！

这"丫杈"，看似普通，实则极富表现力。"丫杈"，即"桠杈"。本是名词，由于其后跟一"于"字，"晴朗的天空中"便作了"丫杈"的补语，按照常理，名词是不能带补语的，但在具体的语言环境中，确有名词的后面带了补语的，那此时的名词自然也就活用成形容词或动词了。因而"丫杈"的词性就随之发生了变化，由"名词"转化为"形容词"了，形容"树枝歧出"（课文注解）。"丫杈"一词虽活用为"形容词"，但动感十足，极富张力。这"丫杈"，就像"张牙舞爪"的恶魔，向鲁迅扑来，压得鲁迅喘不上气来；这"丫杈"，就像"纵横交错"的鱼刺，卡在鲁迅的喉咙里，横在那里，吐不出咽不下；这"丫杈"，就像"张着嘴"的火钳子，灼伤了鲁迅的心……

这"丫杈"到底蕴藉着什么呢？解读时代我们会知道：20 世纪 20 年代中期，政治上的军阀混战，文化上的阵营分化，教育上的"复古读经"，艺术上的失恋诗的盛行……这一切"国事"时时刻刻"丫杈"在鲁迅的火热的胸膛里，怎能不感到"悲哀"？

不仅"国事""丫杈"，"家事"亦然。1923 年 7 月 19 日，周作人给鲁迅送来了一封绝交信："……我以前的蔷薇的梦原来都是虚幻的，现在所见的或者才是真的人生。我想订正我的思想，重新入新的生活。以后请不要再到后边院子里来，没有别的话。愿你安心，自重。"就是这样一封信，使兄弟二人 40 年的手足之情在一番挣扎后断绝了。这种家庭的不幸，使鲁迅陷入了人生极大的哀痛中。

兄弟二人虽已分道扬镳，但"血浓于水"，作为长兄的鲁迅，对弟弟的亲情不会因弟弟的"绝交信"而骤然消失殆尽，毕竟周作人是鲁迅一手栽培的并与他并肩作战的弟弟兼战友。如果兄弟二人消弭误会，握手言和，那对鲁迅来说，将会消减多少独自奋战时的孤独与苦闷啊！他渴望和弟弟冰释前嫌，并在黑夜中并肩战斗。

他对兄弟二人交恶之事定会有一番反思：他对自己"傲然出走"感到内疚，"撇下弟弟，另寻他处下榻"虽是无奈之举，但也实属不该。他渴望得到来自弟弟的所谓的"宽恕"。他借"风筝"这一春天的使者，向弟弟发出了最后的一封"和解信"，但他又觉得"无可把握"……这"无可把握"的亲情，一直"丫杈"着他，令他"悲哀"。

"国事"与"家事"的"丫杈"，像一颗颗黑色的"钉子"一样钉在鲁迅的心里，锥心般的苦痛。正如他在 1934 年 10 月 9 日致萧军信中，谈到《野草》时所说的那样："我的那本《野草》，技术不算坏，但心情太颓唐了，因为那是我碰了许多钉子之后写出来的。"

所以，"丫杈"一词，不仅形象而且传神。其含义隽永，耐人寻味的语言特色符合鲁迅先生遣词造句的艺术化的特点，是大手笔，值得咀嚼。不管是教师备课时的教材挖掘还是课堂教学时的探究学习，都应给予这类词语足够的重视。这样，教学方得真味。

高猿者，老猴也

　　郦道元的《三峡》一文，被编入人教版"义务教育课程标准实验教科书"八年级上册第 26 课，笔者在教学这一课时，在《教师教学用书》参考译文中，发现"高猿"的意思是"高处的猿猴"，且在《教师教学用书》徐应佩、吴功正撰写的《模山范水　抒情写意——谈三峡》鉴赏中，也看到了相同的说法——以"高"形容猿，说明是高山上的猿……对此，笔者不敢苟同，认为把"高猿"翻译为"高处的猿猴"与整个句子的语境不符或者说不合。

　　我们来看"高猿"一词所在的语句——"每至晴初霜旦，林寒涧肃，常有高猿长啸，属引凄异，空谷传响，哀转久绝。"

　　其实，不必做过多的分析，仅从"寒"、"肃"、"凄"、"异"、"哀"等词语就可以体会到"林涧之间，清冷肃穆，凄寒肃杀"的气氛。显然，作者描写"高猿"的目的就是为了凸显三峡的肃杀之气。值得反思的是，把"高猿"的"高"理解为"高处"或"高山"，能突出三峡之肃杀之气吗？不能！这并不难理解！因为，一只猿猴的叫声能引起"渔者泪沾裳"，不是缘于它站得高，而是缘于它鸣得"哀"，这一点作者在文中通过"哀转久绝"这四个字明白无误地告诉我们了。这是其一。

　　其二，如果我们把原句"常有高猿长啸"中的"高"字删去，变成了"常有猿长啸"，意思也随之由"高处的猿猴拉长声音鸣叫"变成了

"猿猴拉长声音鸣叫"。这样一改，语境义有没有发生变化？没有！然而，古人用字，极其俭省，往往一字传神。所以，"高猿"之"高"绝非是一个可有可无的字，它应该是一个蕴含着丰富感情的词语。只不过，我们还没有挖掘出它的韵味。

由是观之，《教师教学用书》把"高猿"解释为"高处的猿猴"或"高山上的猿猴"是错误的。因为，一个猿猴，它站得越高，并不意味着，它就鸣得越哀！

也就是说，对"高猿"之义的正确解释应该从"猿的哀鸣"入手，只有衬托出"猿"鸣叫得悲哀，进而凸显出三峡的肃杀之气的解释才是正确无误的。

那么，到底"什么猿"的鸣叫才能达到如此的艺术效果呢？笔者认为，"老猿"、"苍老的猿猴"、"年事已高的猿猴"、"日薄西山的猿猴"！这样的猿猴，它的青春、它的活力、它的生命在寒林肃涧中慢慢消磨，直至殆尽。它已经无法抵御阵阵袭来的寒气和肃杀带来的恐惧。它老了，它孤独地在山谷中徘徊，它用不再嘹亮的、已经嘶哑的声音发出了对生命的哀鸣。这是生命最后的呐喊！也是最后的留恋。这呜咽般的哀鸣，催人泪下，让身临其境的"渔者"闻之不禁悲从中来，潸然泪下……

问题是"高猿"的"高"有没有"老"的含义呢？

查《古代汉语词典》（商务印书馆，2009），发现在"高"第二个义项"大"中又指"年纪大"。有例为证。一是《史记·吕太后本纪》："孝惠崩，高后用事，春秋高。"一是《后汉书·和熹邓皇后纪》："夫人年高目冥，误伤后额，忍痛不言。"由此可见，"高"之义为"年纪大"，其实就是"年事已高"的意思，也就是"老"的意思。可见，把"高猿"之"高"，翻译为"老"是有根据的。

总之，"高猿"既不是"高处的猿猴"，也不是"高山上的猿猴"，而是"年事已高的猿猴"，简称"老猿"！

用"愧怍"呼唤愧怍

——《老王》文本细读

《老王》这篇文章，炙手可热，不仅被选入了人教版初中语文教材，还被选入了苏教版和沪教版的高中语文教材。很多语文杂志也热衷于刊发《老王》一文的文本解读以及课堂实录。

《老王》之热折射出"老王"身上还有很多迷人的东西没有被挖掘出来。有人说《老王》不过是杨绛的隐身衣，如果这样说，那么《风筝》岂不是鲁迅的隐身衣？《皇帝的新装》岂不是安徒生的隐身衣？即便是穿着隐身衣，我们也能够通过捕捉到的蛛丝马迹，顺藤摸瓜，让真相浮出水面。《老王》这篇文章的"隐身衣"其实就是一句话："那是一个幸运者对一个不幸者的愧怍。"

真相的揭开，得从关键词语下手。

第一个关键词语：幸。

何谓"幸"？"幸"的本义是指"一个人死了，在土葬的时候，突然活过来了"。也就是说"死里逃生"了。《说文解字》对"幸"的解释就是"吉而免凶也"。我们现在常用的"不幸中的万幸"就是这个意思。

那么谁是不幸者？老王自然是不幸的。老王的不幸表现在哪里？

无组织。单干户，开黑出租。这是违法的，所以后来被取缔了。

无亲人。没有妻儿。有两个侄儿，但"没出息"。有时候，"没出息"

的侄儿还不如没有，有就是累赘。

无健康。"田螺眼"，瞎的。这对开车来说是要命的事情。

无尊严。污蔑他眼瞎是报应。"这老光棍大约年轻时不老实，害了什么恶病，瞎掉了一只眼。"这句话因其含蓄而耐人寻味。到底污蔑他什么呢？大概是猜疑他和坏女人有染，得了花柳病，毒攻到眼上了，瞎了一只。可以想象，周围的人，一见到他就指指点点，交头接耳，议论纷纷。

无住所。"偏僻的小胡同，破破落落的大院，几间塌败的小屋"，这是家吗？不是！那是什么？废品收购站！也就是说他根本就没有家。他自己也不承认这是他的家，当杨绛问他，"这里是你家吗？"他答非所问，说，"住那儿多年了"。可见，那儿只是一个栖身地而已。

一句话，老王就是一个苦人儿。

还有谁是不幸者？杨绛。不过，她在文中隐去了自己的不幸。

无健康。丈夫瘫腿。"文化大革命"开始，默存不知怎么的一条腿走不得路了。这一部分的隐语最多。默存的腿走不得路了，杨绛却说不知怎的。如此深爱的两个人，怎么会不知道他的一条腿走不得路的原因呢？谁信？杨绛是在避讳什么呢？什么都没避讳，世人皆知的事情，没必要说得那么透，不就是"文化大革命"的原因吗？蜻蜓点水，一笔带过。"烦老王送他去医院"中的"烦"字是隐语，关系挺好的，怎么还说烦？这个"烦"字不普通，并不是说央求老王送默存，而是指老王送默存去看病，会给老王惹来麻烦。为何？杨绛夫妇已经是被打倒在地的牛鬼蛇神了，人人唯恐避之不及。"我自己不敢乘三轮，挤公共汽车到医院门口等待"这一句，显然与开头"我天天做老王的车，我坐，他蹬"相矛盾。为何不敢坐车了呢？一个瘫腿的劳改犯坐贫下中农的车，似乎情有可原。但一个健康的劳改犯做贫下中农的车，就叫剥削。这样做是罪加一等的啊！可见，在一个连自杀都会被扣上对抗革命罪名的时代里，"不敢"一词包含着多少辛酸与隐忍！

　　老王送的仅仅是人吗？不是！他送的是钱钟书！钱钟书不是"人"吗？这个时候就不是了！是反动权威，是牛鬼蛇神，是人人可以侮辱的对象了。在这样的背景下，老王送钱钟书就是送健康，送尊重，送同情和送关爱。所以，善良的老王是不会要钱的，善良的杨绛也会铭记在心。

　　无自由。"文革"期间，夫妻下放到"五七干校"劳改。

　　无住所。有家不能归。即便是1974年从干校回来，家里有一大半的房子被一对"革命"夫妻霸占着。

　　无尊严。"文革"刚开始的时候，钱钟书被剃成"十"字头，杨绛被剃成"阴阳头"等等。

　　"无"亲人。十年"文革"，杨绛最亲的小妹妹，一代才女杨必被逼自杀，女婿王得一不堪受辱自杀。

　　这是杨绛的不幸。

　　还有谁是不幸的？在那段非人的历史里，没有谁是幸运的。不存在幸与不幸，只存在谁比谁更不幸。杨绛和老王都是不幸的，但老王比杨绛有更深的不幸。

　　如果非要说有幸的话，那就是杨绛在经济上比老王幸——老王穷困潦倒；老王在政治上比杨绛幸——杨绛劳动改造。如果非要说有幸的话，那就是谁还幸存着。杨绛活着，她是幸的；老王死了，他是不幸的。如果非要说有幸的话，老王病死，是幸的；成千上万的人横死，是不幸的。所以，"文化大革命"结束时，活着就是最大的幸，死了就是最大的不幸。

　　我们再看第二个关键词：愧怍。我们先看"愧怍"的含义。1. 因有缺点或错误而感到不安。2. 羞愧。3. 惭愧。我们可以看出，"愧怍"一词的三个含义是有递进关系的。因为有缺点或错误，所以才感到不安；因为感到不安，所以才产生羞愧感；因为产生了羞愧感，所以才惭愧。我们不禁产生一个疑问：令杨绛愧怍的缺点和错误是什么？

　　杨绛的愧怍源于善良本性。前面我们说了，老王和杨绛都是"五无"人员，但他们都有一样宝贵的东西，那就是善良。他们的善良，可以从他们交往中发生的事情看出来。每一件事情我们都用一个"送"字来概括。当然有的事情用"送"字来概括有点勉强。

　　第一件事情是杨绛的女儿送给老王鱼肝油。第二件事是杨绛送询问给老王。第三件事是老王给杨绛家送冰。第四件事是老王送钱先生看病。第五件事是默存把自己降格为"货"让老王送。第六件事是老王送好香油和大鸡蛋给杨绛一家。

　　不知大家注意到了没有，如果把文中写的第一件事，"在干校期间，杨绛的女儿送鱼肝油给老王"抽调，其他的事情就是按照"文革"前、"文革"中、"文革"后的时间顺序来写的。但如果按照事情发生的时间顺序来写的话，这件事应该发生在"'文革'刚开始，老王送钱钟书去医院一事"的后面。那为何放在前面写呢？也许是为了引出这句话吧——反正同是不幸，而后者该是更深的不幸。

　　杨绛和老王之间的交情就是在六件事情的交往中日益加深的。从一开始的坐车闲聊，到散步时偶遇，随意的一问，都让老王感到了被尊重、被关怀的感觉，所以他要给杨绛家捎带送冰，车费减半，而且，在冰价相等的情况下，冰块却大了一倍。杨绛自然不会占小便宜，要老王减半收费。更重要的是，老王的老实，深深地打动了正在被欺负的杨绛。此时，二人的交往已由纯主顾上升到人情了。"文革"开始，默存的腿走不得路了，老王义无反顾地送默存去医院，这让处在"人祸"中的杨绛感念不已。后来杨绛一家被下放到"五七干校"劳改，老王出车祸，杨绛的女儿送给老王鱼肝油治疗夜盲症就是感恩似的回馈。再后来，杨绛从干校回来，老王失业，默存把自己降格为货让老王送，其实是给了老王一口饭吃。老王自然没齿难忘，感恩戴德。于是在临终前，把一生的积蓄换成好香油和大鸡蛋送给杨绛。这份感情可歌可泣，已经不知不觉地上升到亲情了。

可老王送给杨绛好香油和大鸡蛋时，杨绛的言谈举止与这份感情极不相称。她没有让老王进屋坐坐，喝杯茶；当老王颤巍巍地离开她家的时候也没有搀扶一下，更没有抽空去看望老王。直到十多天后，偶然碰上老李才得知老王已经去世了。这是怎么回事呢？

在美国人克里希那南达和丹麦人阿曼娜合写的《拥抱你的内在小孩》第四章《惊吓——恐惧的冻僵状态》中说："当我们处在惊吓状态中，通常会无法思考，无法感觉，无法行动，也无法说话。"

杨绛当时就处在"惊吓——恐惧的冻僵状态"中，当杨绛打开门的一刹那，她看到的老王是这样的："像棺材里倒出来的，就像我想象里的僵尸，骷髅上绷着一层枯黄的干皮，打上一棍就会散成一堆白骨。"这就是死人的模样啊！谁见了这样的模样，都会害怕，除了亲人之外。杨绛自然不例外。在吃惊的状态下，她的思维和感觉就紊乱了，致使她的言行就异于通常了。一切都是无意识下的本能的反应。

我们先看杨绛的语言。

第一句。"啊呀，老王，你好些了吗？""啊呀"表示惊讶与恐惧！"老王，你好些了吗？"是在惊吓状态下对老王身体状况的疑惑。看面相，老王已经病入膏肓，却又分明地站在自己的面前，莫非身体好转了？

第二句。"我强笑着说：'老王，这么新鲜的大鸡蛋，都给我们吃？'"这句话是针对"我也记不起他是怎么说的，反正意思很明白，那是他送我们的"一句中的"送"字说的。

"强笑"就是勉强地笑，强装笑颜。面对老王说"送"，杨绛得笑，得欢喜。俗话说得好，"官不打送礼的"，何况杨绛不是什么官。这就是文化。但这笑不是发自内心的高兴，而是礼节性地拿捏出来的，仅仅是对老王的"送"表达出的礼貌。为何杨绛表里不一呢？杨绛对此打心眼里就半信半疑。为何？要知道，那时候鸡蛋就是奢侈品。

即便是送我们鸡蛋，送几个就可以了，怎么送这么多？何况还是既"新鲜"又"大"的鸡蛋呢？淘换几个"大"鸡蛋容易，但淘换一二十个"大"鸡蛋不容易，淘换既"新鲜"又"大"的鸡蛋是难上加难。老王是怎么淘换来的呢？在恐惧状态下，"只要心中有爱，这世上，没有什么事情做不到"这样的心灵感触已不能震颤她那善良、柔软的心了。

所以杨绛"强笑着说"。

短语"强笑着说"中的"说"应该是"问"，明明就是问嘛！面对杨绛的问，"老王，这么新鲜的大鸡蛋，都给我们吃"，老王的回答很耐人寻味，他只说："我不吃。"谁信？谁也不信！做梦都想有一个鸡蛋的岁月里，还有人说不吃鸡蛋，太不可思议了。是不喜欢吃？还是舍不得吃？抑或是要死了，吃不下去了？都有！从杨绛这个角度来看，她绝不相信老王不吃鸡蛋，当然杨绛知道老王舍不得吃。即便是舍不得吃，也不应该全部送人啊？老王出手也太阔绰了吧！所以，杨绛对老王的"送"是充满疑问的。既然杨绛不完全相信老王的送，她就会有其他想法。什么想法呢？她还想：老王是想用这香油和鸡蛋淘换点钱，买点盐巴等日常用品吧？这就是"恐惧状态"下的误解。所以她"转身进屋去"拿钱。

可老王赶忙止住她说："我不是要钱。"我们把"我不是要钱"和"我送钱先生看病，不要钱"放在一起比较一下。"不要钱"，老王出车，自然是挣钱，可这次他说不要钱，那他要什么呢？什么也不要。"我不是要钱"，这一句比上一句就多了一个关键的"是"字，这一个"是"字表明了，"钱，的确不要，但还有其他需求"。

那他要啥呢？在惊恐状态下的杨绛已经"无法思考"了，连说了两个"我知道，我知道"。这是第三句。那杨绛到底是知道还是不知道？不知道！她所说的"知道"，指的是即便是送，她也得给老王钱。因为老王需要钱。她此时，只能是用惯性思维来处理这件事了——在她的意识里，"送冰"时老王说"费用减半"，"送人"时老王说"不要钱"，可最终该要的还是要了嘛！

可这次，杨绛真的错了，她根本不知道，一个将死之人，要钱干什么啊！毫无用处了！她根本不知道，老王在病入膏肓的情况下，没有让老李捎带香油和鸡蛋，而是亲自去她家，就是为了在临终前再看一眼她。对老王来说，这就是生死之别。我们可以想一想，一个人在弥留之际，他最想见的人是谁？自然是他的亲人。对老王来讲，杨绛就是他最想见的那个最亲的人了。什么是亲情？这就是亲情！可因恐惧而六神无主的杨绛没有意识到。

我们再看杨绛的行为。"我忙去给他开了门，站在楼梯口，看他直着脚一级一级下楼去，直担心他半楼梯摔倒。等到听不见脚步声，我回屋才感到抱歉，没请他坐坐喝口茶水。"

"忙"，慌乱。"站"与"看"，袖手旁观！不应该是这个样子的啊？原因何在？害怕！害怕得糊涂了。怕什么？自然是怕老王的死人相。仅仅是怕这个吗？当然不是，她更怕的是老王死在她家中，这个贫下中农如果死在她这个黑五类家里，那可是吃不了兜着走的。这的确是一件非常可怕的事情。但从杨绛的"直担心"、"不安"、"抱歉"，可以看出杨绛的人情味儿依旧存在，只不过在恐惧状态下，显得漠了些而已。不过，话又说回来，如果杨绛把老王当作自己最亲的人之一，也许就会发生第七件事——临终送一程。但是，她怎么可能像老王把她当亲人那样把老王当亲人呢？毕竟她有自己的亲人。其实，在那个连夫妻都反目的岁月里，在杨绛自身都难保的情况下，她对于老王的照顾，已经是仁至义尽了。所以，我们不能渴求杨绛，说什么知识分子冷漠啦、清高啦等毫无意义的话。

但善良的杨绛依旧觉得自己犯了一个错误——老王对她很好，然而她却因怯懦对老王不很好。所以她感到不安，尤其是当她意识到，这份人情债因老王的病死而无法偿还的时候，不安就渐渐地变成了惭愧。这就是她个人对老王的愧怍。既然如此，结尾就应该是：那是我对老王的愧怍！然而结尾却是：那是一个幸运的人对一个不幸者的愧怍。作者为什么这样写呢？前面说过：在那段非人的历史里，活着就是最大的幸运，死了就是最大的不幸。可活着的都感到幸运了吗？没有！活着的都感到愧怍了吗？没有！面对病死的老王，活着的杨绛感到愧怍。可谁会对那些千千万万屈死的人感到愧怍呢？

不愧怍的他们在做什么？斗！"文革"不是结束了吗？是的，结束了。"几年过去了"一句，看似可有可无，实在大有用处，它表明了时间已经到了"文革"后。但"文革"的结束，并不是说把谁打倒了就结束了，那仅仅是政治层面的标志性事件而已。而现实生活却未必如此。曾经斗与被斗的，现在依旧在被斗与斗中挣扎，只不过，个人所扮演的角色对换了。这一切，似乎都源于毫无愧怍之心。这就引起了部分文人的反思。时间也就到了 20 世纪 70 年代末 80 年代初了，部分作家以"反右"扩大化、"大跃进"、"文化大革命"为题材，在反思苦难历史的同时，开始从人情、人性、人道的角度探索人的心灵世界。在这样的背景之下，1981 年，杨绛出版《干校六记》。可钱钟书却在序言这样说："假如要写回忆的话，当时在运动里受冤枉、挨批斗的同志们也许会来一篇《记屈》或《记愤》。至于一般群众呢。回忆时大约都得写《记愧》：或者惭愧自己是糊涂虫，没看清'假案'、'错案'，一味随着大伙儿去糟蹋一些好人；或者（就像我本人）惭愧自己是懦怯鬼，觉得这里面有冤屈，却没有胆气出头抗议，至多只敢对运动不很积极参加。也有一种人，他们明知道这是一团乱蓬蓬的葛藤账，但依然充当旗手、鼓手、打手，去大判'葫芦案'。按道理说，这类人最应当'记愧'。不过，他们很可能既不记忆在心，也无愧怍于心。他们的忘记也许正由于他们感到惭愧，也许更由于他们不觉惭愧。惭愧常使人健忘，亏心和丢脸的事总是不愿记起的事，因此也很容易在记忆的筛眼里漏得一干二净。"

从这段文字可以看出，该愧怍的"他们"丝毫不愧怍。这是非常危险的，一个不愧怍的人是可鄙的，一个不愧怍的民族是可怕的。不愧怍是没有希望，没有前程的，不管是一个人还是一个民族。所以，钱钟书忧心忡忡的同时义愤填膺。他对世人发出的警示是振聋发聩的。他把杨绛的《干校六记》和沈复的《浮生六记》在内容的全面性上做了比较。他说："《浮生六记》——一部我不很喜欢的书——事实上只存四记，《干校六记》理论上该有七记。在收藏家、古董贩和专家学者通力合作的今天，发现大小作家们并未写过的未刊稿已成为文学研究里发展特快的新行业了。谁知道有没有那么一天，这两部书缺掉的篇章会被陆续发现，补足填满，稍微减少了人世间的缺陷。"

谁率先弥补了这个缺陷呢？自然是杨绛。她写于1984年的《老王》就是对《干校六记》的补充，应该算是"干校'七'记"。因此，我认为《老王》一文就是一篇反思文学的力作，是关于"人"的反思文学。这篇文章，如果给低年级的学生讲，讲到"不安"这个层面就可以了，当然也可延伸到"羞愧"这个层面；如果给高年级的学生讲，还得往深处讲，应该或者必须讲到"惭愧"这个层面。不管讲到哪一个层面，作者都是"用愧怍来呼唤愧怍"。

由"形"入"神"依旧是
散文教学的主旋律

——以经典散文《端午的鸭蛋》为例
谈散文作品到底该教什么

如果有人问散文作品的基本特征是什么,笔者会毫不犹豫地回答"形散神聚"。其实,散文的这一基本特征也是作者创作时所遵循的基本章法。既然如此,那么散文的这一特征是否也是教者在备教时所要关注的核心内容呢?这是一定的!

基于散文的这一基本特征,散文作品到底该教什么的问题就迎刃而解了。笔者认为,散文作品的教学既离不开散文作品的"形",更离不开散文作品的"神"。

第一,散文的"形"是散文教学的切入点,所以散文教学要教散文的"形"。

曾有人对笔者说,"形散神聚"的说法过时了,教学时就不要在这上面下功夫了。此话令笔者大吃一惊。难道散文教学已经发展到置散文的"形"和"神"于不顾的地步了?显然没有!笔者认为这种言论是偏颇的,也是不负责任的。

笔者认为,从"形"切入散文作品,聚焦散文作品的"形",依旧是散文教学主要的内容。那么散文的"形"到底指什么呢?对于这个问题,理论界也没有一个统一的说法。在这里,笔者以第一届"语参杯"全国百佳语文评选大赛颁奖典礼暨 2013 年全国语文同课异构散文教学研讨会上所执教的课题《端午的鸭蛋》为例，仅就散文的"形"，也就是"作者在创作时选择了哪些题材入文"的问题谈一点自己的看法。

细读《端午的鸭蛋》，笔者模仿汪老遣词造句极其省俭的特点，梳理出了这篇散文的"形"——系百索子、做香角子、贴五毒、贴符、喝雄黄酒、放黄烟子、吃十二红、吃双黄通红冒油的鸭蛋、挂鸭蛋络子、做鸭蛋壳子灯……此外，文章的结尾还写到了东晋车胤"囊萤夜读"的故事。这些零零散散的"形"，汪老在行文的时候，有详有略，详略得当。这就给教者以启示：在确定散文作品的教学内容时，应恰当裁剪，主次分明。显然，"吃双黄通红冒油的鸭蛋、挂鸭蛋络子、做鸭蛋壳子灯"等细节是教学的重头戏，不仅要细细咂摸，还需锤炼出独特的滋味来。需要提醒的是，关于其他的"形"，教学时既不能置之不理，也不能大讲特讲，而是根据教学的需要，做灵活恰当的处理。

倘若由笔者来执教这一课，笔者定会从"形"入手，引领学生从文中寻找、梳理、归纳出这些零散的"形"，看看汪老究竟写了什么，以期在这个过程中培养学生发现、筛选以及归纳、概括信息的能力。

第二，散文的"神"是散文教学的核心点，所以散文教学要教散文的"神"。

其实，教材中的每一篇文章，教学时都应关注作者写了什么，散文尤甚。为何？相比较而言，散文的"形"是零散的，更需要下大功夫来梳理，否则一不留神，就会把那些乍一看觉得"可有可无"，实则大有妙处的"形"忽略掉了。就汪老的《端午的鸭蛋》而言，有人对汪老最后一段写车胤"囊萤夜读"的故事颇有疑惑。为此，教材特意在"研讨与练习"中设置了一道开放性习题——"有人认为，这段话与课文主要内容无关，是赘笔；也有人认为，由萤火虫在鸭蛋壳里闪闪发亮的样子联想到车胤苦读用的囊萤，很自然，很随意，正体现了汪曾祺散文闲适自由的风格。你看呢？"其实，只要知汪老之心，晓《端午的鸭蛋》之

"神"，就会清醒地认识到以上两种看法都不很靠谱。因为，这两种观点都背离了《端午的鸭蛋》这篇散文的"神"。也就是说，当出现对某个"形"有意无意地淡化，抑或产生了有用无用的争论时，就说明了思索问题不是从"神"的角度来考虑此"形"的妙用，所以才有这样那样的疑惑。

《端午的鸭蛋》原题《家乡的端午》，编入教材时做了改动。不管哪一个题目，其中都有"端午"二字。可以说"端午"二字是不容忽视的。但"端午"二字是不是这篇散文的"神"呢？不是！尽管它不是这篇散文的"神"，但它是这篇散文"形"和"神"统一的载体，起着极其重要的媒介作用。可以明确地说，文中的"形"是"端午"这一特定民俗文化下的"形"；文中的"神"是"端午"这一特定民俗文化下的"神"，"形"中有"神"，"神"中有"形"。无论是系百索子、做香角子、贴五毒、贴符、喝雄黄酒，还是吃十二红，抑或是吃十二红之一的双黄通红冒油的鸭蛋、挂鸭蛋络子以及做鸭蛋壳子灯并由此联想到车胤"囊萤夜读"的故事，都打上了"端午"这一特定民俗文化的烙印，同时，"端午"所包蕴的民俗文化也是通过这一系列的"形"来体现的。

我们选择几处略作分析。"系百索子"是希望小孩子长命百岁。"做香角子"、"贴五毒"、"贴符"、"喝雄黄酒"是想通过驱邪、避瘟、祛病来保佑身体无病无否。"吃十二红"是祝福每年十二个月，月月红红火火。"吃双黄通红冒油的鸭蛋"，这是"十二红"的压轴菜，自然也有"十二红"象征意义。但具体来说，"双黄"象征着"好事成双，双喜临门"，"蛋黄通红"象征着火红的日子，"冒油"象征着"日子富足，都富得流油了"。"挂鸭蛋络子"的用意是"用络子把这火红的日子套住，不让它逃逸"。

由此可见，文中的每一处"形"都在"端午"这一特定的文化场中组成了一幅幅有声有色的民俗风情画卷。然而这画卷中所蕴含的端午这一特定背景下的民俗文化，是从成人的视角来观照的，对儿童来说，吸引他们的绝不是这些民俗文化，而是"端午"这一天特有的"形"里面所蕴含的无穷乐趣。

如果撇开成人的视角不论，单从儿童立场出发，文中的三部分无不是围绕着"无穷乐趣"来写的。不管是第一部分"家乡的端午"，还是第二部分"家乡的鸭蛋"，抑或是第三部分"端午的鸭蛋"都是写"端午"这一天是快乐的。因为这一天不仅有好玩的还有好吃的，更重要的是这一天好快乐啊！教者一旦明确地认识到"无穷乐趣"才是《端午的鸭蛋》这篇散文的"神"，教学时就不再是单纯地教"形"，也不再是单纯地教"神"，而是由"形"入"神"，达到"形"与"神"的融通。千万要注意，"形"与"神"绝不能隔离，一旦隔离，课堂教学就因缺失了韵味而"发干、发粉，入口如嚼石灰"。

就拿第一部分"家乡的端午"来说，不管是系百索子、做香角子、贴五毒、贴符、喝雄黄酒还是放黄烟子、吃十二红、吃双黄通红冒油的鸭蛋都有无穷无尽的乐趣！比如，"系百索子"，那花花绿绿的丝线系在儿童的手腕上，该是多么令人赏心悦目啊！谁系着谁高兴。"做香角子"，一"缠"一"装"一"串"一"挂"，多美妙的事情啊！好动的儿童怎能不来凑热闹？儿童在掺和的过程中体验到了快乐！"贴符"，更是一件玄妙的事，它激发了儿童的好奇心——这能辟邪？何况那黄色、蓝色的纸条，红色的道道，也极大地刺激着儿童的视觉。"喝雄黄酒"，儿童自然是不可以喝酒的，但可以用雄黄酒在他们的额头上画"王"字，可以想象的到，额头上被"画"上一个"王"字的儿童是多么自豪啊！俨然就是一个大王了，神气得很啊！"放黄烟子"，一股黄烟冒出来，烟雾缭绕，绚丽刺激。倘若谁能用点燃的"黄烟子"一挥而就一个"一笔虎"，就更了不起，愈发神气了。"吃十二红"，整整一桌子菜，满眼红色，红得炫目，红得喜庆。就是看一眼也是一种享受！更何况还能大饱口福啊！这定是一件令人回味无穷的事情啊！

再拿第二部分"家乡的鸭蛋"中的"吃鸭蛋"这一细节来说，一"敲"一"挖"一"扎"一"冒"，令人垂涎三尺。"敲"不能太用力，太用力了鸭蛋壳就破了，一旦破了就不能做"鸭蛋壳子灯"了，所以得慢慢地敲，这就有了趣味。"挖"也是如此，用"筷子"挖，得小心翼翼。"挖"浅了，"挖"不到；"挖"深了，就把蛋壳"挖破了"。"挖"时呵护备至，吃起来才更有滋有味。"扎"，挖得差不多了，形成了一个小窝，便急不可待地用筷子头"扎"下去了，既稳且准，于是"红油"顺着筷子汩汩地往外"冒"，最诱人的美味出来了，令人垂涎三尺。怎么吃？是拔出筷子吮吸筷子头，还是直接用舌尖舔筷子旁边冒出来的红油？这无关紧要，不管哪一种吃法，都值得回味。

最后以第三部分"端午的鸭蛋"中的"挂鸭蛋络子"和"做鸭蛋壳子灯"这两个细节为例。先说"挂鸭蛋络子"。"打"、"挑"、"装"、"挂"、"掏"，一连串的动词趣味迭出不穷。"打"是"打络子"，用彩色线打成的络子定是五颜六色，好看极了。谁的姐姐或姑姑手更巧，谁的络子就更好看，更惹眼，更让其他玩伴羡慕。"挑"就是"挑鸭蛋"，挑淡青色的和样子秀气的。在"淡青色"和"样子秀气"之间，为何首选淡青色的？因为样子秀气的好找，淡青色的不好找。这就是物以稀为贵啊！因为越是"淡青色"的鸭蛋，营养越丰富，蛋黄也愈发通红，红油也愈发多。谁挑到这样的鸭蛋，表明了谁家里才真正鸭多，鸭蛋也多。此外，选择是一种权利，也是一种自由，享有选择权更是一种幸福。"挂"，就是"挂鸭蛋络子"。"挂"之前要"装"。只要把鸭蛋装进了络子，才意味着真正拥有了一件属于自己的饰物。拥有就是满足，满足了就会兴奋。小孩子最喜欢炫耀自己的拥有，于是他们要"挂"，挂在最显眼的地方，也就是大襟的纽扣上。一个纽扣上，挂着一个鸭蛋络子，这个鸭蛋络子随着纽扣的主人蹦蹦跳跳而左摇右摆，十分夺目，这就满足了儿童好显摆的天性。也就是说，这是一件令儿童很得意的事情。再说"做鸭蛋壳子灯"。"洗"、"捉"、"装"、"糊"、"闪"，每一个字背后的情境都蕴含着无穷无尽的乐趣。比如一个"捉"字，有多少情趣在眼前跳跃；一个"闪"字，有多少喜悦在心头荡漾。做鸭蛋壳子灯的惬意是难以言表的。

一言以蔽之，从儿童视角来看，端午这一天，富有童真童趣，是幸福快乐的。由此来观照作者为何写车胤"囊萤夜读"的故事，想必也就不言而喻了吧！作者不就是借这个故事表达在端午节这一天不再像车胤那样苦读煎熬，而是可以尽情玩耍雀跃吗？

叶落要归根，人老忆童年。在一个老人的记忆里，儿时的一切都会罩着一层异样的光彩，别样的情致。可想，当汪老在用自己的笔抒写对童年生活怀念的时候，嘴角定会洋溢着幸福的微笑，心里定是无比的惬意。倘若由笔者来执教《端午的鸭蛋》，笔者定会引领学生在质疑、探究、品味的过程中领会"形"中之"神"，享受"神"之韵味。

总之，散文教学既离不开"形"，也离不开"神"，更重要的是要由"形"入"神"，"形""神"毕现。这，依旧是散文作品教学的主旋律。

感谢生命中助你不停奔跑的人

——《丑小鸭》文本细读

《丑小鸭》是一篇脍炙人口的童话，作者是丹麦著名童话作家安徒生。《丑小鸭》以其通俗流畅的语言，离奇曲折的故事情节，丰富的文化意蕴，激励着一代又一代的世界各国的儿童。它让每一个有梦的孩子，尤其是那些出身贫寒但却坚持不懈地追求美好境界、美好理想的孩子，在"走到广大的世界里去"的时候，有了自己的标杆和灯塔。

《丑小鸭》被编入人教版七年级下册第 3 课，编入课文时编者删去了"鸭妈妈"孵化丑小鸭的前后过程，共有2100多字。可能编者认为删去的这些内容并不妨碍丑小鸭形象所蕴藉的内涵。不过，《丑小鸭》作为一篇经典童话，任何只言片语都有利于正确解读丑小鸭形象的真正内涵，所以解读时从未删节本出发，更有利于实现这一目的。

"我想我还是走到广大的世界里去好。"

如果说丑小鸭一开始的逃奔是由于它"长得那么丑陋"，在"处处挨啄，被排挤，被讪笑"，遭遇"一天比一天更糟"的情况下被迫离家流浪的话，那么当他在一家"简陋的农家小屋"安顿下来后，虽也遭受了

"短腿鸡儿"和"雄猫"的嘲笑和叱责，但毕竟生活在"温暖的屋子里"，没有生命危险。但他依然向"短腿鸡儿"发出了"我想我还是走到广大的世界里去好"的宣言。这就表明"丑小鸭"已经由无奈的被迫逃奔转变为有追求的自觉奔跑。

当他熬过了"严冬"的"困苦和灾难"，终于迎来了"一个美丽的春天"的时候，他看到"三只美丽的天鹅从树荫里一直游到他面前来"，他按捺不住来自生命主体意识的冲动，仿佛在黑暗中突然发现亮光，心里泛起了莫名的悸动，情不自禁地引颈呐喊"我要飞向他们，飞向这些高贵的鸟儿"。于是，他不顾生命的安危，毅然决然地飞向"这些高贵的鸟儿"，就在这一刹那，他梦想成真，实现了由"丑小鸭"向"白天鹅"的艰难蜕变，完成了其人生历程的一次完美的华丽"转身"。

自此他融入了"广大的世界"，美妙的生活环境——"紫丁香在他面前把枝条垂到水里去。太阳照得很温暖，很愉快。"这是自然环境，变成白天鹅后的"丑小鸭"就生活在这优美的自然环境里，清馨、温暖、舒畅。"许多大天鹅在他周围游泳，用嘴亲他"；"他们把更多的面包和糕饼向水里抛去，同时大家都说'这新来的一只最美，那么年轻，那么好看!'"这是社会环境，变成白天鹅后的"丑小鸭"就生活在这幸福的社会环境里，有鲜花，有掌声，有面包，有赞美。所以有梦想就会成功。

"过去他遭受过那么多的不幸和苦难，可是现在他感到非常高兴。"

有句话说得很在理：感谢伤害你的人，因为他磨炼了你的心志；感谢遗弃你的人，因为他教导了你应自立；感谢绊倒你的人，因为他强化了你的能力；感谢斥责你的人，因为他助长了你的智慧；感谢藐视你的人，因为他觉醒了你的自尊……感恩给了你生命的人，因为她送给你整个世界；感恩帮助你的人，因为他给了你再生的希望；感恩引导你的人，因为她点燃了你飞翔的雄心……

丑小鸭在历尽千辛万苦、重重磨难之后变成了白天鹅，此时的他并不哀伤过去所经历的苦痛，而是非常高兴。因为他知道正是这种种磨难才成就了今天的他。所以他要感谢这些促使他不断奔跑的种种磨难以及这些磨难的制造者。

他感谢"老鸭子"给他的错误的血统论，说他是一只"吐绶鸡的蛋"孵化出来的；他感谢"一只小鸭子"给他的歪曲的长相论，说他长着"一副丑相"，"太大、太特别"并因此挨了另一只鸭子的啄；他感谢那只气势汹汹的雄吐绶鸡向他"瞪着一双大眼睛"；他感谢他"成了全体鸡鸭的一个嘲笑的对象"并"处处挨打，被排挤，被讥笑"；他感谢兄弟姊妹骂他是"丑八怪"，诅咒猫儿把他抓去以及妈妈"希望他走远些"；他感谢"喂鸡鸭的那个女佣人用脚踢他"……这一切的一切，逼迫他逃离险恶的环境，为"走到广大的世界里去"迈出了人生的第一步。

他感谢野鸭们禁止他和"族里任何鸭子结婚"；他感谢猎人和猎犬猎杀了喜欢他并邀请他做候鸟跟他们一块飞走的两只雁；他感谢"农家小屋"里"短腿鸡儿"和"雄猫"的自以为是的训斥……这一切的一切，催他觉悟，认识到自己"还是走到广大的世界里去好"。

他感谢农夫的女人"拿火钳要打他"，小孩子要"抓住"他，这驱使他再一次奔跑，于是"钻进灌木林中新下的雪里面去"，熬过了严冬，迎来了春天，成为最美丽的鸟儿——白天鹅。

他感谢苦难，苦难成了他奔跑的外驱力。但他更感恩在苦难中"帮助"他渡过难关的人。

他感恩不抛弃、不放弃，坚持把他孵化出来的母鸭。就是这只母鸭不辞辛劳，在"再坐他一个星期也没有关系"的信念下给了他生命；就是这只母鸭坚信他不是一只"吐绶鸡"，要把他"带到广大的世界上去"；就是这只母鸭，在丑小鸭受到侮辱和欺凌的时候保护着他，为他辩护，说"他并不伤害谁啊"；就是这只母鸭还安慰受伤的他，"把他的羽毛理了理"，坚信"身体结实的他""将来总会找到自己的出路的"；就是这只母鸭大胆放手，让自己的亲生的孩子"走远些"……来自妈妈的真爱，不仅为丑小鸭走向"广大的世界"打下了精神的底子，还给丑小鸭在不停地奔跑过程中提供了能够克服种种困难的精神力量。他感恩两只雁对他的召唤，让他作候鸟，邀请他"一块儿飞走"，这激发了他飞翔的意识；他感恩"简陋的农家小屋"对他的收留，以及"短腿鸡儿"和"雄猫"的自以为是的善意的"劝诫"，这令他意识到"这温暖的屋子"不是自己最终的归宿。他感恩他在一个"太阳正要落下去的时候"遇上了一群"美丽的鸟儿"，这引发了他潜意识里要和这些"美丽的鸟儿"为伍的念头；他感恩农民在他昏倒的时候踏破冰块，抱他回家，给了他第二次生命……这一切的一切，都是丑小鸭在奔跑过程遇到的"贵人"，这些"贵人"都是他生命里不可或缺的关键人物。

生命的本质就是向前不停地奔跑。这奔跑从挣脱母亲的庇护开始，跑过"沼泽地"，跑过"田野"，跑过"牧场"，一直跑向"广大的世界里去"，直至翱翔天空。生命要奔跑，就要感谢那些无形中助推自己奔跑的人，更要感恩那些在奔跑中搀扶过自己的人。因为，"要成功，需要朋友，要取得巨大的成功，需要敌人"。

"只要你是一只天鹅蛋，就算是生在养鸭场里也没有什么关系。"

是金子迟早会发光的。生活本身就是童话。丑小鸭是童话，安徒生是童话，你我他都是一个个美丽的童话。美丽的童话虽是虚构的，但也是艺术化的真实。还原童话的真实面目，给孩子有意义的教育是童话教学的追求。让孩子知道丑小鸭原本就不是鸭子，他是"一只天鹅蛋"，他的本质就是一只被曲解的天鹅。这也是他能够成为"最美的鸟儿"不可忽视的一个内在因素。

其实，命运本没有固定的轨迹。成功各种各样，每一个人都有自己区别于他人的独特的成功，不必都成为那美丽的"白天鹅"。"认识你自己"，并"沿着自己的生命轨迹"不停地奔跑也是成功的一个重要因素。

成功是各种因素综合的结果。这些因素不单单是有梦想，关键是把梦想付诸行动，而且在这一过程中还要有"贵人"的扶持。此外，还要有对"天生是天鹅蛋"自我禀赋的不断发现、认同。"丑小鸭"最终成为"最美丽的一只鸟儿"就是最好诠释。

第八章

行道三：变式教学，文本摇曳

　　语文教学，"教什么"很重要，"怎么教"同样重要，二者是统一的。因此，语文教学就要找准起点，从学生感兴趣的地方、从学生有异议的地方、从学生学习有困难的地方切入，进行变式训练，让课堂变得既有意思又有意义。

变　奏

"变奏"本是音乐术语，大意是"在原旋律的基础上加上一些修饰或者围绕原旋律作一些变形，使乐曲具有更丰富的表现形式，听起来和演奏起来更多变，有利于乐曲更好地表现其感情"。俗话说"穷则变，变则通"，当语文教学在通常的思路"山穷水尽"时，只要变通一下，就会"柳暗花明"。

变奏教学　曲径通幽

【案例】（都德《最后一课》）

师："只要想想：四十年来，他一直在这里，窗外是他的小院子，面前是他的学生；用了多年的课桌和椅子，擦光了，磨损了；院子里的胡桃树长高了；他亲手栽的紫藤，如今也绕着窗口一直爬到屋顶了。"这句话是以小弗朗士的口吻来叙述的，现在我们变一变，以韩麦尔先生的口吻朗读课文，变换朗读时要注意揣摩韩麦尔先生的感情。

（生准备）

师：展示时以同桌为单位，一生朗读原文，一生朗读变文。

生：（原式）只要想想：四十年来，他一直在这里，窗外是他的小院子，面前是他的学生；用了多年的课桌和椅子，擦光了，磨损了；院子里的胡桃树长高了；他亲手栽的紫藤，如今也绕着窗口一直爬到屋顶了。

　　生：（变式）只要想想：四十年来，我一直在这里，窗外是我的小院子，面前是我的学生；用了多年的课桌和椅子，擦光了，磨损了；院子里的胡桃树长高了！我亲手栽的紫藤，如今也绕着窗口一直爬到屋顶了。

【分析】

　　《最后一课》是都德的短篇小说，课文以小弗朗士的口吻，叙述了他在上最后一堂法语课时的所见所闻与内心感受，深刻地表现了法国人民深厚的爱国主义感情。作为文章主要人物的韩麦尔先生——一个爱国知识分子的典型形象——被刻画得栩栩如生。教学时有必要变换一下叙述视角，让学生以韩麦尔先生的口吻，即把文中的"他"换成"我"来朗读课文。这样，通过叙述视角变换的训练，学生就走进了韩麦尔先生的内心世界，以己之口，达他之心，自然而然地产生身临其境的感觉，从而更容易体会韩麦尔先生的感情，更容易把握韩麦尔先生这一人物形象。视角变奏教学，它可以跨越时空，以己度人；视角变奏教学，它可以多维入文，立体感触；视角变奏教学，它可以突显情境，惟妙惟肖。

呻　吟

"呻吟"一词，意思是"曼声而吟，诵读"。语出王充的《论衡·案书》一文："刘子政玩弄《左氏》，童仆妻子皆呻吟之。"语文教学，如果没有朗朗的读书声，如果没有摇头晃脑的低吟，那语文味何在？课堂教学如果没有了语文味，还能称其为语文课吗？这些问题的答案不言自明。语文教学离不开熟读成诵，离不开浅唱低吟。这是常规。

反复呻吟　声情并茂

【案例】（都德《最后一课》）

师："只要想想：四十年来，他一直在这里，窗外是他的小院子，面前是他的学生；用了多年的课桌和椅子，擦光了，磨损了；院子里的胡桃树长高了；他亲手栽的紫藤，如今也绕着窗口一直爬到屋顶了。可怜的人啊，现在要他跟这一切分手，叫他怎么不伤心呢？何况又看见他的妹妹在楼上走来走去收拾行李！——他们明天就要永远离开这个地方了。"同学们，这一段描写得很有感情，我们变一下表达方式，用鲁迅先生离开"百草园"到"三味书屋"时那句用来表达依依不舍之情的话来抒抒情。

生：Ade，我的小院子！Ade，我的课桌和椅子！Ade，我的胡桃树和紫藤！

师：（补充）Ade，我的学生们！

师：还有，再说。

生：Ade，我的祖国……

师：好！连起来读一下。

生：（异口同声）Ade，我的小院子！Ade，我的课桌和椅子！Ade，我的胡桃树和紫藤！Ade，我的学生们！Ade，我的祖国……

师：带着依依惜别的情感再读一遍。

生：（抒情的）Ade，我的小院子！Ade，我的课桌和椅子！Ade，我的胡桃树和紫藤！Ade，我的学生们！Ade，我的祖国……

师：此时心中涌动着什么情绪？

生：心酸！

生：想哭！

生：像打翻了五味瓶！

……

【分析】

在教《从百草园到三味书屋》的时候，我引领学生反复诵读了"Ade，我的蟋蟀们！Ade，我的覆盆子们和木莲们！……"并把它变为排比句"Ade，我的蟋蟀们！Ade，我的覆盆子们！Ade，我的木莲们！"学生诵读得声情并茂。其实，情感是相通的，不同的表达方式都能够体现某种情感，只不过某一种表达方式更有利于突显某种感情的表达。某种表达方式的选择与运用，是作者根据行文的需要而定的。记叙、描写、议论、说明、抒情作为写文章常用的表达方式，也可以相互转化，所以，课堂教学也不妨根据教学的需要加以变换。《最后一课》韩麦尔先生离开小院与鲁迅先生离开百草园的感情是一样的，于是就想引领学生用鲁迅先生的"Ade"来变式训练，要求学生把"记叙"改为"抒情"，话音刚落，教室里就一片"Ade"声，声声入耳，声声入心。那种"留恋"之情不言而喻，在"不教"中实现了"教"。"呻吟"阅读教学，它可以化繁为简，轻松愉悦；"呻吟"阅读教学，它可以形神兼具，联袂而至；"呻吟"阅读教学，它可以突显感情，淋漓尽致。

玩 弄

"玩弄"一词，并非贬义，意思是"玩味；研习"。语出王充《论衡·案书》一书，"刘子政玩弄《左氏》，童仆妻子皆呻吟之。"有人说，语文，很有嚼头。此话不假！语文教学就是通过咀嚼言辞来品尝语文的味道，吸收语文的养料。

言语"玩弄" 化字为意

【案例】（鲁迅《雪》）

师："孩子们呵着冻得通红，像紫芽姜一般的小手，七八个一齐来塑雪罗汉。"这个句子运用了什么修辞手法啊？

生：比喻。

师：本体是什么？

生：手。

师：不准确！

生：冻得通红的手。

师：喻体是什么？

生：紫芽姜。

师：见过紫牙姜吗？

生：见过。

师：二者的相似点在何处？

生：我见过刚出土的带有紫色芽孢的姜，其形状很像被冻得红红的、胖胖的小孩子的手。

生：关键是颜色相似，都是紫红色。

师：天寒地冻，孩子们不待在家里暖和，却跑出去塑雪人。作者想告诉我们什么？

生：孩子们喜欢雪，喜欢堆雪人。

师：你这个"堆"字用得好。我觉得比鲁迅用的"塑"字更符合我们下雪天堆雪人、打雪仗的实际情况。

生："塑"用得好，这个字写出了孩子们对雪罗汉的精心，与下文孩子们用"龙眼核和胭脂口红"加以装饰相得益彰，同时也写出了孩子们的欢欣。

师：精雕细刻。背下来吧！

【分析】

《雪》是鲁迅先生的一篇散文，对其主旨解读玄之又玄，莫衷一是。有的解读相当深奥，需要教师反复研读才能把握。对于这样比较深奥的文章，如果采取"硬灌"的教学方式，很可能导致教学达不到预期的效果。教学时，教师需发挥主观能动性，大胆取舍，抓住关键词语，深文浅教，玩味语言，赏析句子，在课堂上品出语文的味道来。总之，"从心所欲，不逾矩"是语文教师追求艺术课堂所要达到的境界。语文"教什么"与"怎么教"既要不"逾矩"，更要"从心所欲"。玩弄阅读教学，它可以以字驭意，满口生津；玩弄阅读教学，它可以以一当十，举一反三，事半功倍；玩弄阅读教学，它可以以学代教，游刃有余。

补 白

"留白",是绘画的一种艺术,而且是艺术的最高境界,留白作为一种绘画的艺术讲究着墨疏淡搭配巧妙,空白留取恰到好处,以营造空灵的韵味,给人以美的享受。在音乐上"无声胜有声"的艺术留白以及文学上"此处无物胜有物"的艺术留白,给人以想象之余地,尤其是在文学方面,那种"不着一字尽得风流"的艺术留白驱遣着读者去想象,令读者回味无穷。

巧妙补白 韵味无穷

【案例一】(司马迁《陈涉世家》)

师:"数日,号令召三老、豪杰与皆来会计事。三老、豪杰皆曰:'将军身被坚执锐,伐无道,诛暴秦,复立楚国之社稷,功宜为王。'陈涉乃立为王,号为张楚。"三老、豪杰在得知陈胜召集他们"计事"会有怎样的反应?请发挥想象,分组演绎。

生1:你们说陈胜召集我们要干什么呢?

生2:我看他是想称王。

生3:想称王就称呗,反正他也很得人心。

生4:他想让我们先提出来,这样更名正言顺。

生 1：依我看，我们就遂了他的心吧！得民心者得天下。他也战果累累，势力强大。况且，我们也苦于秦的统治很久了。

师：演绎得活灵活现，从刚才的演绎中，大家觉得三老、豪杰是一伙怎样的人？

生 1：识时务。

生 2：识大体。

生 3：很老练。

生 4：很机智。

师：所以，当他们和陈胜见面时，还未等陈胜客套一下就急于表明立场，讴歌陈胜，拥护陈胜称王。

师：这些内容作者写了吗？

生：没有。

师：这是一种艺术，这种艺术叫留白。留白能让我们在优美的语言文字里自由想象。

【案例二】（都德《最后一课》）

师："'我的朋友们啊，'他说，'我——我——'。但是他哽住了，他说不下去了。"我们看一下这句话的标点符号。

生："，"，"——　——"

师：这里"破折号"表示什么？

生：表示语音较大的停顿。

生：表示语音较大的中断。

师：对，这里的"破折号"表示语音较大的停顿或中断。什么原因使韩麦尔先生的语言出现了"停顿或中断"，或者说什么原因使韩麦尔先生"哽住"了，"说不下去了"？

生：普法战争、法国战败、被迫割地。

生：不容许学习法语了，改学德语了。

师：这是客观原因，还有主观原因，就是韩麦尔先生情感上的原因。

生：韩麦尔先生百感交集，十分痛苦，十分愤怒，所以说不下去。

师：百感交集的韩麦尔先生为沦陷的法国人民被迫学习异国语言、接受异国文化而万分悲痛，心中洋溢着爱国主义精神的韩麦尔先生清醒地知道这是一种文化侵略。他更明白语言对一个民族是多么重要。所以，在下课前，他想把心中的千言万语凝结成一句话"'我的朋友们啊，'他说，'我——我——'。但是他哽住了。他说不下去了。"

师：现在我们就补全"我——我——"这句话，把韩麦尔先生说不出来的话说出来！

生1：我也不责备你，小弗朗士，你自己一定够难受的了，这就是了。大家天天都这么想："算了吧，时间有的是，明天再学也不迟。"现在看看我们的结果吧。

生2：我呢，我难道没有应该责备自己的地方吗？我不是常常让你们丢下功课替我浇花吗？我去钓鱼的时候，不是干脆就放你们一天假吗？……

生3：怎么？我们还自己说是法国人呢，我们连自己的语言都不会说，不会写！

生4：我们必须把法语记在心里，永远别忘了它，亡了国当了奴隶的人民，只要牢牢记住我们的语言，就好像拿着一把打开监狱大门的钥匙。

师：同学们说得很好，韩麦尔先生说的话有的是自责，有的是后悔，有的是鼓励，我想这里更多的应该是"慷慨激昂"的话。

生："法兰西万岁"、"阿尔萨斯万岁"。

师：大家读一读。

（生在教师的引导下，一遍遍地读，越来越有感情，最后情绪高涨。）

师：用自己的话来补充。

生：赶走侵略者！

师：好！

……

【分析】

　　语文教材所选的每一篇文章，都蕴含着丰富多彩的人文精神，它就像宝藏一样时刻需要师生在课堂上挖掘与填补，从而形成学生语文能力和情感培养的最好教学点。文中的每一处"留白"，都在开放的语文课堂上留下了"无字胜有字"的内涵解读。作者虽无意"留白"，但读者要有意"补白"。为原文"补白"，通过精心设计的"补白"教学活动，让教师与学生、学生与文本、学生与学生之间对话，把无边无际的想象空间留给学生，在阅读中感悟，在想象中体验，在对话中升华，从而实现心灵的共鸣，思想的碰撞，情操的陶冶。

　　案例一中的三老、豪杰在得知陈胜召集他们时肯定有所反应，这是文本留下的空白。如果文本的留白与文本的主旨有密切关系，教学时就可以开动脑筋，大胆补白。案例二中的一个"破折号"给读者留下丰富的补白空间，从而引出来韩麦尔先生那么多的话语。这些话语，不管是课文中的韩麦尔的原话，还是学生根据原话改造的，抑或是学生自己根据文本创造的，每一句都符合人物形象，都很好地体现了人物的情感。可以说是课堂教学中的意外收获，是预设中的精彩生成。此环节，从一个"破折号"出发，从人物的语言着手变式，既有发散思维，又有聚合思维；既有语言训练，又有情感训练，真是牵一发而动全文。补白阅读教学是一种智慧，它可以开拓思维，驱遣想象；补白阅读教学是一种境界，它可以滋润情感，润物无声；补白阅读教学是一种艺术，它可以轻盈灵动，创造文本。

嫁　接

"嫁接"是生物学术语，简言之就是将一棵植株的组织融合到另一棵植株上的技术。它是园艺工作广泛应用的一种繁殖植株的方法。这里借用"嫁接"一词，主要是针对"语文主题阅读教学"的拓展而言，"语文主题阅读教学"的拓展最好是"点"的拓展，而且要能与原素材完美融合。

嫁接教学　主题丰盈

【案例】（叶圣陶《苏州园林》）

师：这节课我们学习《苏州园林》，这是一篇说明文，学习说明文要抓住说明事物的特征。请同学们浏览课文，看看苏州园林有什么特征？

生：务必使游览者无论站在哪个点上，眼前总是一幅完美的画面。

师：具体哪些地方如画一般？

生：苏州园林里的门和窗，图案设计和雕镂琢磨功夫都是工艺美术的上品。大致说来，那些门和窗尽量工细而绝不庸俗，即使简朴而别具匠心。四扇，八扇，十二扇，综合起来看，谁都要赞叹这是高度的图案美。

师：这是一种什么美？

生：图案美。

师：什么图案？想象一下。

生：有的雕刻着梅兰竹菊。

生：有的雕刻着龙凤呈祥。

生：有的雕刻着高山流水。

生：有的雕刻着八仙过海。

生：有的雕刻着福禄寿祥。

生：有的雕刻着松鹤延年。

师：把这几个句子连起来读一读。

生：有的雕刻着梅兰竹菊，有的雕刻着龙凤呈祥，有的雕刻着高山流水，有的雕刻着八仙过海，有的雕刻着福禄寿祥，有的雕刻着松鹤延年。

师：这真是别具匠心啊！请同学们也赞叹一下！

生：这真是鬼斧神工啊！

生：这真是巧妙绝伦啊！

生：这真是别出心裁啊！

生：这真是巧夺天工啊！

生：这真是美轮美奂啊！

生：这真是妙不可言啊！

师：把这几个赞叹的句子有感情地读一读。

生：这真是别具匠心啊！这真是鬼斧神工啊！这真是巧妙绝伦啊！这真是别出心裁啊！这真是巧夺天工啊！这真是美轮美奂啊！这真是妙不可言啊！

师：把以上两部分连起来读一读，注意要抒发一下赞美之情。

生：有的雕刻着梅兰竹菊，有的雕刻着龙凤呈祥，有的雕刻着高山流水，有的雕刻着八仙过海，有的雕刻着福禄寿祥，有的雕刻着松鹤延年。这真是别具匠心啊！这真是鬼斧神工啊！这真是巧妙绝伦啊！这真是别出心裁啊！这真是巧夺天工啊！这真是美轮美奂啊！这真是妙不可言啊！

师：所以，如果我把"可以说是一项艺术而不仅是技术"这个句子改为"是一项艺术而不是技术"行不行？为什么？

生：不行！没有"技术"，也达不到"艺术"。技术是艺术中不可缺少的一个重要部分。

师：对设计者来说，"艺术"比"技术"更有创意，更有灵感，更有思想；对欣赏者来说，"艺术"比"技术"更灵动，更鲜活，更精妙。

……

【分析】

围绕主题，选取一系列与主题密切相关、相连、甚至相左的素材进行拓展，目的不是为了通过检测验证教材学习是否达标，而是作为帮助学生理解文本的补充材料。这一系列与课本相通的补充材料，最好是三言两语经典选段。有的是为了积累，有的是为了激起思维，有的是为了帮助品味语言，理解课文，有的是为了深化主旨，有的是为了渗透情感……这一系列与课本相通的补充材料，即便是一整篇选文，也应做到短小精悍。积累也好，拓展也好，比较也好，升华也好，深化也好，都是紧扣文本展开的，绝不是做题式的阅读训练。嫁接阅读教学，它可以紧扣文本，厚实课堂；嫁接阅读教学，它可以拓展文本，丰盈课堂；嫁接阅读教学，它可以深化文本，鲜活课堂。

演　绎

"演绎"简单地说就是"角色扮演"。在角色扮演中，人们能亲身体验和实践他人的角色，从而能够更好地理解他人的处境，体验他人在不同情况下的内心情感，使自己深藏于内心的感情经过一番体验后与他人一起共振。

演绎教学　尺水兴波

【案例】（杨振宁《邓稼先》）

师：100 年以前，甲午战争和八国联军时代，恐怕是中华民族五千年历史上最黑暗最悲惨的时代，只以 1898 年为例：德国强占山东胶州湾，"租借"99 年。俄国强占辽宁旅顺大连，"租借"25 年。法国强占广东广州湾，"租借"99 年。英国强占山东威海卫与香港新界，前者"租借"25 年，后者"租借"99 年。那是中华民族任人宰割的时代，是有亡国灭种危险的时代。这一段历史是什么时期的？

生：清朝！

师：谁主政？

生：光绪帝。

生：慈禧"垂帘听政"。

师：下面我们要演绎当时的情景。老师需要六位同学，一位扮演皇帝，一位扮演太后，其他四位扮演大臣。这位当"皇帝"，这位当"太后"，这四位扮演大臣。各位先排练一下，五分钟后登台表演。

师：时间到，请开始表演。

大臣一：报——，德国强占山东胶州湾，"租借"99 年。

皇帝：（用手一拍）啊？太可恨了！这可如何是好啊？暂且退下吧！

（大臣二慌里慌张地跑来）

皇帝：爱卿，有事慢慢道来。

大臣二：皇上！小臣该死，俄国强占辽宁旅顺大连，"租借"25 年啊！

皇帝：（叹了口气）"啊？这可如何是好啊！暂且退下吧！"

大臣三：（怯怯地）皇上！法国强占广东广州湾，"租借"99 年呀！

皇帝：（又叹了口气）哎！朕只是摆设，没兵权啊！

大臣四：（气喘吁吁地跑来）报——，英国强占山东威海卫与香港新界，前者"租借"25 年，后者"租借"99 年！

皇帝：（愤怒地）这真是中华民族任人宰割的时代，是有亡国灭种危险的时代呀。

师：再来一遍，把皇帝换成"垂帘听政"的慈禧太后。

慈禧：（跷着二郎腿坐在那里）众爱卿——，听说——，小洋鬼子又淘气了！我……

大臣一：报——，德国强占山东胶州湾，"租借"99 年。

慈禧：说我什么了吗？

大臣一：（脸色苍白）没，没有！他们没提到老佛爷您！

慈禧：（平静地）好！一边站着！

大臣二：太后！小臣该死，俄国强占辽宁旅顺大连，"租借"25 年啊！

慈禧：（不慌不忙地）说我坏话了吗？

大臣二：（不安地）没，没有！他们没提到老佛爷您！

慈禧：（喜悦地）那就好！那就好！一边站着！

……

大臣四：（气喘吁吁地跑来）报——，英国强占山东威海卫与香港新界，前者"租借"25 年，后者"租借"99 年。

慈禧：（不紧不慢地）天啊！我得想个办法和他们议和才好啊！对了！他们说我坏话了吗？

陈大臣：他们骂您是臭太后！

慈禧：（勃然大怒）大胆奴才！跪下！

众大臣：（异口同声地）你断送了江山，断送了社稷。自此，我们只跪皇帝，不跪太后！

慈禧：（大惊）你们这是造反啊！

【分析】

像《邓稼先》这样的人物传记，可供咀嚼的细节不是很多，教学不易出彩。怎么办？教学时，尝试让学生去演绎文本，就能掀起层层波浪。

正如本案例，有的学生扮演皇帝，有的学生扮演太后，有的学生扮演大臣。他们立足角色，尽情演绎，情感到位，人物活灵活现。枯燥的语言被演绎得澄澈灵动，遥远的历史被演绎得历历在目，沉闷的死水被演绎得情趣盎然，混沌的情感被演绎得是非分明。可以这么说，虽是小演绎，却有大作为。

需要注意的是，演绎的目的不仅仅是活跃课堂气氛，更重要的是品味语言，挖掘文本，重塑形象。

演绎阅读教学，它可以化静为动，秀出精彩；

演绎阅读教学，它可以庄谐合一，洞见其髓；

演绎阅读教学，它可以别出机杼，召唤激情。

勾 连

    "勾连"的意思是"涉及，牵连"，表示"线性的连接"。"勾连"式阅读教学是围绕学习重点把散布在教材中有价值的原生态材料聚拢起来，通过教学资源的融合，使其产生化学反应，简约、丰实、高效，是既有"意义"又有"意味"的新课堂教学手段。教师在引导学生进行教材细读时，如果做到了前后勾连、上下勾连、课内外勾连，势必厚实了课堂教学。

一线牵珠　前后勾连

【案例】（孙梨《芦花荡》）

师："在那苇塘的边缘，芦花下面，有一个女孩子，她用密密的苇叶遮掩着身子，看着这场英雄的行为。"请问这个"小女孩"是谁？

生1：二菱。

师：从哪句话看出来的？

生1："为什么不能？我打他们不用枪，那不是我的本事。愿意看，明天来看吧！二菱，明天你跟我来看吧，有热闹哩！"

师：这种写法很有艺术，我们通常把这种写法叫作前后呼应。也可以把前一句叫作伏笔，就是对文中将要出现的人物、故事情节先作一个提示，露一点消息；把后一句叫作照应，就是在适当的地方，让前面埋下的伏笔"真相大白"。运用伏笔照应手法，可以使我们的文章波澜起伏，唤起读者的阅读兴趣和回味。

师：在这个一波三折的过程中，二菱看到了什么？由此她又产生了怎样的心理活动？

生2：她看到："一个干瘦的老头子，只穿一条破短裤，站在船尾巴上，有一篙没一篙地撑着，两只手却忙着剥那又肥又大的莲蓬，一个一个投进嘴里去。"她在想："这么干瘦，这么老能为大菱报仇吗？这么悠闲是为大菱来报仇的吗？"

师：你是根据什么来判断二菱在怀疑老头子为大菱报仇的能力和决心的？

生2：从"你这么大年纪了，还能打仗？"这句话可以看出二菱在怀疑老头子为大菱报仇的能力；"有一篙没一篙"地撑着船，"一个一个"地往嘴里投莲蓬，这种满不在乎的行为也使二菱觉得老头子不像是为大菱报仇。

生3：其实这是一种策略。意在麻痹敌人，让敌人放松警惕性，诱惑敌人上当。同时也表明了老头子性格的另一个特点——过于自信。

师：这是对老头子的外貌和动作的描写，这两种描写的综合运用使人物形象更加丰满。如果说，在大菱受伤时的过于自信是一种缺点，那这里为大菱报仇时的过于自信就是一种优点，所以，"优缺点"不是一成不变的，也要看不同的环境。

生4：她看到："老头子把船一撑来到他们的身边，举起篙来砸着鬼子们的脑袋，像敲打顽固的老玉米一样。他狠狠地敲打，向着苇塘望了一眼。"她在想："老头子多么勇敢啊！'撑'、'举起'、'砸'、'敲打'一连串的动作，一气呵成，打得痛快淋漓，是那么的解恨！对大菱的歉疚转化为'狠狠地'敲打敌人。"

师：这是动作描写，有动作描写的人物形象更加活灵活现。

生5：她看到："他狠狠地敲打，向着苇塘望了一眼。在那里，鲜嫩的芦花，一片展开的紫色的丝绒，正在迎风飘撒。"她在想："老头子为什么看了我一眼呢？是不是想对我说，看见了吧！谁说我老头子不能打仗！没有武器照样能打死鬼子，我终于为大菱报仇了。"

师：好！你由一个"望"字引发出了老头子的心理活动。写文章离不开心理活动。这是人物的灵魂。此外，这里的环境描写也很有特色。请同学们课下仔细品味孙犁小说中的环境描写。

师：总而言之，二菱眼中的老头子的举动是一个怎样的行为？

生：（异口同声）英雄的行为。

师：老头子一个怎样的形象在二菱心中树立了起来？

生：（异口同声）英雄。

师：我们可以想象长大后的二菱会是一个怎样的人？

生8：二菱长大后肯定像老头子一样勇敢，为中国的解放事业而英勇战斗！因为老头子给她树立了榜样！老头子的壮举在她的心中烙下了难以磨灭的印痕。

【分析】

"勾连"不要零打碎敲，而要提纲挈领。"一线串珠"式的"勾连"就能起到提纲挈领的妙用。简言之，这种"勾连"就是围绕一个主问题来统帅课堂，这个主问题可以是一个观点、一个主旨、一个话题、一个线索，也可以是一个疑点、一个难点、一个异点，围绕这个点多角度、多层面地展开线性的勾连、研讨。本案例就是以"密密的苇叶遮掩"下的小女孩为线索问题，在文本对话的过程中，围绕着二菱"看到了什么，由此她又产生了怎样的心理活动？"这一主问题，教师牵线，学生觅珠，以她的眼睛来见证"老头子"的壮举，把一个个典型的材料勾连统摄起来。从外貌、语言、动作、心理等各个方面由点及面地一步步把老头子的形象树立起来，整堂课笼罩着一种散文的诗意，弥漫着充沛的情感。依此例来看，这种疑问巧设，拎起"缰绳"而激荡出的最优化、最有效的教学过程是课堂教学的最佳意境。"勾连"阅读教学，它可以形散神聚，妙趣横生；"勾连"阅读教学，它可以收放自如，巧妙操作；"勾连"阅读教学，它可以提纲挈领，行云流水。

探　究

再完美、再经典的文章也有"瑕疵"。这些"瑕疵"，要么是历史未有定论的，要么是改编时"削足适履"造成的残缺，要么是作者行文思虑不周还可美化的等一些不够尽善尽美的地方。其实，这些都是课堂教学的宝贵资源，有智慧的教师应该和学生一起探究。所谓的"探究"就是在文本解读时选取这些问题作为突破点，通过阅读质疑、分析研讨、表达交流、比较归纳等探究学习活动，获得知识，激发情趣，掌握程序与方法。

问题探究　激发兴趣

【案例】（苏轼《记承天寺夜游》）

师：请同学们品读"庭下如积水空明，水中藻荇交横，盖竹柏影也"这句话，然后告诉老师庭院里到底有没有水？

生：没有水。

师："积水空明"和"水中藻荇"这两个短语不就是写水的特点及水中的浮游植物吗？

生：不是写水，这是比喻。

师：哪一个字让你看出这个句子是比喻句？

生："如"。

师：那作者把什么比作了什么？

生：作者把"积水"比作了"月光"。

师：是把"积水充满院落"的情景比作了"月光洒满庭院"的情景，二者有没有共同的特点？

生：都"清澈透明"，也就是说都"空明"。

师：谁来说说这句话的意思？

生：月光洒满庭院，如同积水充满院落，清澈透明。

师：大家说得很好。这是一个比喻句，作者把"积水充满院落"的情景比作了"月光洒满庭院"的情景，旨在突出月光的清澈透明。不过，老师还有一个问题，作者难道仅仅是为了写月而写月吗？我们不急着解决这个问题，请继续品读"水中藻荇交横，盖竹柏影也"一句。

生：既然没有水，也就没有真正意义上的水中植物水藻和荇菜了，作者眼中的水藻和荇菜其实是月光洒满庭院，院子里的竹子和松柏在地上形成的斑斑驳驳的影子。

师：那"竹柏"有没有共同点？

生：枝叶都很茂密。

生：枝叶都层叠着。

师：有机会的话要仔细观察一下水藻和荇菜，这两种水中浮游植物交织在一起，乱如麻。所以"竹柏"投射在地上的影子看起来就像纵横交错的水中的水藻和荇菜。这句话也是一个比喻句，大有深意。请同学们仔细思考，"竹柏"比喻什么？"藻荇交横"又比喻什么？

师：我们一块来探讨。竹子有什么特点？

生：直立。

生：中空。

师：中通外直。

生：有节。

师：能在"节"字的前面再加上一个字吗？

生：气节。

师：竹子中通外直、有气节。

师：再看松柏，它有什么特点？

生：高大。

生：笔直。

师：《论语·子罕》中有一则就是歌颂松柏的。

生："岁寒，然后知松柏之后凋也。"

生：不畏严寒。

师：讲到这里，我给同学们补充点作者的情况。宋神宗在位的时候，重用王安石施行新政，新政实施不久就遭到了以司马光为首的旧党的反对。苏轼有感而发，写了几首与新政有关的诗。元丰二年七月，御史李定等说苏轼"以诗讪谤"，将他逮捕入狱。这就是历史上著名的"乌台诗案"。同年十二月苏轼获释出狱，被贬谪到黄州任团练副使，但不得"签书公事"，也就是说做着有职无权的闲官。

师：你们觉得"竹柏"比喻谁？

生：作者自己。

师：也就是说，作者做人的标准就是要像松柏一样正直、高尚、有气节、耐严寒。即使面对任何恶劣的情势，也保持自己的操守气节。所以，他的心就像月光一样清澈透明。可正是这样的一个人却以"莫须有"罪名而银铛入狱。所以作者内心别有一番滋味。什么滋味？

生：痛苦。

生：忧愁。

生：苦闷。

师：这种心绪恰似纵横交错的水藻和荇菜。这说明他依然心系国家，忧国忧民。

师：通过这一个环节的学习，我们可以得出这样的一个结论，语文的魅力就在于言在此而意在彼，学习语文就要挖掘出它真正的内在意韵。

【分析】

不拓展能不能上出好课来？当然能。能否立足教材、研究教材、用好教材，是语文课堂教学精彩与否的肯綮。语文教学要找准切入点，从学生感兴趣的地方，从学生有异议的地方，从学生有困难的地方走进文本，师生共同逐字、逐句、逐段地钻研课文，揣摩语言。本案例立足教材探究文本，从一个"字"、一个"词"、一个"句子"入手，从中挖掘出了写"月"是写人、写"竹"亦是写人、写"柏"亦是写人的教学资源。这种踏踏实实地品味语言，从中品出"工具"、品出"人文"的课堂教学才能真正触及学生的心灵深处。如果说，语文是大海的话，那教材就是冰山，一篇课文、一堂课就是冰山一角。语文教师仅仅把教材看懂是不够的，还要钻探教材，要深钻、钻透。因为教材里有取之不竭、用之不尽的宝贵财富。请钻探教材吧，它会让你的课堂精彩纷呈。探究阅读教学，它可以敲出星星之火；探究阅读教学，它可以点燃希望之灯；探究阅读教学，它可以照亮前进之路！

聚 焦

"聚焦",物理学概念,一般指控制一束光或粒子流使其尽可能汇聚于一点的过程。例如凸透镜能使平行光线聚焦于透镜的焦点。后来成为写作的一种技法,是确立文章焦点的一种写作技法。主要有三种:(1)人物聚焦,是以主要人物为刻画的焦点。(2)细节聚焦,是以细节为焦点,刻画人物,突出主题。(3)场面聚焦,是以重要场面为焦点,写人陈情。"聚焦"作为阅读教学方法与它作为写作技法是一脉相承的。可以说阅读教学视角绝大部分是聚焦在人物、细节、场面上的。

聚焦"偷"字 情深意切

【片段实录】(鲁迅《社戏》)

师:阅读提示告诉我们,《社戏》记述了作者在江南水乡的童年生活经历,主要记述了月夜行船、船头看戏、月下归航三部分内容。一件件充满盎然情趣的事情让作者铭记于心。下面我们读课文,找一找那些让作者铭记在心的一件件充满盎然情趣的事情。

师:老师提醒一下,请同学们仿照这三个字"掘蚯蚓"来概括。也就是说第一件趣事就是"掘蚯蚓"。

生：钓虾米。

生：牧黄牛。

生：划航船。

生：嗅清香。

生：闻横笛。

生：观渔火。

生：看社戏。

生：偷豆子。

……

师：这几件事中哪一件最令作者刻骨铭心？

生：偷豆子。

师：那我们就一起研究研究"偷豆子"这一节，看看作者从中偷出了什么？

师：快速浏览这一部分，找到含有"偷"的语句。

生："阿阿，阿发，这边是你家的，这边是老六一家的，我们偷那一边的呢？"双喜先跳下去了，在岸上说。

师：这是第一处。

生：我们也都跳上岸。阿发一面跳，一面说道，"且慢，让我来看一看罢，"他于是往来的摸了一回，直起身来说道，"偷我们的罢，我们的大得多呢。"

师：这是第二处。

生：双喜以为再多偷，倘给阿发的娘知道是要哭骂的，于是各人便到六一公公的田里又各偷了一大捧。

师：这是第三处和第四处。

生："双喜，你们这班小鬼，昨天偷了我的豆了罢？又不肯好好的摘，踏坏了不少。"

师：这是第五处。还有吗？

生：没有了。

师：老师找到了一处。听好了，"一声答应，大家便散开在阿发家的豆田里，各偷了一大捧，抛入船舱中。"

生：不是"偷"是"摘"。

师：啊？是"摘"啊！

师：那同学们有什么疑问吗？

生：其他几处都是用"偷"，怎么这里用却用"摘"呢？

生：作者怎么能去"偷"人家的东西啊？

……

师：在你的心目中"偷"是一种什么行为？

生："偷"就是盗窃，盗窃是违法的。

生："偷"是不义之举。我觉得迅哥儿和朋友们不是盗窃。

师：不是盗窃是什么？这是问题的关键。老师在百度词典上找到了"偷"的基本含义，共有四个。1. 窃取，趁人不知时拿人东西：～窃。～吃。小～儿。2. 行动瞒着人：～～。～看。～听。～渡。～袭。～税。～天换日（喻暗中改变重大事物的真相以欺骗别人）。3. 抽出时间：～空儿。～暇。～闲。4. 苟且：～安。～生。这四个含义哪一个靠谱？

生：第二个，行动瞒着人。

师：我也认同第二个含义，行动瞒着人。不过，老师还找到了"偷"作为动词时的含义：1. 轻视；2. 取；3. 窃取；4. 设法避免、不履行；5. 抽出、挤出；6. 突然地或急速地抽出等几种含义，你觉得哪个含义靠谱？

生：第二个，取。

师：把这两个含义合起来是什么意思？

生：是第一个含义：窃取，趁人不知时拿人东西。

师：那，迅哥儿和小朋友们是不是贼？我们回到原文，先看第二处："我们也都跳上岸。阿发一面跳，一面说道，'且慢，让我来看一看罢，'他于是往来的摸了一回，直起身来说道，'偷我们的罢，我们的大得多呢。'"

师：既然"偷"的意思是窃取，趁人不知时拿人东西。那阿发在现场，他应该对伙伴们怎么说？

生：摘我们的罢，我们的大得多呢。

师：他为什么没用摘却用"偷"呢？他们到底趁谁不知时拿人家的豆子呢？

生：阿发的父母。

师：你从哪里看出来？

生：双喜以为再多偷，倘给阿发的娘知道是要哭骂的，于是各人便到六一公公的田里又各偷了一大捧。

师：阿发的娘不知道，也就是趁阿发的娘不知时取了阿发家的豆子，哪怕是豆子的小主人在场也算是"偷"。

师：那第一处明白了吗？

生：明白了。

师：尽管不是做贼，仅仅是趁人不知时拿人东西，但毕竟不是正大光明之举，所以难免也会产生"窃取"的胆怯和羞愧。那同学们觉得这个地方的民风是好还是坏？

生：好！连拿人家的东西都觉得是"偷"，可见这个地方平时绝不会有偷窃行为的，这个地方民风十分淳朴。

师：这是你自己的观点，我们看看六一公公是不是也真的认为迅哥儿和小伙伴们是"贼"？

……

【教学反思】

《语文课程标准》指出："语文教学中应将知识和能力、过程与方法、情感态度与价值观三个纬度相互渗透，融为一体。"很多时候，我们都在讲情感、态度与价值观的问题，可很多时候我们都把知识和能力、过程与方法和情感态度与价值观割裂起来。我们每每在课堂快结束的时候，设置一个环节，如果是关于环保方面的，就设计一个"假如我是环保局局长，我该怎么办？"的教学环节，以此让学生来表表决心，发发宏愿。这其实是一种脱离文本的无病呻吟，需要警惕。

对于本案例，它的缘起是有的同志认为本节课不应该在"偷"上纠缠，我不敢苟同。我认为，如果学生误认为"迅哥儿偷豆子就是在做贼"的话，课堂上得再精彩也是失败的。

所以，我把本课的教学就聚焦在一个"偷"字，人物、细节、场面都聚焦在这个"偷"字，一切教学内容纷至沓来。聚焦阅读教学，它可以"聚焦"出知识与能力；聚焦阅读教学，它可以"聚焦"出过程与方法；聚焦阅读教学，它可以"聚焦"出情感、态度与价值观。

替　换

"**替**换"，就是用某个文字、符号或图片，将已经存在的文字、符号或图片换下来。也可称之为更换、调换。对于阅读教学而言，指通过"增、删、调、换"等基本教学手段来咀嚼言语。这种教学法，既抓住了语文教学的根，又繁衍了语文教学的林。

文本替换　咬文嚼字

【案例】（竺可桢《向沙漠进军》）

师：同学们，"沙漠是人类最顽强的自然敌人之一"可否换成"沙漠是人类最顽强的自然敌人"呢？

生：不可以，因为沙漠并不是自然灾害的所有，它只是自然灾害的一种而已！

师：那么请你列举一下其他自然灾害。

生：有洪水、暴雨、泥石流、火山爆发等。

师：很好，那请问，我可以将"沙漠是人类最顽强的自然敌人之一"替换成"沙漠是人类顽强的自然敌人之一"吗？

生：不准确，因为自然灾害有最厉害的，比如沙漠、地震、火山爆发、飓风，也有比较厉害的，比如雪灾、洪水、鼠患、禽流感等，而沙漠则属于最厉害的，所以，如果去掉了"最"就体现不出这一点了。

师：那么，老师可以将"沙漠是人类最顽强的自然灾害敌人之一"替换成"沙漠是人类最顽强的敌人之一"吗？

生：这是不可以的，因为灾害分为自然灾害和人为灾害，沙漠是自然中所产生的，而不是人为所产生的，所以，沙漠是自然灾害而不是人为灾害，如果这样改很容易让人产生误解，所以不能。

师：棒极了！你把灾害分为自然的和人为的，你知道这是什么说明方法吗？

（生疑惑）

师：这是分类别啊！不过，沙漠是自然灾害不假，但也有人为的因素啊！

师："沙漠是人类最顽强的自然敌人之一"可否换成"沙漠是人类最坚强的自然敌人之一呢"？

生：不行啊！"坚强"是褒义词，"顽强"有时可以用作贬义词，沙漠对人类有破坏性，作者对沙漠的情感是"厌恶"的，不是赞美的。

……

【分析】

曾看过这样一幅漫画：一男子手执铁锹在松软的土地上挖掘着，最终只留下几口深浅不一的干枯的井，悻悻地离去时，嘴里还嘟哝着"这里没水"。其实每一口井的下面都流淌着甘甜的水，只要再往深处挖掘几下就会汩汩而出，因为，只有"深"才有"内涵"。

当前很多语文教师颇似掘井人，在品味语言时眉毛胡子一把抓，面面俱到，浅尝辄止。什么都讲，什么也没讲透，费时费力，其实并没有触及甘甜之水。掘井要掘出水来，嚼字要嚼出味来。语文教学要往本色语文的方向前进，要逐渐脱去本不应属于它的非语文的外衣。语文教学，在和文本的对话过程中，要选准解读的突破点，抓住关键字词，整合重点语句，逐字逐句地品味、咀嚼、对话。这样不仅提高了精读的效率，而且也把精读引向深刻，避免出现新的繁琐分析的情形。品味语言，要抓住一点不及其余。本案例就是紧紧抓住"沙漠是人类最顽强的自然敌人之一"这句话的"之一"、"最"、"自然灾害"、"顽强"四个词语，引导学生反复品读、体会，品出了知识，品出了能力，品出了情感，从而简化、美化、优化了阅读教学。文本替换，它可以咬文嚼字，以一当十；文本替换，它可以抓住肯綮，有的放矢；文本替换，它可以训练得当，张弛有度。

链　接

"链接"也称超级链接，是网络用语。链接作为拓展的一种，其链接的对象不管是一段文本还是一个图片，都与被链接者密切相关。不管是被链接者还是链接者，二者都共同指向一个目标，就是帮助学生更好地理解文本。

文本链接　不言而喻

【案例】（陈之藩《失根的兰花》）

师：美国有本很著名的小说，上面穿插着一个中国人，这个中国人是生在美国的，然而长大之后他却留着辫子，说着磕磕绊绊的英文，其实他英文说得非常好。有一次，一不小心，将英文很流利地说出来，美国人自然因此知道他是生在美国的，即问他，为什么偏要装成中国人呢？他说："我曾经剪过辫子，穿起西装，说着流利的英语；然而，我依然不能与你们混合，你们拿另一种眼光看我，我感觉苦痛……"这一段是插叙，作者插上这个故事的目的是什么？我们一起来品味一下。在品味之前，我们也插上一段歌曲，张明敏的《我的中国心》，请同学们闭上眼凝神静听。

（播放《我的中国心》）

师：听完张明敏的《我的中国心》，老师想知道此时此刻你的心情。

生：想哭。

生：激动。

生：澎湃。

师：老师有几个问题想问问同学们。第一个，文中的"我"，已经"剪过辫子"，穿起了"西装"，说着流利的"英语"，可以说已经是一个"洋人"了，可他为什么却说"我依然不能与你们混合"。

生：洋装虽然穿在身，我心依然是中国心。

生：我的祖先早已把我的一切，烙上了中国印。

生：流在心里的血，澎湃着中华的声音，就算生在他乡也改变不了，我的中国心。

师：那"我的中国心"是一颗怎样的心？

生：眷恋祖国的心。

生：思念祖国的心。

生：热爱祖国的心。

师：这颗心，是炽热的，甚至是炽痛的。张明敏有，文中的"我"有，作者有，我们大家也都有。

师：看着歌词，我们一块唱一唱。

我的中国心

张明敏

河山只在我梦里

祖国已多年未亲近

可是不管怎样也改变不了

我的中国心

洋装虽然穿在身

我心依然是中国心

我的祖先早已把我的一切

烙上中国印

长江 长城

黄山 黄河

在我心中重千斤

无论何时 无论何地

心中一样亲

流在心里的血

澎湃着中华的声音

就算身在他乡也改变不了

我的中国心

【分析】

拓展的目的不仅仅是为了检测文本学习的效果，拓展也是品味言语、体验情感的一种重要的语文教学方法。只不过有时需要我们荡开思维，采用"侧面迂回"法，或旁敲侧击，或以旧导新，引入学生熟悉的且与文本息息相通的素材，对学生进行迁移训练。

这样的拓展，让学生在旧有的知识积累、情感体验的基础上，与教材内容产生千丝万缕的对接、碰撞、比照、联系，由此营造广阔的"情感场"。当学生在教师的引导下，其潜在的知识、情感、价值观驰骋万里时，就会自然由此文辐射彼文。

文本链接，它可以激活旧知，促生新识；文本链接，它可以开疆拓土，巧学妙用；文本链接，它可以丰盈视野，迁移内化。

变　态

在惯性思维中，"变态"是个贬义词，其实，"变态"也有"褒义"的用法，指"事物的情状发生变化"。蝌蚪一次次变态就是生长，对语文教学而言，课堂教学的"变态"，其实质就是"生成"。

词语变式　变态生成

【案例】（杨振宁《邓稼先》）

师："这封信给了我极大的感情震荡，一时热泪满眶，不得不去洗手间整容。"老师把"热泪满眶"换成"泪流满面"好不好？

生1：可以！"泪流满面"和"热泪满眶"一样都体现了作者激动的心情。

生2：不可以！虽然说"泪流满面"也能体现作者激动的心情。但是，在一个宴会上，如果"泪流满面"就会显得作者很不懂礼貌，不懂得尊重其他客人。

师：对，要看交际场合。在那样的场合，不适合流泪。

师：所以作者不得不去洗手间"整容"。老师把"不得不"去掉好不好？

生：不好！"不得不"体现出了作者感情的极大震荡，而使得自己

"热泪满眶"，如果不去洗手间，作者就会抑制不住激动的感情而"泪流满面"，甚至"痛哭流涕"，显得很没有礼貌，不尊重他人。所以，作者用"不得不"一词来形容自己感情的强烈。

【分析】

我们常常说这是阅读课，那是作文课，这是综合实践活动，那是口语交际课。于是，我们常常为了这种课而设计这种课，这种课与那种课是那么泾渭分明，此课不能含有彼课的元素，大有井水不犯河水之势，好像一出这种课的框框就不是好课，就评不上优质课了。其实，此课与彼课本是同根同宗，又岂能划分得那么清楚！苏霍姆林斯基说："教育的技巧并不在于能预见到课的所有细节，在于根据当时的具体情况，巧妙地在学生不知不觉之中作出相应的变动。"本案例教师在预设的时候，是想通过"词语变化"来品味作者的感情，可在品味中却生成了"交际要注意场合"的内容，这就是"非预设生成"。如果在预设生成的基础上，又有了许多非预设的生成，说明学生的学习积极性得到了充分发挥，他们在主动思考，展现着师生智慧互动的火花，这样的学习是有生命活力的学习。正如布鲁姆所言："没有预料不到的结果，教学也就不成为一种艺术了。"本案例虽看似蜻蜓点水，实则惊鸿一瞥。岂不妙哉！词语变式教学，它可以未雨绸缪，超越教材；词语变式教学，它可以无心插柳，整合资源；词语变式教学，它可以循循善诱，智慧生成。

返　璞

"**返**璞"一词是"返璞归真"的简化。"归"，返回；"真"，天然，自然。语出《战国策·齐策四》："归真反璞，则终身不辱。"意思是"去掉外饰，还其本质。比喻回复原来的自然状态"。我们认为，语文阅读教学的最高境界就是那种"清水出芙蓉，天然去雕饰"的本色课堂。

见素抱朴　最为奇绝

【案例】（鲁迅《藤野先生》）

师："过了一星期，大约是星期六，他使助手来叫我了。到得研究室，见他坐在人骨和许多单独的头骨中间……"老师想把文中的"星期六"改为"星期一"，把"研究室"改为"休息室"，这样一改，好不好？请同学们自由选择一处，仔细比对，细细品味。

生：我品味的是第一处，我认为这样改不好。因为星期六本来就是休息的日子，而藤野先生却放弃了休息，不顾自身的疲劳，加班加点为鲁迅添改讲义，体现了藤野先生对学生热情关心，对工作认真负责。

生：把"研究室"改为"休息室"，我认为不好。"研究室"一词说明藤野先生正在兢兢业业地工作，而不是在休息，更能体现他对工作的负责以及对作者的深切关爱。

　　师：还有一动词我也想改一改，同学们猜猜！

　　生：坐。

　　师：改成哪个字呢？

　　生：躺！

　　生：（笑）不好！离谱了，改"躺"太恐怖，有损藤野先生的形象。

　　师：换成哪个词呢？

　　生：站。

　　师：改成"站"是不影响藤野先生的形象了，但好不好啊？

　　生：不好！此时藤野先生聚精会神地研究头骨，如果用站，让人感觉像是个旁观者，而不是一位对实验乐此不疲的学者，体现不出藤野先生对工作的一丝不苟和忘我工作的精神。

　　师：这么简单朴素的词汇——小学阶段就已掌握了的词汇，我们却轻松愉悦地品悟出了这么多内涵。太了不起了！同学们已经掌握了咬文嚼字地学习语文的方法了。

【分析】

　　每一个汉字绝不是冰冷的符号，它是有生命的，它无时无刻不在诉说着自己的故事。任何一个汉字、任何一个词语、任何一句普通的话语乃至任何一篇普通的文章都不是平淡无奇、冷冰冰的，而是血肉丰满地凝结着作者情思的灵魂。教学就是通过对这些普通文字的一次次的咂摸，一次次的顿悟，一次次的交融，去走入文字所蕴含的情绪、心理、哲思。这样，每一堂语文课都不可能是枯燥无味的，而是鲜活灵动的。返璞归真的阅读教学，它可以大象无形；返璞归真的阅读教学，它可以含英咀华；返璞归真的阅读教学，它可以余音绕梁。

牵　线

"**牵**线"的意思是联络双方或多方促成某种关系。反过来理解就是"某种关系"上牵连着双方和多方。说得形象点就像"木偶戏"幕后的那根线。课堂教学要像那台"木偶戏"一样，讲台就是舞台，教师就是幕后拉线的那个人。教师不要站在前台，要退到幕后，在幕后操纵，把舞台让给学生，让学生在线的导引下充分活动。

线索变式　提纲挈领

【案例一】（茨威格《伟大的悲剧》）

师：今天我们学习《伟大的悲剧》，一提到"悲剧"，老师想问问同学们有什么感受？

生：让人难过。

生：让人流泪。

生：让人痛苦。

……

师："悲剧"就是"把有价值的东西毁灭给人看"，你想啊，那些有价值的东西被狠狠地"毁灭"给我们看，我们看了能不难过得流泪吗？其实，"悲剧"不仅仅是让我们难过，许多时候也让我们的灵魂得到震撼。所以，茨威格在悲剧的前面加了一个词"伟大"。

师：课文中哪些细节让你感到"悲剧"？哪些细节让你感到"伟大"？哪些细节让你既感到"悲剧"又感到"伟大"？请同学们读课文。

（生读课文）

师：好，我们以这样的形式来交流："这句话，让我感到_____，不信请听我带着这种感情激情朗读，还不信请听我来分析_____"。

……

师：我们重点品味那些既让我们感到"悲剧"又让我们感到"伟大"的细节。

生：奥茨突然站起身来，对朋友们说："我要到外边去走走，可能要多待一些时候。"其余的人不禁战栗起来。谁都知道，在这种天气下到外面去走一圈意味着什么。但是谁也不敢说一句阻拦他的话，也没有一个人敢伸出手去向他握别。他们大家只是怀着敬畏的心情感觉到：劳伦斯·奥茨这个英国皇家禁卫军的骑兵上尉正像一个英雄似的向死神走去。

师：好！我们就品味这一节。

……

【案例二】（陈之藩《失根的兰花》）

师："我十几岁即无家可归，并未觉其苦。十几年后，祖国已破，却深觉出个中滋味了。"谁说说"个中滋味"的含义？

生："个中滋味"是指切身体会的甘苦。

师：从全文来看，这里的体会主要是"甘"还是"苦"？

生：苦！

师：这句话告诉我们"苦"的原因了吗？

生：祖国已破。

师：国破。

师：这句话中，作者有没有告诉我们，他什么时候"并未觉得苦"？

生：他十几岁即无家可归，并未觉其苦。

师："无家可归"即家亡。

师："国破"时，作者的个中滋味是"苦"，"家亡"时，作者的个中滋味却是"不苦"。这种写法叫什么？

生：对比。

师：对比是抒情话语的基本组合方式之一，就是把对立的意思或事物，或把事物的两个方面放在一起作比较，让读者在比较中分清好坏、辨别是非……这种手法可以突出好与坏、善与恶、美与丑等的对立，给人们以深刻的印象和启示。

师：明白了什么是对比，老师有个问题想请教大家：为什么"国破"时，作者的个中滋味是"苦"，"家亡"时，作者的个中滋味却是"不苦"？

师：要想把这个问题弄明白，就请同学们运用对比的手法，研讨一个问题："家亡"时作者在哪，过着怎样的生活？"国破"时作者在哪，过着怎样的生活？

……

【分析】

一篇文章"讲什么"，要"因材施教"，"怎么讲"，要"牵一发而动全身"。案例一以课文的题目"伟大的悲剧"作为总抓手，牢牢抓住"悲剧"这一线索，让学生沿着这一线索，理清了叙事情节，再现了人物形象，激发了探究热情，真可谓"一石激起千层浪"，课堂波澜起伏，高潮迭起。案例二以"我十几岁即无家可归，并未觉其苦。十几年后，祖国已破，却深觉出个中滋味了"这一"牵一发而动全身"的关键句子为总抓手，进而通过"对比"，引导学生研读课文，整堂课由于线索清晰而一路高歌。人文教育像缓缓流淌的溪流，渗透在学生的血液里，越积越多，喷薄而出，学生激情澎湃地一起喊出了"身可辱，家可破，国不可亡"的豪言壮语，至此，课堂教学戛然而止。牵线阅读教学，它可以以纲带目，层层剥笋；牵线阅读教学，它可以主线贯穿，脉络清晰；牵线阅读教学，它可以举重若轻，跌宕起伏。

还　原

"还原"的意思就是"恢复原状"。由于很多文章时代久远，背景生疏，难以把握作者的写作心理。再加上语言的模糊性带来解读时的歧义，导致课堂教学对人物的把握、主旨的理解出现偏颇，这就需要用还原法来尽可能恢复当时的真实情况。

本相还原　豁然开朗

【案例】（陶渊明《桃花源记》）

师：同学们，武陵人在离开桃花源的途中处处做了标记，后来他带领太守的部下"寻向所志"，结局是"遂迷"，"不复得路"，作者这样写的目的是什么？请同学们四人一组，展开讨论。

生：作者这样写是想告诉我们：在这个现实世界里，根本不存在这样一个理想的地方，它是作者虚构的。

师：这样理想的地方是一个怎样的地方，你能说说吗？

生：没有剥削，没有压迫，没有纷扰；人人都平等，人人都友好，人人都快乐。

师：这个观点和参考书上的观点一致，了不起。也就是说，作者这样写的目的就是告诉读者这是虚构的，现实世界里是不存在的，对吧？

可老师总觉得作者这样写的目的不仅如此，还有更深的意思我们没有领悟到。我们来一块探讨。

师：在武陵人临走的时候，桃花源人对武陵人说了一句什么话？请找出来。

生："不足为外人道也！"

师：武陵人有没有遵守桃花源人的叮嘱？

生：没有！他把桃花源的事告诉了太守，并带领太守的部下寻找桃花源。

师：假如他们没有迷路，找到了桃花源，他们有可能在桃花源里做什么？

生：他们会烧杀抢掠。

师：如果真是这样，这是谁的罪过啊？

生：武陵人！

师：武陵人为什么这样做，是不是桃花源的人对他不好啊？

生：不是！对他非常好，都"设酒杀鸡作食"招待他。

师：我们梳理一下：武陵人无意中来到桃花源，桃花源人热情款待他，最后是当武陵人走的时候，桃花源人嘱托他不要把桃花源的情况告诉外人。可这个武陵人要心计，在回去的路上处处做记号，出去后立即告诉太守，带着人重返桃花源。这个武陵人，你觉得怎么样？

生：是一个不讲信用的人！

生：是一个忘恩负义的人！

师：用两个字概括就是"小人"。作者的理想社会靠这样的人能实现吗？当然不能，这样的人充其量就是一个偶然的发现者，不过是歪打误撞，这样言而无信、忘恩负义的小人绝不是实现作者理想社会的人。那什么样的人才能扛起实现理想社会的大旗呢？

生：高尚人士！

师：文中有没有？

生：刘子骥！

师：刘子骥，这个高尚人士是不是实现了作者的理想？

生：没有，他不仅"未果"，而且"寻病终"。

师：刘子骥的"寻病终"告诉我们什么？四人一组，展开讨论！

生：他的死告诉我们：理想社会的实现只靠一个高尚人士是不行的，他需要千千万万个高尚人士才能完成。

师：棒极了！那时，有觉悟的追求理想社会的高尚人士还不多，没有形成前仆后继之势，也就是"后遂无问津者"，这才是作者的悲哀。所以他在《桃花源诗》的最后两句说，"愿言蹑清风，高举寻吾契"。也就是，"愿驾着清风，高举理想，寻找与他志趣相投的人"。

【分析】

"知人论世"是孟子提出的一种文学批评的原则和方法，源于孟子的"颂其诗，读其书，不知其人，可乎？是以论其世也……"（《孟子·万章》）。孟子认为，"文学作品和作家本人的生活态度以及时代背景有着极为密切的关系，因而只有知其人、论其世，即了解作者的生活态度和写作的时代背景，才能客观地正确地理解和把握文学作品的思想内容。"《桃花源记》里的"遂迷"和"病终"，各种教学参考资料一致认为作者这样写的目的是通过设置悬念，给桃花源涂上神秘色彩，意在表明桃花源是作者虚构的，现实是不存在的。仔细揣摩，这样解读其实是肤浅的，是一种低估作者思想情感后的误读。仅仅把作者追求理想社会的思想认识定位在"白日梦"上，是不符合作者的思想认识高度的，更是违背了"知人论世"这一文本解读的基本原则。究其实，作者的思想认识水平已经从空想状态进入了探索状态。这从《桃花源诗》里可以看出来。目前，有些语文课堂教学，教师在某种程度上忽视了"作者"这一对话的客体，既不"知人",又不"论世",导致课堂教学出现了"浅、虚、浮"的现象。语文课要上得有趣有效,在文本解读时就不能忽视"作者"这一对话客体,要尽可能地还原"人与事"的真实情况。还原阅读教学,它可以避免虚妄;还原阅读教学,它可以避免浅白;还原阅读教学,它可以避免混沌。

猜　读

"猜读"是指在读书的过程中，根据已知的内容，推测未知的内容。比如看到标题，可以猜测正文的内容。猜读绝不是胡思乱想，而是把原文的有关材料作为依据，从文章体裁、有关段落、有关词句出发，作合理推测。把原文的内容与猜想的内容作比较，猜想的正确与否都没有关系。重要的是，猜读有利于锻炼创造力，猜读有利于读思结合，猜读有利于提高兴趣。

猜读教学　抒情言志

【案例】（李白《行路难》其一）

师："闲来垂钓碧溪上，忽复乘舟梦日边。"这两句分别出自两个典故。顾名思义，所谓的典故就是典籍中记载的含有特殊意义的故事。

师：请同学们看注释，看看这两个典故分别涉及谁？

生："闲来垂钓碧溪上"说的是姜尚，也就是姜子牙。"忽复乘舟梦日边"说的是伊尹。

师：姜子牙的故事我们比较熟悉，有一个歇后语就是说的这个典故。

生：姜太公钓鱼——愿者上钩！

师：姜太公钓鱼——愿者上钩！

师：伊尹的故事我们不是很熟。请看注释⑨。

生：相传伊尹在被商汤委以国政时，曾梦见自己乘船从日月旁边经过。

师：需要说明的是，经专家综合考证，认为姜太公出生地应为山东省日照市，伊尹出生地应为山东莘县。

师：典故比比皆是，例如成语典故"按图索骥"、历史典故"指鹿为马"、文学典故"学富五车"、文化典故"牛郎织女"等等。为什么不用这些典故，偏偏用"垂钓碧溪"和"乘舟梦日"这两个典故？

生：因为这两个典故都写出了诗人对自己从政的期待。

师：诗人才高八斗，和姜尚、伊尹一样才华横溢，可姜尚、伊尹都遇上了伯乐，成就了大业，而自己却报国无门啊！请猜测诗人内心渴望什么？

生：诗人渴望从政。

生：诗人渴望伯乐。

生：诗人渴望明君。

师：渴望明君。就像姜尚、伊尹一样遇上明君就会被委以重任，建功立业。注释中"日"和"月"二字你不觉得有点意思吗？

生："日""月"为"明"，奥！我明白诗人用这个典故的用意了。

【分析】

文学作品的阅读需要"猜测"，"猜测"具有穿透力，它能透过意象的表面钻探出深层意蕴。作者寄托在文本的真正意旨只有作者知道，读者对文本的解读不可能是实证似的对作者意旨的解读，务必采用猜测方法。正是因为猜测的独特的个性，才会呈现猜测的多元。猜测，让读书之旅充满乐趣。它的基本程序是"阅读—猜测—阅读—验证"，换句话说，学生的思维自始至终运行在"接收信息—处理信息—运用信息"这一条正确的轨道上。猜测阅读法是一种积极阅读的有效方法，它最大的特点是使学生在整个阅读过程中始终保持积极思维的状态，使学生自觉地带着问题阅读，带着追根刨底的兴趣阅读。这样，学生就会自觉地最大限度地去寻找文章中所蕴含的信息，就会最大限度地运用大脑中所贮存的信息。这样反复训练，就会使学生养成动脑读书、动笔读书的好习惯，就会增强学生阅读的能力。猜测阅读教学，巧设疑点，合理猜测；猜测阅读教学，读猜结合，思维发散；猜测阅读教学，变实为虚，抒情言志。

批　注

"批注"是古人常用的读书方法，指阅读者通过给文本写批语、作注解、评得失的过程达到与文本对话、与作者对话的目的。这一过程中，阅读者把体现着自己别样的眼光和情怀的自身感受笔录下来就是批注。

批注教学　雅俗共赏

【案例】（汪曾祺《端午的鸭蛋》）

师：有人说："《端午的鸭蛋》，口语色彩浓厚，文中时时穿插十分朴素的'大白话'，辞藻不华丽，不工整，不修辞，淡而无味。如：'我的家乡是水乡。出鸭。高邮大麻鸭是著名的鸭种。鸭多，鸭蛋也多。高邮人也善于腌鸭蛋。高邮咸鸭蛋于是出了名。'"

师：认为本文语言"淡而无味"的同学请举手！

（生举手）

师：认为本文语言"淡而有味"的同学请举手！

（生举手）

师：全班同学分成了两派，一派是"淡而无味"，一派是"淡而有味"，下面就请"淡而无味"派，找一句自认为"淡而无味"的语言，发挥才智，或引用辞藻，或巧用修辞，或换用表达，把语言改得"津津有味"；请"淡而有味"派，给找一句自认为"淡而有味"的语言作批注，通过有理有据的评点，使"淡而有味"派认同你的观点。两派比一比，看谁做得好？

生：我认为本文语言"淡而无味"，我把"鸭多，鸭蛋也多。高邮人也擅于腌鸭蛋。"一句改为"那满湖的鸭哟！那满岸的蛋哟！那挤破坛子想往外走的咸鸭蛋哟"。

师：用排比句改得"声情并茂"。

生：我认为本文语言"淡而有味"，我给"鸭多，鸭蛋也多。高邮人也擅于腌鸭蛋。"做的批注是，"朴素的短句，不仅写出了高邮鸭蛋著名的原因，蕴含着浓郁的生活气息，耐人寻味，只一个'多'字就给人无尽的想象。这种接近口语的语言，有一种返璞归真的感觉，但读起来却有滋有味，可称得上是'清水出芙蓉，天然去雕饰'"。

师："清水出芙蓉，天然去雕饰"，评得妙。

……

【分析】

任何一篇文章的任何语言都值得把玩、揣摩、品味，对文章的语言无论怎么把玩、揣摩、品味都不为过。但这一想法并未在教学实践中得以实施。绝大部分教师偏好带领学生品味那些"美文美句"，却往往忽视那些表面看来"淡而无味"，其实却"津津有味"的篇章语句。将"直白"的语言加以"变式"，用"曲笔"来品味语言并穿插运用批注的方法，效果更佳。这种做法，既丰富了文本语言，又使学生游走于简约与丰硕之间，深刻体会到汉语魅力。批注阅读教学，它可以形勾神连，曲径通幽；批注阅读教学，它可以透迤曲折，思维旖旎；批注阅读教学，它可以咀嚼涵咏，鞭辟入里。

续 貂

"续貂"一词，本是"狗尾续貂"的缩写，源于一个典故，"晋赵王司马伦专朝政，封爵极滥，冠饰所用貂尾不足，至以狗尾代充，时人谚曰：'貂不足，狗尾续。'"（《晋书·赵王伦传》）。后人用它来比喻拿不好的东西接到好的东西后面，但多用于谦称续写别人的著作。当然，在这里"续貂"一词是指包括续写在内的系列改写手段。

续貂教学 中规中矩

【案例】（鲁迅《社戏》）

师："我们每天的事情大概是掘蚯蚓，掘来穿在铜丝做的小钩上，伏在河沿上去钓虾。"这句话中有几个词语运用得很有表现力，请找一找。

生：掘、穿、伏。

师：这三个词的词性是什么？

生：动词。

师：我们先不讲它们表现了什么。我先请同学们从中选择一个词，讲一讲自己的经历。

生：我说一个"掘蚯蚓"的经历。我在奶奶家的时候，最高兴的游戏就是掘蚯蚓了，下雨后，在泥土里、石头下，都存在着它的"足迹"，只要在一块潮湿的地方，掘开一小块泥土，这灰色的"精灵"就会露出它黏糊糊的头，只要揪住它的头一拉，它就到手了。

生：我说一个"钓虾"的经历。一次，我到雅鹿山旅游，看到山后面有一个大坝，我跑到岸边的石头上，看到水底有一群东西跑向深水处。我仔细一瞧，原来是一些一二厘米的小河虾。我立即有了一种想逮住它们的欲望。我试着用手捞，可刚要接近它们时，它们却猛地一蹦，逃跑了。我伏在石头上，再去逮，左抓右抓，怎么也逮不着。我就想用诱饵来捕捉它们，我把一小块油饼放在水底，拿着一张小网，看到它们游来了，就悄悄地靠近它们，一网下去，网住了七八只。

……

师：可以看得出，同学们在叙述的时候，心情是很高兴的，那作者当时的心情是怎样的？

生：高兴。

师：所以这里是乐土。

【分析】

我们把续写、扩写、缩写乃至仿写等改写手段称之为"续貂"。其实，这些改写手段都是新课标明确规定的写作训练项目，是学生必须掌握的写作能力。但自新课改以来，不知什么缘故，改写，这种语文教学的基本手段不再受到课堂教学的青睐，备受冷落。但这些改写手段在课堂教学中仍然具有独特的价值。例如扩写，可以对词语进行扩写，把一组名词扩写成一段话，把一组动词扩写成一段话；可以对句子进行扩写，把中心句扩写成一段话，把中心句扩写成一篇文章；可以对段进行扩写，把小段扩写成大段，把段扩写成篇；可以对篇进行扩写，对寓言故事扩写，对成语故事扩写，对古诗译文扩写……还可以扩写环境、神态、动作、语言、心理、思想等等，不一而足。同理，续写、缩写乃至仿写都是不可或缺的有效的教学常规。续貂阅读教学，它可以纵横捭阖，高效课堂；续貂阅读教学，它可以化隐为显，繁花锦簇；续貂阅读教学，它可以出奇制胜，光彩夺目。

商　榷

"商榷"的意思是商量、讨论，或者说是商讨。不可否认，语文教材中总有一些争论处、异议处、模糊处。其实，这些都是教学资源，都可以拿来作为课堂讨论的话题，而且是有意义的话题。

问题商榷　过程摇曳

【案例】（陶渊明《桃花源记》）

师：在《桃花源记》中，"外人"出现了三次。请同学们找到这三处？

生：第一次是在"其中往来种作，男女衣著，悉如外人"一句中。

生：第二次是在"遂与外人间隔"一句中。

生：第三次是在"不足为外人道也"一句中。

师：课文有没有对"外人"一词作出解释？

生：注释14告诉我们，"外人"的意思是"桃花源以外的世人"。

师：注释14告诉的仅仅是"其中往来种作，男女衣著，悉如外人"一句中的"外人"的意思。

生：注释14后面的"下同"告诉我们，下面两处的含义也是这个意思。

　　师：也就是说，这三处的意思一样的，对吧？真的一样吗？现在我们就一起探讨这个问题。请同学们四人一组，不急于下结论，思索一下，看看有没有疑惑。

　　生：第二、三句中可以把"外人"解释为"桃花源以外的人"。但在"悉如外人"一句中，也把它理解为"桃花源以外的人"感觉有些怪异。

　　师：有疑惑，请大胆提出来。

　　生：难道与世隔绝了几个朝代的人，男男女女的穿着还能与时俱进般的"完全像桃花源以外的世人"？这可能吗？

　　师：那大家一块讨论一下，有没有这种可能？

　　生：不可能！

　　师：既然不可能，那翻译肯定有问题。那这个"外人"又该怎么理解呢？不着急，拿出《古汉语常用词典》来，查一查就明白了。

　　生：查到了。

　　师：义项很多，我们一个一个地探究。

　　生：词典是这样解释的："外，远也。"那"外人"是不是就可以理解为"远处的人，远方的人"呢？

　　师：那把这种猜测放到文中就可以理解为"桃花源里面的男男女女的穿着，完全像是远方的人"，这样翻译合适吗？

　　生：不太合适，"远方的人"仍然是"桃花源以外的人"。

　　师：看来这种解释不行。

　　生：它还有"外国，外乡"之意。

　　师：那把这种猜测放到文中就可以理解为"桃花源里面的男男女女的穿着，完全像是外国人或外乡人"。这样翻译合适吗？

　　生：不合适，怎么会是外国人啊？

　　师：对啊！怎么是外国人啊？是不是外国人，文中有一个地方告诉我们了。找一找。

生：在后文中渔者为了谋取私利而食言相告官府："及郡下，诣太守，说如此，太守即遣人随其往。"倘若是"外国人"的话，一个太守没有通关文牒，不可以浩浩荡荡地派遣官兵去找寻的。

师："外乡人"就不用说了，更属于"桃花源以外的人"。

生：还有一个义项是"从前，以往"。

师：那把这种猜测放到文中就可以理解为"桃花源里面的男男女女的穿着，完全像是从前的人"，这样翻译合适吗？

生：合适。

师：我也觉得合适。不过我们还可以把"从前，以往"换成一个字？

生：古。

师：放进去看看。

生："桃花源里面的男男女女的穿着，完全像古人。"

师：这样来解释，就显得更为合情合理了。还有义项吗？

生："不是自己这方面的。"

师：那把这种猜测放到文中就可以理解为"桃花源里面的男男女女的穿着，完全像不是自己这方面的"。太拗口，谁来改一改？

生：桃花源里面的男男女女的穿着，完全不像自己所生活的这个时代、这个地方的人的打扮。

师：不像自己所生活的这个时代、这个地方的人的打扮，那像谁呢？

生：像"古人"的打扮。

师：其实，文中的"外人"是两个词："悉如外人"的"外人"作"不是自己（渔者）生活的时代、地方的人"，也就是古人；"遂与外人间隔"的"外人"作"外界的人"亦可理解为"桃花源以外的人"；"不足为外人道也"的"外人"同"遂与外人间隔"的"外人"意。

【分析】

在阅读教学中，问题是对话的出发点，也是生成新知识、新方法、新思想的种子。本案例通过对"外人"一词的阅读质疑、分析研讨、表达交流、比较归纳等探究活动，不仅使学生获得新知识，懂得了"外人"不仅仅是桃花源以外的人，还激发了他们探究语言文字旨趣的兴趣，学会了阅读的程序与方法。因此，我们必须认识到：问题在学习过程中的重要性，学习过程就是发现问题、提出问题、分析问题和解决问题的过程。学习过程中如果没有强烈的问题意识，就不可能激发学生的潜在"探究冲动性"，也不可能开发出学生的求异思维和创造思维，更谈不上生成闪烁着智慧光芒的教学情境了。商榷阅读教学，它可以激发兴趣，主动学习；商榷阅读教学，它可以聚焦文字，预约精彩；商榷阅读教学，它可以上下求索，诱导发现。

联　想

"联想"本义是一种事物和另一种事物相类似时，往往会由这一事物引起对另一事物的联想。简言之，联想就是由一事物想起与之关联的事物。它既是暂时的神经联系又是事物关系的反映。阅读教学离不开联想，离开了联想的阅读教学面目可憎。驱遣联想、开发思维也是阅读教学的目标之一。

联想丰盈　思维激荡

【案例】（刘禹锡《陋室铭》）

师："无丝竹之乱耳，无案牍之劳形"一句中的"无丝竹之乱耳"，意思是"没有奏乐的声音搅扰双耳"。那么，老师想知道，哪里没有奏乐的声音呢？

生：（异口同声）陋室……

师：好。既然陋室里没有奏乐的声音，那么就一定有一个地方有奏乐的声音，作者所说的是哪里？

生：官场、宫廷等。

师：那陋室和官场的主人又分别是谁呢？

生：陋室的主人是刘禹锡，官场的主人是官吏。

师：刘禹锡是一个什么样的人？

生：是君子。

师：那官吏呢？

生：小人。

师：那官场既然有奏乐的，还会有什么？

生：有歌女唱歌。

（师点头）

生：还有舞女跳舞。

生：还有斟酒的、按摩的。

师：联想得非常合理，一派歌舞升平的景象。那这些景象在陋室中有没有呢？

生：（拖长着大声说）没——有——。

师：那我们大家想一想，这些官吏们所做的事是不是他们应该做的呢？

生：不是。

师：大家畅所欲言，他们应该做些什么？联系现实谈一谈。

生：应到黑龙江去治理松花江的水污染问题。

生：应当投身到防治禽流感的工作中去。

生：他们还应到地震灾区去赈灾。

师：对，切身感受到官吏们的不务正业，所以，刘禹锡就不愿意与他们同流合污，却又无力回天，这就是他隐居陋室的原因。

师：刚才我们设想了官场和陋室可能出现的景象，从中体现了君子不与世俗同流合污的高洁与达官贵人追名逐利、趋炎附势的丑恶，两者形成了鲜明的对比，像我们这样的设想就是"联想"的功效。

【教学反思】

"联想"即是一种教法，也是一种学法。这种教学法在阅读教学中是以语言为核心的思维联系。"联"就是"关联"的过程，"想"就是"思维"的过程。阅读教学的关键就是通过"联想"，把与文本内容相关联的材料通过开动脑筋、上下求索、前后勾连，生成有机的课堂教学资源。"联想"这一思维过程贯穿阅读教学的始终。可以说，处处有"联想"，处处用"联想"。阅读教学的主干是"联想"，枝枝叶叶是"联想"。有联想，课堂教学厚重；无联想，课堂教学浮漂。联想阅读教学，它可以尺水兴波，津津有味；联想阅读教学，它可以左牵右连，举一反三；联想阅读教学，它可以思维发散，根深叶茂。

想　象

"想象"也是阅读教学的一种特殊的思维形式。心理学上指在知觉材料的基础上，经过新的配合而创造出新形象的心理过程。也可理解为对于不在眼前的事物想出它的具体形象。它能突破时间和空间的束缚，达到"思接千载"的境界。文学作品是想象的产物，阅读文学作品必须通过想象才能搭起与作者、文本沟通的桥梁。之所以有些阅读教学始终停留在肤浅的层面，有些学生始终未走入语文内核，很大程度上都是因为课堂训练缺乏想象。

文本想象　神游万里

【案例】（都德《最后一课》）

师："韩麦尔先生站起来，脸色惨白，我觉得他从来没有这么高大。"痛苦的痛恨的自责的爱国的韩麦尔先生站起来，当他"站起来"时，小弗朗士看到韩麦尔先生的脸色是？

生："惨白"的！

师：当小弗朗士看到韩麦尔先生的脸色是"惨白"的时候，他的心情是怎样的？

生：后悔！后悔自己没好好学习！

生：可怜！可怜自己的老师！

生：敬佩！对韩麦尔先生很敬佩！

师：还有吗？对普鲁士士兵？

生：痛恨！痛恨普鲁士士兵。

师：还有！

生：爱国。

师：可谓百感交集！这些感情都是小弗朗士上了韩麦尔先生"最后一课"后产生的，是韩麦尔先生在"最后一课"点燃了他的美好情感！所以，此时此刻，在他的眼里，韩麦尔先生是那么的……

生：那么的高大。

师：再加上几个"那么"，组成一个排比句。

生：那么的可怜。

生：那么的爱国。

……

师：那么的令人敬佩。

师：连起来读一读。

生：韩麦尔先生是那么的高大，那么的可怜，那么的爱国，那么的令人敬佩……

师：老师调一下顺序：韩麦尔先生是那么的可怜，那么的痛恨，那么的爱国，那么的高大，那么的令人敬佩。

……

【分析】

法国作家雨果说过："有一种比海更大的景象，是天空；还有一种比天空更大的景象，那就是人的内心世界。"此环节的教学，紧扣文本，抓住"惨白"二字，通过想象，由"外貌描写"想象"心理描写"，能够直接展露人物的七情六欲，揭示人物灵魂深处的奥秘，把单靠外部形象难以表现的内心感受揭示出来，使文学作品中的人物形象立体化，从而显得更为完整和真实。

此环节不仅合情合理地揣摩了韩麦尔先生的"思想感情"，而且顺势揣摩了小弗朗士的"思想感情"，学生在和文本对话的同时，与"韩麦尔先生"及"小弗朗士"进行了心灵的交流，灵魂的碰撞。学生的心走进了韩麦尔先生的心，走进了小弗朗士的心。理解了韩麦尔先生的"惨白"和"高大"，也顿悟了小弗朗士的顿悟——"我觉得他从来没有这么高大"。可谓"一箭双雕"。想象阅读教学，它可以紧扣文本，心骛八极；想象阅读教学，它可以吟悟情感，神通万里；想象阅读教学，它可以披文入情，丰盈情感。

诚然，掌握了这些语文课堂教学的技艺，也并不意味着语文课堂教学就登堂入室了。因为，凡事原则较少，技术较多。语文教学，只要做到了"心中有人"、"目中有文"这两点，课堂就会弥漫着浓郁的语文味道。

附 录

我们向杜郎口中学
到底应该学什么

　　杜郎口中学，自从它的名字出现在中国的教育界，就注定要处于风口浪尖。有人说它是"毒狼口"，吞噬了孩子的天性，磨灭了教师的激情；有人说它是中国课改的一面旗帜，改变了传统的教学方式，引领了教育改革。有人说它的课堂毫无章法，乱成一锅粥；有人说它的课堂是"知识的超市，生命的狂欢"。有人说它是在"表演"，在"作秀"，激情展示的背后是根深蒂固的应试教育；有人说当"作秀"成了习惯，也会变成"优秀"。有人说它是学校不应该收门票；有人说它用于学生、老师、学校，收钱又何妨……捧得至高无上的有，贬得一文不值的也有。因杜郎口中学而起的争论此起彼伏，久未止息，可是，杜郎口中学仍然在不断地前行……

杜郎口中学的"九阴真经"

——我们向杜郎口中学到底应该学什么

个名不见经传的小镇，因了一所农村中学，尽人皆知；一所濒临倒闭的农村中学，因了一个人，起死回生。而今，杜郎口中学，被推上了中国教育的风口浪尖，美誉学习者有之，贬损挖苦者有之，冷嘲热讽者有之，冷漠旁观者有之，而杜郎口中学却不争不辩，仍然默默成长，走在不断探索、修正、前行的路上。

她或许不是最好的，也一定不是最完美的，但她擎起的改革之旗，不是谁想拔掉就拔掉的！一所偏远的、濒临倒闭的农村中学能够起死回生，自有其独特的魅力与学问！

"问题"，杜郎口中学发展的引擎

"美言不信，信言不美。"有人说杜郎口中学是中国课改的一面旗帜，这是对杜郎口中学的溢美之词。这种"捧杀"，给杜郎口中学压上了一副沉重的担子，有失公正。也有人说杜郎口中学是中国课改的一个异端，这是对杜郎口中学的误解之语。这种"棒杀"，给杜郎口中学扣上了一个标新立异的帽子，有失公允。这两种说法都是因对杜郎口中学定位不准而产生的。

考量某一个人物或某一个事物，要看其成长史。曾经的杜郎口中学是一个濒临倒闭的农村学校，就像一个病入膏肓的人，生命即将完结，只剩下苟延残喘。可崔其升来当校长了，他矢志不渝的改革使杜郎口中学奇迹般地活过来了，而且活得愈发强壮，活得愈发精神，活得愈发受人尊重。

与其说杜郎口中学是中国课改的一面旗帜，不如说杜郎口中学是中国农村课改的先遣队。毕竟，杜郎口中学的综合实力与一些现代化学校还有相当大的距离。杜郎口中学的发展之路还很长，需要解决的问题还很多。杜郎口中学从来就没有回避问题。"这个学校，过去有问题，现在有问题，将来还有问题，"杜郎口中学人一直保持着清醒的头脑，"问题以及问题的解决是推动杜郎口中学又好又快发展的引擎，是杜郎口中学发展壮大的内因。"但期望借杜郎口中学的教改经验妄想彻底消除自己在教育道路上遇到的所有困惑，甚至完全解决中国教育存在的问题是不够理智的、不够思辨的、一厢情愿的想法。正如《中国教师报》宋鸽编辑所言，"杜郎口中学的伟大绝对不是因为她'完美'，世界上本就不存在完美，何况杜郎口中学是一个条件很差的农村学校。毋庸置疑，杜郎口中学还有很多需要完善的地方。多年以后，我们回过头来看，杜郎口中学终将被更好的、更新的'典型'所超越，因此，杜郎口中学并不是高不可攀的。但是，就凭杜郎口中学'把学习的权利还给了学生'这一点，杜郎口中学已然成为里程碑式的学校，是她把教学从'教'中心拉到了'学'中心。因此，我们应该理性客观地看待杜郎口中学，打着'质疑'旗号的讽刺甚至谩骂是毫无意义的，本着学习、研究、完善、超越的质疑才是一个取经者应有的正确的态度。这种教学方式的改革是对教育本质规律的把握，杜郎口中学人对理想教育的不懈追求，才是我们所有教育人应该关注的……"

杜郎口中学的问题否定不了她拉响教育改革引线的伟大探索，更不妨碍我们紧随杜郎口中学向着改革的远方奋进。

批评与自我批评，敢于向自己动刀的勇气

"上一周，学校、学科组、年级部的老师对我的备课、课堂、班级管理提出了建议。由于自己思想认识不到位，面对大家的关心、建议，我的态度很不好，不能正确对待自己的不足，着实不够谦虚。年轻人不服输，易冲动，有时候是活力，但是并不等于对别人的关怀、建议就置之不理，甚至反驳！对此，我深深地反思，认识到新教师在通向专家型教师发展过程中都会出现这样那样的问题，有问题并不可怕，可怕的是听不进别人的建议。在这个过程中，如果可以得到别人的指点和帮助是多么幸福的事，而我却没有珍惜。首先向同事们表示道歉，年轻、不懂事是借口，真正摆正自己的心态才是关键。我主动要求老师们到我的课堂进行指导，帮助我更好更快地成长！最重要的是要感谢为我提不足的人！我要以实际行动回报老师们的厚爱，变被动为主动。杜郎口中学适合教师，特别是年轻教师的发展，每天的评价、反思、反馈，大家都能直言不讳地指出不足，大家都能虚心地接受。在这里，反思已经成为文化，那身在其中的我，应该怎么做呢？我要充分利用学校的资源，以谦卑的心态，去迎接每一个成功的机会……"这是杜郎口中学一位年轻教师写在小黑板上公开展览的自我反思。

"成绩让别人说，不足要自己找，给你找不足的人才是恩人。为什么自己的身体有病了到医院唯恐医生检查不仔细，思想问题自己不找还不敢让人家说？有些学校不敢批评，优点列举一二三，找上一大堆，表扬、肯定放大了，过失、错误不敢揭。我们这里不这样，不讲优点，放大缺点。对于错误，杜郎口中学敢揭，大张旗鼓地揭，不留余地地揭，不留情面地揭。杜郎口中学的教师已经认同了这种文化。"这是杜郎口中学崔

其升校长的理念,他是这样说的,也是这样做的。

杜郎口中学每天在教学楼门厅召开两次反馈会。一次是上午的7:30—8:00,主要反馈昨天下午及晚上教育教学情况;一次是下午2:00—2:30,主要反馈当天上午的教育教学情况。"电子荧屏"在循环滚动着教师在课堂教学、班级管理、工作反思等日常工作优缺点的同时,主管教学的张代英副校长语重心长地直陈一线教师在教育教学方面的鄙陋。在这里,当"批评与自我批评"成为习惯的时候,"惩前毖后,治病救人"这一剂良药的效用就直达骨髓了。反思,尤其是基于问题、朝向发展的自主反思才是教师成长最有效的途径,才是学校发展最切实的保障。

干,永远比说重要!

杜郎口中学谁最累!崔其升校长最累!

曾经,为诊断课堂,他一天连续听8节课;

曾经,为了推行课改,他一周连开5次全体教师会;

曾经,为铺就一条小路,他从垃圾堆里捡拾废弃的砖头;

曾经,他冒着倾盆大雨,给老师的房顶盖塑料布,最终改变了这位老师的误解和成见;

曾经,他脱掉上衣,与到学校滋事的地痞流氓理论过、对峙过、肉搏过……

"做人比做事重要,做事比做官重要。""学校比我的生命还重要。工作就是生命,生命就是工作。""工作是人品,表现是道德,业绩是人格。"崔校长的话掷地有声。太多的曾经,其间的酸甜苦辣,个中滋味,恐怕不是一个"累"字形容的了。崔其升校长的劳苦为了谁?广大教职工心中有数,跟着这样的校长干事创业,累一点、苦一点是值得的!

杜郎口中学的今天是干出来的，不是宣传出来的。

"带头干，真抓实干是杜郎口中学领导的作风"，副校长张代英说，"问诊课堂是课改的前提，为给课堂把好脉，杜郎口中学举行了 4 项'推课活动'——领导班子观摩课、骨干教师示范课、普通教师过关课、较弱教师帮扶课。"累不累，看与谁同行；苦不苦，看与谁为伍。率先垂范比夸夸其谈更有用！领导班子成员披挂上阵，让教师观摩领导的课，是对教师最好的引领。

按劳分配是最大的关爱，也是干事创业最客观最公正的标杆。"累，但幸福着，是杜郎口中学每一位教师的深切体会。"崔其同主任慢条斯理地说，似乎在品味着其中的滋味，"任何成功都来自于真抓实干，来自于付出。没有这些，说什么都是没有意义的。我们是在做一件有意义的事情，要说教师不累那是假话，累不累也得一分为二地看，我们身累但心不累，因为这里风正气清。在我们这里，干孬干好不一样！干得多报酬就多啊！"

"干，永远比说重要！"这是杜郎口中学一个学生的原话，这样的话语怎能不令人肃然起敬？以"干"为荣，是杜郎口中学的校风。

"精神"，才是我们要的"九阴真经"

"杜郎口中学的哪些典型做法最值得借鉴？我们向杜郎口中学学什么？"有人追索。

"杜郎口中学的做法现已取得成功，如果崔其升校长退休以后，杜郎口中学能否继续力行这种模式？"有人担忧。

崔其升校长是一个典型的北方汉子，他执着、朴实、真诚。他说，学习杜郎口中学，不要聚焦在所谓的"三三六"的教学模式上，不要再穷究课堂教学的操作问题，更重要的是看杜郎口中学的风气——风气正，则学生正；学生正，则未来正！

"像杜郎口者死，学崔其升者活。"安徽的庄华涛老师说。

"学'我'形者死，学'我'神者生。"江苏的胥加洲老师说。

"形神兼备才好！"江西的王雪晴老师说。

学习杜郎口中学，就要学她不怕困难、迎难而上、知难而进的拼搏精神。

学习杜郎口中学，就要学她朴实、真诚的处世风格。

学习杜郎口中学，就要学她哪里最需要就出现在哪里的大局意识。

学习杜郎口中学，就要学她不推卸责任勇于担当的大气魄。

学习杜郎口中学，就要学她欢迎指出不足的宽广胸怀。

学习杜郎口中学，就要学她"做是最好的说"的力行风格。

学习杜郎口中学，学的是精神——大无畏的改革精神，尊重学习主体的精神，打破条条框框的精神，不唯上不唯书的求是精神。

精神层面的东西解决了，技术层面的东西就迎刃而解。这就是文化。

模式可以改进和消除，文化却难以消失。尤其是一种被全校师生认可和拥有的文化一旦形成，就难以磨灭。杜郎口中学的成功，得益于杜郎口中学形成的独特文化，这样的文化是在崔校长的领导下全体师生共同构建的，文化不会随着崔校长的退休而削弱和减退，一定会得以延续和发展。

杜郎口中学能走到今天，"公"，是杜郎口中学的秘籍，"干"是杜郎口中学的法宝，为"公"而"干"是杜郎口中学管理的成功之道。或许会有更多的改革比杜郎口中学更成功，或许会有更多的管理比杜郎口中学更完善，但作为一种探索，一种尝试，她给我们的启示是深远的，也必将在中国教育改革的历史上，留下重重的一笔。

杜郎口中学的"九阳真经"

——我们向杜郎口中学到底应该学什么

杜 郎口中学的课堂教学，有人赞其为"知识的超市，生命的狂欢"；有人批她说"乱糟糟一片，不成体统"。或褒或贬，莫衷一是。表象的东西，容易模糊了我们的视线，我们所要做的是拨云见日，让更多的人看到"乱象"之后，深蕴其中的"门道"。

教师要"低"看自己，"高"看学生

"杜郎口中学砸掉了讲台！"

"杜郎口中学教室里四面都是黑板！走廊里也是！"

砸掉讲台容易！安上黑板也容易！只不过，这些举措都是改革的表象。表象隐含本质——"教"即"学"！"师"即"生"！"教学"即"生活"！

崔校长说："教育改革最大的制约，就是不信任。不信任就意味着不尊重。教育要以人为本，尊重生命。"

怎样才能做到尊重？

尊重，教师要"高"看学生，千万不要小看了学生的智慧，在充分尊重学生主体地位的前提下，学生学习的潜能不可估量。"勤娘懒女"的俗话告诉我们，教师懒一点，学生就勤一点，教师说得多，学生就讲得少，教师包办得多，学生就解放得少。如果尊重学生，就让学生自主学习，杜郎口中学做到了！

尊重，教师还要看"小"学生，学生本来就是孩子，孩子的言行需要包容。一个幼儿教师，他能容忍幼儿的"恶劣"行径，却不能容忍蒙童的"破坏"行径；一个小学教师他能包容蒙童的"破坏"行径，却不能包容少年的"叛逆"行径……这是偏颇的。

著名教育家陶行知说："我们必须会变小孩子，才配做小孩子的先生。"所谓"会变小孩子"，就是用童心去感受童心。一个真正的教育者，总是带着纯真的童心，并能用儿童的眼睛去观察，用儿童的耳朵去倾听，用儿童的兴趣去探寻，用儿童的大脑去思考，用儿童的感情去热爱。只有这样，才能真正读懂每一个孩子。杜郎口中学做到了！

尊重，教师要"低"看自己。杜郎口中学是三年制初级中学，教师面对的是处在叛逆期的青少年。教师对学生能包容到什么程度就意味着能尊重到什么程度。杜郎口中学在改革之初提出了并做到了"学生回答问题无错论！"那就是全包容的前提，教师放平了心态，把自己从"神龛"里拉出来，放在地上，把自己当作幼儿教师，这样还有什么不能宽容的？

只有"教师贴地而行"，学生才能在"云端舞蹈"。杜郎口中学做到了。学生的学习状态发生了翻天覆地的变化。

杜郎口中学的学生学习是主动和探究的，不再是被动和灌输的！

杜郎口中学的学生学习是高效和有趣的，不再是低效和无味的！

杜郎口中学的学生学习是自信和民主的，不再是自卑和霸权的！

尊重了学生学习的自主权，尊重了学生的展示天性，尊重了孩子身心发展的规律，因而杜郎口中学的学生在学校经历了一番训练、锻炼、历练、磨炼后就脱颖而出了，终身受益的性格和习惯养成了。这就足够了！

有"准备"的预习，才能点燃展示的欲望

准备就是预先安排或筹划。凡事都得准备，教与学亦不例外，杜郎口中学的课堂教学自然也需要准备！

有准备的教学是百米冲刺，无准备的教学是饭后散步。杜郎口中学的教学不仅是有准备的教学，而且是有充分准备的教学。杜郎口中学的准备其实就是预习，预习是展示的内驱力，预习效果越好，展示就越精彩，反馈就越优异。当绝大多数学生在预习课上已经落实了绝大部分知识的时候，他们的自信也就树立起来了，展示的欲望也便被点燃了，原生态的精彩就不期而至。

只有夯实预习，才能预约精彩。杜郎口中学的准备是充足的。最常态的准备就是自习课。杜郎口中学的自习课分晚自习和早自习。晚自习是两节课，第一节是 6：40—7：40，第二节是 7：50—8：50。据观察，杜郎口中学的晚自习并不是呆板僵化的，而是灵活机动的。有的班在预习，有的班在反馈；有的班自修两门课程，有的班自修三门课程。杜郎口中学的早自习是晨诵，分饭前饭后两段，主要自修适宜背诵的科目。

课前准备是最后的准备。杜郎口中学白天 7 节课，每科 40 分钟，外加一个 40 分钟的课外活动。与众不同的是杜郎口课间休息的时间比较长，有 15 分钟的，有 20 分钟的，还有 30 分钟的，这就给师生提供了充裕的时间做展示前的最后准备。

杜郎口中学的预习是科学的、合理的。各学科立足教材，围绕导学案，从问题入手自主解决 50％的问题；标注疑难问题，以适宜的方法合作探究。其实，杜郎口中学的准备完全可以再迈出一步，教师完全可带领学生把教材系统地前置预习。杜郎口中学有些学科已经这样做了，只是还没有大张旗鼓地推广而已。但这绝不是作假，更不是为了展示的精

彩而预先告诉学生答案。

"展示"，让短处消融，让优点张扬

展示，不是作秀。"展示"是一个褒义词，把自己的好的物品拿出来给大家看是"展示"，把自己美丽的、优越的、擅长的展现出来也是"展示"。而"作秀"在一定层面上说是一个贬义词，有弄虚作假、装样子骗人、夸大其词和做表面文章的意思。展示是求善求真，作秀是作恶作假。尽管杜郎口中学的展示也有表演、宣传的味道，但展示的目的绝不是通过弄虚作假的伎俩来骗人。

展示是最大的尊重，尊重是最大的人文。杜郎口中学追求的是展示，摈弃的是作秀。课堂上，谁是学习的主体？学生！在学习的过程中，学生的主体地位怎样体现？展示！教师必须放权！学生自主学习的权利必须受到尊重，再也不能让学生"被学习"。吃教师咀嚼过的馍，既无味道又不卫生。

展示！唯有展示才是破解这一瓶颈最好的做法。展示使学生成为真正意义上的学习的主人，让学生在被尊重中体验学习是一件多么诗意的事，展示是一件多么自豪的事，成功是一件多么美妙的事。

展示！唯有展示才是个体发展的最好脚本。展示者因其置身于被欣赏的睽睽众目下而自尊自信，因而更加自律，更加严谨，更加认真。一件件"精益求精，追求卓越"的作品就精彩纷呈。杜郎口中学黑板已经由室内延展到室外，室外的黑板足以容纳十几个孩子同时板演反馈。孩子们用不同色彩的粉笔在各自的区域板演着，几分钟后，孩子们的板书竟然完成了一幅美丽的画卷，长长的黑板既个性鲜明又浑然一体，色彩那么鲜明，布局那么合理，书写那么工整。这就是展示的魅力！是展示让学生每节课在众人的欣赏中习练书法！

展示，让短处消融，让优点张扬，直至走向成功、臻于完美。

"为思维而学"，杜郎口中学的新命题

"惟感恩方能宽容，惟宽容方能反思，惟反思方能完善，惟完善方能和谐，惟和谐方能创业。"杜郎口中学给教育界最现实的意义就是一种引领创新的精神，她在为教育人引向一扇门的同时，更多的是打开了思想之门，而思想之门就是践行课改的起点和目标。

"给你找不足的人是恩人"，这句话已经流淌在每一个杜郎口人的血液里，这是杜郎口人的大气度、大智慧、大境界！这句话意味着每一个教育人都可以对杜郎口中学提出质疑，也表明了杜郎口人感恩于每一位教育人留下的作业。

一个个质疑就是一道道作业，有的是自命题，有的是他命题，每一个命题都蕴含着特殊的使命。做与不做，这同样需要杜郎口人因地制宜地做出抉择！其实杜郎口中学的发展就是在做"作业"，解难题。

"课堂教学如何完美地展示学生思维的过程"是杜郎口中学众多作业中的一个。郅庭瑾说："教育的最终目的，不是培养鹦鹉学舌的模仿者，而是培养能够独立思考的创造者。学生的思维能力是通过各门课程的学习和整个教学过程逐步培养起来的，即思维能力的发展是教学的题中应有之义。"

此话信然！毕竟，当今的中国正由"中国制造"走向"中国创造"，这需要教育培养具有"中国创造"思维能力的人才。"中国制造"，"复制知识"的头脑即可胜任！而"中国创造"，"创新思维"的头脑方可胜出！于是，"为思维而教"就成了一个高端的教育命题！"为思维而学"就成了一个迫切的教育实践！杜郎口中学，有责任、有能力、有气魄承担这个命题！

　　"如何圆融地给前来参观学习的教师和在校求学的莘莘学子创设和谐的对话场"也是杜郎口中学众多作业中的一个。既然开门办学，怎么就不能充分挖掘取经教师的智慧，引导他们参与课堂教学，指点学生学习呢？既然开门办学，怎么就不能充分利用在校学生的言行，引导他们参与学校推介，帮助教师取经呢？毕竟，最好的展示是台上台下为一体，从心所欲不逾矩的展示！

　　这两个作业，是拐点性的命题！杜郎口中学人会带着"作业"腾飞的！但，要想修炼成浑厚的"九阳真经"，不能靠一蹴而就，要靠日积月累。

　　把课堂还给学生，把学习的权利还给学生，让学生成为学习的主人，是一个循序渐进的过程，是一个自我超越的过程。观念要改变，课堂要创新，引导要递进，问题要解决，有要抓紧的，有要放慢的，这松紧之间，何尝不是一门学问呢？

图书在版编目（CIP）数据

问道彳亍 如是我教：一个语文教师的行动研究/杨富志著.
—济南：山东文艺出版社，2014.4
ISBN 978 - 7 - 5329 - 4457 - 6

Ⅰ.①问… Ⅱ.①杨… Ⅲ.①语文课—教学研究—中小学 Ⅳ.①G633.302

中国版本图书馆 CIP 数据核字(2014)第 041468 号

问道彳亍 如是我教
——一个语文教师的行动研究

杨富志　著

主管部门	山东出版传媒股份有限公司
出版发行	山东文艺出版社
社　　址	山东省济南市英雄山路 189 号
邮　　编	250002
网　　址	www.sdwypress.com

读者服务	0531 - 82098776(总编室)
	0531 - 82098775(发行部)
电子邮箱	sdwy@ sdpress.com.cn

印　　刷	山东德州新华印务有限责任公司
开　　本	710 毫米 × 1000 毫米　1/16
印　　张	22　插页/2
字　　数	248 千字
版　　次	2014 年 4 月第 1 版
印　　次	2015 年 1 月第 2 次印刷
书　　号	ISBN 978 - 7 - 5329 - 4457 - 6
定　　价	35.00 元

EDUCATION DISCOVERY · EDUCATION DISCOVERY · EDUCATION DISCOVERY · EDUCATION DIS

COVERY EDUCATION DISCOVERY · EDUCATION DISCOVERY EDUCATION DISCOVERY · EDU

VERY · EDUCATION DISCOVERY · EDUCATION DISCOVERY · EDU

CATION DISCOVERY · EDUCATION DISCO

EDUCATION DISCOVE

EDUCATION DISCOVERY · EDUCATION DISCOVERY · EDUCATION DISCOVERY · EDUCATION DIS
COVERY EDUCATION DISCOVERY · EDUCATION DISCOVERY EDUCATION DISCOVERY · EDU
VERY · EDUCATION DISCOVERY · EDUCATION DISCOVERY · EDU
CATION DISCOVERY · EDUCATION DISCO
EDUCATION DISCOVE
RY · EDUCATION DISCOVERY · EDUCATION DISC

教育
发现